TACTIQUES
DE COMBAT

I0620030

Vos commentaires sur ce manuel seront très appréciés !

En effet, les commentaires positifs de personnes comme vous aideront d'autres soldats à tirer pleinement profit des tactiques présentées dans ce manuel. Nous vous remercions de prendre un peu de votre temps pour nous faire part de vos impressions et de contribuer ainsi à soutenir la communauté des soldats !

Vue d'ensemble d'une mission

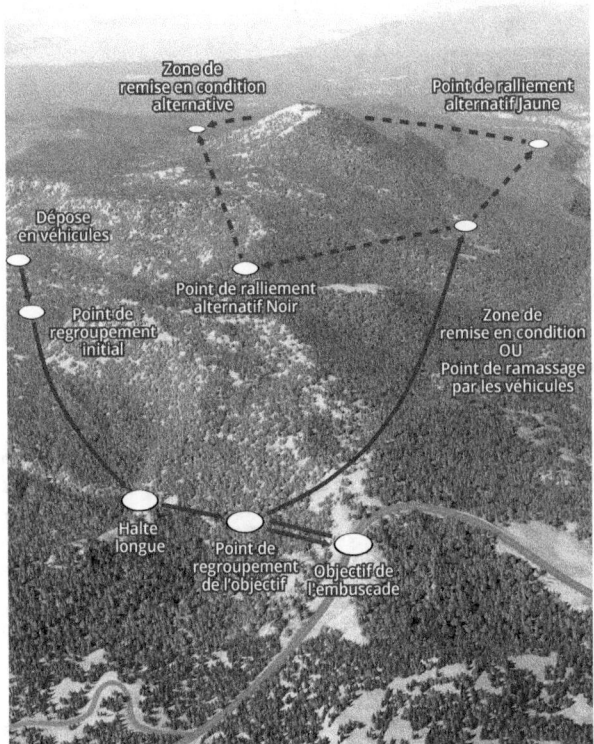

Image 1 : Ce schéma présente une vue d'ensemble des différents sites d'une mission d'embuscade. Il sera expliqué en détail dans ce manuel. La mission débute par le transport en véhicules vers le point de dépose. Elle se termine lorsque le détachement se retire de la zone d'embuscade pour rejoindre soit le point de récupération en véhicules, soit la zone de regroupement tactique. Il est possible que le détachement n'utilise jamais les points de ralliement alternatifs, ni la zone de regroupement tactique alternative.

Vous êtes Joe (Introduction : l'objectif de tuer l'ennemi)

Joe se dirige vers l'ennemi (Phase 1 : le transport jusqu'à l'objectif)

L'ennemi repère Joe (Phase 2 : réaction à un contact avec l'ennemi et évacuation sanitaire)

Joe pose son piège (Phase 3 : occupation de l'emplacement)

Joe attaque l'ennemi (Phase 4 : actions sur l'objectif)

Joe rentre chez lui (Phase 5 : repli vers une zone de regroupement tactique)

Annexes

Légende

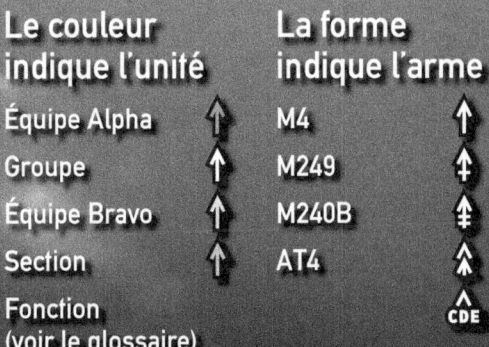

Le couleur indique l'unité		La forme indique l'arme	
Équipe Alpha	↑	M4	↑
Groupe	↑	M249	↟
Équipe Bravo	↑	M240B	↟
Section	↑	AT4	⩙
Fonction (voir le glossaire)			^ CDE

Dans les schémas de ce manuel, les soldats sont représentés par des flèches, dont :
  la couleur indique l'unité
  la forme indique l'arme
  la flèche indique leur direction / orientation

Les mines à effet dirigé (Claymore) sont déclenchées à distance ; elles sont représentées par l'icone : ✖

Introduction – Sommaire

Vous êtes Joe (Introduction : l'objectif de tuer l'ennemi)

Quand nous aurons compris cette diapositive, nous aurons gagné la guerre.
— *Général américain Stanley McChrystal, devant un plan incompréhensible.*

Ce manuel décrit le déroulement d'une mission dans son intégralité, du début à la fin. Il présente en détail les différentes phases d'une embuscade simple, mais exhaustive, selon le schéma de base suivant : progression d'un point A à un point B dans l'objectif de tendre une embuscade et de détruire l'ennemi, puis retour en sûreté à la base.

Comptant plus de 250 pages, ce manuel est très détaillé. Toutefois, il ne présente à travers ses différents chapitres que les tactiques essentielles indispensables aux petites unités pour réussir leurs missions. Si chaque chapitre de ce manuel existe – et a été écrit pourrait-on dire avec du sang –, c'est parce que quelqu'un a perdu la vie faute d'avoir suivi la tactique adéquate.

Pour vous permettre de découvrir ces tactiques en détail, le premier chapitre va d'abord s'employer à expliciter le langage propre aux militaires, leur « jargon », et présenter différents concepts.

1. Le jargon (définitions des termes)

Chaque définition ci-dessous correspond à une expression courante que les soldats d'infanterie emploient quotidiennement dans leurs missions. Bien que le Manuel des rangers de l'U.S. Army (Ranger Handbook) contienne de nombreux termes, il ne les explique pas toujours avec précision. Par exemple, on peut y trouver une description d'une tâche telle que « fournir des conseils au chef de détachement (CDT) durant la planification de la mission », plutôt vague et sans grande utilité à vrai dire ! Vous trouverez ci-dessous les termes les plus importants pour bien comprendre les tactiques employées par les petites unités, dans l'ordre où il convient de les assimiler.

[Nota : ce manuel repose sur le jargon en usage dans les forces armées américaines ; pour la traduction en français, les termes français correspondants en usage sont employés, sauf en cas d'absence d'équivalent ou de nécessité de conserver une nuance.]

1.a Types de soldats individuels

Grenadier-voltigeur (GV) – soldat d'infanterie (fantassin, ou carabinier au Canada) doté d'un fusil (et généralement de grenades à main). Il n'a normalement pas de subordonnés, mais cela peut varier en fonction de l'évolution de la situation sur le terrain. Lors d'une mission, le GV peut se voir confier des responsabilités simples, mais permanentes, telles que l'ouverture du feu sur l'ennemi selon le plan de feu et les priorités en matière de cibles définies par son CDT. Il peut également être chargé du suivi de l'itinéraire à l'aide d'une boussole, du comptage des pas ou du portage des matériels et munitions du détachement.

GV de pointe (GVP) – premier soldat en tête d'une formation en déplacement, il a un rôle d'éclaireur chargé de repérer l'ennemi et de détecter les pièges : être « l'appât » comme certains le désignent en « plaisantant »... Étant donné que sa mission est la sûreté de la progression, il ne peut assurer le suivi de l'itinéraire et doit régulièrement jeter un coup d'œil en arrière à son chef d'équipe pour avoir les indications de direction.[1]

Servant mitrailleuse légère (GVMinimi) – la mitrailleuse légère M249 (calibre 5,56 mm, poids 7,5 kg) est un « fusil mitrailleur léger », également appelée « Minimi » (pour mini-mitrailleuse) qui est mise en œuvre par un seul soldat. Tout comme le fusil M4, cette arme est conçue pour faire feu en position debout, agenouillée ou couchée. Mais, contrairement au GV doté d'un fusil M4, le servant d'une M249, appelé GVMinimi, ne peut pas tirer avec précision à genou ou debout ; il doit par conséquent privilégier la position couchée chaque fois que la situation le permet.

Mitrailleur (M240) – le servant de la mitrailleuse moyenne M240 (calibre 7,62 mm, poids 12,5 kg). Sa mission est d'assurer le service de l'arme et de maintenir la cadence et la précision du tir. Il est désigné par l'acronyme M240.

Aide-mitrailleur (AM) – le soldat le plus expérimenté de l'équipe de mitrailleuse moyenne, et qui en est le chef. L'aide-mitrailleur ne contrôle pas directement l'arme, mais contrôle physiquement le mitrailleur en exerçant une pression physique convenue (par ex. sur son bras ou ailleurs) pour qu'il ouvre le feu, et en lui masquant les yeux pour qu'il cesse de tirer. L'AM veille également à la bonne alimentation en munitions de la M240 (c'est pourquoi sa position est à gauche de l'arme), une fonction indispensable car il est difficile de tirer et d'alimenter en munitions la mitrailleuse M240 en même temps que l'on reçoit des ordres de tir.

Pourvoyeur de munitions (PM) – le troisième membre (facultatif) de l'équipe de mitrailleuse moyenne. Le pourvoyeur est chargé de l'approvisionnement en munitions afin de maintenir la cadence de tir et du changement de canon en cours du tir (sa position est donc à la droite de l'arme). Quand l'AM commence à être à court de munitions, alors que la mitrailleuse tire, le PM récupère et apporte les munitions en réserve.

---

1   **Application des concepts :** À quel moment pourrait-il être utile d'avoir deux GVP dans l'équipe de tête d'un détachement ? Pourquoi pas un GVP sur le côté ?

Grenadier – GV spécialisé dans le maniement du lance-grenades. Ce rôle est très flexible étant donné que le lance-grenades M203 monté sous le canon des M4 et M16 peut transformer n'importe quel GV « de base » en grenadier (même sans entraînement). Par conséquent, tous les GV figurant dans ce manuel peuvent également occuper la fonction de grenadier.[1]

Opérateur-radio (OR ou radio) – soldat chargé de mettre en œuvre les équipements radio et d'assurer les liaisons sous la supervision du CDT, ce qui permet à ce dernier de se concentrer sur d'autres tâches. L'opérateur-radio, (ou radio, désignation la plus courante) surveille également le temps écoulé dans diverses situations, informe le CDT des évolutions et se tient toujours à proximité de lui.

Observateur avancé (OA) – observateur chargé de l'acquisition des objectifs et de diriger les tirs d'artillerie et de mortier sur une cible. Il reste à proximité du chef de section ou du chef de groupe appui pour coordonner l'action du détachement et les feux.

Auxiliaire sanitaire (AUXSAN) – soldat responsable de fournir les premiers soins sur le champ de bataille. Il aide aussi à l'établissement des points de décompte de l'effectif ou au creusement de la tranchée-abri sur la zone de regroupement tactique. Il reste toujours auprès du sous-officier adjoint de la section.

1.b Groupes de soldats

Unité – une formation dont la chaîne de commandement est clairement définie. Les unités figurant dans ce manuel comprennent la section, le groupe et l'équipe.

Élément – toute formation chargée d'une tâche, telle que la sûreté ou un assaut. Un élément peut être composé de soldats d'une ou plusieurs unités.

Détachement – le terme détachement désigne dans ce manuel de manière générique une section ou un groupe (parfois une équipe) aux ordres d'un chef de détachement (CDT) chargé d'accomplir une mission Par exemple, un détachement peut être un groupe chargé de tendre une embuscade ou une section envoyée en reconnaissance.

Équipe – une unité qui typiquement se compose de trois soldats et d'un chef d'équipe. L'équipe effectue des tâches qu'un soldat seul ne pourrait exécuter, telles qu'un débordement ou un réapprovisionnement en eau. Comme un chef d'équipe peut commander jusqu'à quatre soldats, une équipe peut compter entre trois et cinq soldats.

Équipe de mitrailleuse – une unité en charge de la mise en œuvre de la mitrailleuse M240, une arme collective qui nécessite au minimum deux soldats pour son maniement : un mitrailleur et un aide-mitrailleur (avec parfois le renfort d'un pourvoyeur de munitions). Bien que les équipes de mitrailleuse puissent être affectées individuellement à un groupe

---

1   **Application des concepts :** Étant donné que les différents systèmes d'armes ont des spécificités d'emploi et des poids différents, entre autres caractéristiques, quels facteurs le chef doit-il prendre en compte lorsqu'il attribue une arme à un soldat ? L'arme la plus lourde doit-elle être attribuée au soldat le plus robuste ? Que se passe-t-il si ce dernier est aussi le meilleur tireur ?

d'infanterie, elles appartiennent organiquement au groupe appui de la section d'infanterie.

Équipe de commandement – un élément d'une unité constitué des plus hauts gradés de l'unité et des soldats directement sous leurs ordres. Par exemple, les radios font toujours partie de l'équipe de commandement. Cette dernière est une extension du chef du détachement (CDT). L'équipe de commandement peut également inclure les différents soldats sous les ordres directs du CDT, comme une équipe de mitrailleuse et un auxiliaire sanitaire dans un groupe.

Groupe de combat – un groupe composé d'au moins deux équipes et d'un chef de groupe. Dans certaines situations, par exemple lors d'une embuscade de zone, le groupe peut être renforcé d'une équipe de mitrailleuse. Le groupe de combat conduit des manœuvres qu'une équipe seule ne peut mener, par exemple l'exécution d'une embuscade.

Section – unité composée de plusieurs groupes et d'une équipe de commandement (par exemple, un chef de section et un sous-officier adjoint). Dans l'U.S. Army, la principale différence entre un groupe et une section (hormis le volume des effectifs) est que la section comprend un groupe appui (regroupant les équipes de mitrailleuse). Une section d'infanterie de l'U.S. Army se compose habituellement de trois groupes de combat, d'un groupe appui et d'une équipe de commandement. En principe, une section d'infanterie de l'U.S. Marine Corps ne compte que des groupes de combat et une équipe de commandement. Toutefois, les marines ont largement recours à des unités rattachées et détachements d'appui. Par conséquent, une section de marines comparable à une section de l'Army est renforcée par un groupe appui.

Petite unité – soit une section, soit un groupe. Ce type d'unité est idéal pour accomplir certaines missions, notamment les embuscades et les raids. Les unités plus petites (comme les équipes) en seraient incapables alors que les unités plus grandes (comme une brigade) seraient trop difficiles à coordonner.

Groupe appui – un groupe chargé de mettre en œuvre les mitrailleuses de l'unité. Lorsque les groupes de combat d'une section sont séparés pour mener des actions de groupe, le groupe appui peut lui-même se scinder en équipes de mitrailleuse qui sont alors rattachées aux groupes de combat et placées sous les ordres des chefs des groupes de combat au lieu du chef du groupe appui.

Appui – on entend par « appui » dans ce manuel les feux d'un élément pour neutraliser immédiatement l'ennemi et permettre à un autre élément du même détachement de manœuvrer. Les groupes et les sections possèdent des mitrailleuses M240 et les utilisent principalement pour appuyer les manœuvres et déplacements des autres éléments du détachement/de la section. Par conséquent, le terme « appui » fait en général référence dans ce manuel aux équipes de mitrailleuse. Toutefois, des groupes appuis ou des groupes de combat entiers peuvent également remplir une mission d'appui. Le terme « appui feu » désigne quant à lui les feux directs ou indirects fournis par des unités blindées (chars), d'artillerie, aériennes (appui aérien rapproché – CAS / close air support) ou navales au profit de la manœuvre globale.

1.c Fonctions de commandement

Chef d'équipe (CDE) – le soldat responsable de coordonner l'action de ses soldats pour accomplir une tâche qu'un seul membre de l'équipe ne pourrait mener. Par exemple, quand le suivi de l'itinéraire exige plus d'un homme, le chef d'équipe répartit les tâches entre ses soldats, comme le comptage des pas, la tenue de la boussole et de la carte, afin que l'unité puisse travailler de manière efficace. Les soldats d'une équipe parlent rarement au chef de groupe car le chef d'équipe s'occupe directement de son équipe.

Chef d'équipe Alpha (CDEA) – le responsable de l'équipe Alpha. Dans la mesure où il s'agit habituellement de l'élément de tête, le chef d'équipe Alpha est principalement responsable de l'orientation (suivi de l'itinéraire). Il aide aussi le chef d'équipe Bravo à exécuter les tâches qui lui incombent si celles-ci doivent être accomplies rapidement.

Chef d'équipe Bravo (CDEB) – le responsable de l'équipe Bravo. Comme cette équipe est habituellement à l'arrière, le chef d'équipe Bravo est le principal responsable du suivi du décompte des soldats. Il connaît en permanence le nombre de soldats dans le groupe et vérifie constamment l'équipement du groupe. Il est également responsable du ravitaillement en eau du groupe et des urgences médicales.

Chef de groupe (CDG) – soldat responsable d'un groupe de combat. Il mène son groupe comme un chef d'équipe mène ses GV : il attribue des tâches uniquement aux équipes entières et s'il arrive qu'il attribue des tâches aux GV du groupe individuellement, cela est exceptionnel.

Chef de groupe appui (CGA) – le chef de groupe appui commande toutes les équipes de mitrailleuse moyenne de la section. Il coordonne les équipes de mitrailleuse pour maximiser leur puissance de feu (consulter « Drills de tir », p. 237). Le CGA est également responsable de la propreté et de l'entretien des M240. Si les équipes de mitrailleuse sont déployées à des endroits différents, le CGA commande la M240 la plus proche de lui et les autres éléments de commandement de la section les autres.

Sous-officier adjoint de section (SOA) – conseiller principal du chef de section. Il est à la section ce que le chef d'équipe Bravo est au groupe. Le SOA est spécifiquement responsable du suivi de l'effectif de la section, de la gestion des armes et de l'équipement, ainsi que de la santé des soldats et de toute évacuation pour raisons médicales. Avant tout mouvement, le SOA établit un point de passage obligé avec l'AUXSAN pour assurer le décompte de l'effectif (les deux comptent en silence puis comparent leurs décomptes).

Chef de section (CDS) – soldat responsable de l'ensemble d'une section. Sa principale responsabilité pendant la mission est de commander l'action de l'ensemble des groupes afin qu'ils manœuvrent de manière coordonnée. En cas de contact avec l'ennemi, par exemple, le chef de section décide des groupes qui participent à la manœuvre qu'il organise en réaction. Il détermine également le compromis entre la vitesse et la sûreté si le détachement est en retard sur la planification établie pour la mission.

Il assigne uniquement des tâches aux groupes. Il ne parle pas aux chefs d'équipe ou aux soldats individuellement, sauf en cas de nécessité absolue.

Chef de détachement (CDT) – soldat commandant un détachement. Il peut s'agir d'un CDS, CDG, CDE ou tout autre chef.

Adjoint au CDT – commandant en second d'un détachement. Il peut s'agir d'un SOA, d'un chef d'équipe Bravo ou de tout autre chef.

1.d Autres

Chaîne de commandement – les six premiers soldats de la chaîne de commandement d'une section sont le chef de section (CDS), le sous-officier adjoint (SOA), le chef de groupe appui (CGA), le chef du 1er groupe de combat (CG1), le chef du 2e groupe de combat (CG2) et le chef du 3e groupe de combat (CG3).

Drill de combat – une action collective exécutée rapidement sans avoir recours à un processus réfléchi de prise de décision.

Embuscade – une attaque inattendue, depuis une position dissimulée, contre un ennemi en mouvement ou arrêté momentanément, dans le but de détruire ou de capturer l'ennemi et ses équipements.

Reconnaissance du chef – type de reconnaissance qui est effectuée par un petit groupe de chefs et de soldats qui progressent vers un endroit susceptible de servir à la conduite d'une action par l'ensemble du détachement. Cette reconnaissance vise à analyser la sûreté de l'endroit et ses avantages/inconvénients.

Principes d'une mission – pour les Rangers de l'U.S. Army, la mission d'un détachement se compose de cinq éléments : la planification, la reconnaissance, la sûreté, le commandement et enfin le bon sens. L'application des trois derniers principes est particulièrement importante pendant le déroulement de la mission. La sûreté signifie que chaque direction d'approche de l'ennemi est surveillée en permanence afin que le détachement ne soit pas pris au dépourvu. Le commandement consiste à assurer la communication claire des informations entre les soldats du détachement afin d'assurer l'exécution. Le bon sens peut se traduire de différentes manières, du principe KISS « *Keep it simple stupid* » [Faire simple !] à « Ne pas suivre le plan si celui-ci est mauvais ».

2. Les choses à savoir (les concepts)

Les manuels militaires officiels ne font pas mention de certaines choses, alors qu'elles sont en fait indispensables. La plupart des soldats acquièrent leurs connaissances selon la méthode de la découverte, en essayant et en faisant des erreurs (beaucoup d'erreurs !) : pour vous épargner cela, lisez attentivement les procédures décrites ci-dessous et appliquez-les correctement dès le premier coup !

2.a Procédures de sûreté

Décalage de 15 degrés – tirer des balles à quelques centimètres d'un soldat ami est inacceptable. Les forces armées américaines ont adopté la règle selon laquelle tous les tirs directs doivent être décalés de 15 degrés, aussi bien verticalement qu'horizontalement, par rapport aux troupes amies.

Toujours en binôme (par deux) – sans raison valable, un soldat n'est jamais autorisé à se déplacer seul. Par ailleurs, au sein d'un même élément, la sûreté doit toujours être assurée par plusieurs soldats et le transport des blessés nécessite que des relais soient organisés. Si un soldat se retrouve seul à tenir un rôle, cela doit être rectifié.

Discipline « bruits et lumières » – l'oreille humaine peut détecter une pression égale à 1/50 000 000 de celle de l'atmosphère, et nous pouvons voir à l'œil nu jusqu'à un seul photon. Même si une discipline parfaite est impossible, certaines règles empiriques peuvent être appliquées : toujours accompagner les culasses vers l'avant pour réduire le bruit ; ne pas se servir de lampes près d'un objectif.

Couverture (couvrir) – ce terme signifie pointer son arme vers une zone et être prêt à faire feu sur tout élément en mouvement ou à l'arrêter en fonction de la menace qu'il représente. Les détails varient selon la situation. Êtes-vous en position couchée ou agenouillée ? Quelle est la largeur du secteur à couvrir ? Quand un soldat ne fait rien d'autre, il se met en position de couverture face à une direction afin de contribuer à la sûreté générale de son détachement.

Sûreté – ce terme a de multiples significations en ce qui concerne un détachement. Il est parfois utilisé pour désigner le pourcentage de soldats qui peuvent assurer la sûreté (c'est-à-dire les mesures d'observation, de surveillance et de sauvegarde destinées à éviter au détachement d'être surpris par l'ennemi) et le font de manière effective. Si par exemple les mitrailleuses sont en cours de nettoyage et que les chefs s'occupent de la préparation de la mission, mais que tous les autres soldats présents assurent la sûreté, le taux de sûreté est alors de 100 %. Parfois, la sûreté fait référence à l'espace réellement sécurisé par le détachement. Dans ce cas, il est impossible d'assurer une sûreté à 100 % à tout moment – car bien qu'une couverture à 360 degrés soit possible, les soldats ne sont pas des robots !

La vitesse, c'est la sûreté – il n'y a pas de limites à la sûreté d'un détachement ; autrement dit, les dispositions de sûreté sont indéfiniment perfectibles. Toutefois, le temps requis pour assurer une meilleure sûreté peut faire qu'un détachement passe plus de temps dans une zone dangereuse. Par exemple, bien qu'un détachement traversant une zone dangereuse puisse renforcer sa sûreté en déployant des éclaireurs à l'avant et sur ses flancs, le CDT peut également décider de ne pas le faire afin de progresser plus rapidement. Parfois, la vitesse est le meilleur moyen d'assurer la sûreté.

2.b Liaisons

Liaisons – la capacité à transmettre des informations d'un individu à un autre par des paroles, des signaux, etc. Des liaisons efficaces exigent que les chefs soient bien positionnés pour transmettre les ordres et que les soldats le soient également afin de les recevoir. En cas de séparation des différents éléments d'une unité, au sein de chaque binôme « chef – subordonné » la liaison doit être maintenue quoi qu'il arrive, afin de conserver une forme de coordination et de pouvoir mutuellement se porter assistance : à cet effet, un cadre d'ordre « PACU » (Principal Alternatif Circonstance Urgence) doit toujours être élaboré en amont (consulter « Communications et liaisons », p. 242).

Diffusion – un chef doit fournir des informations pertinentes. Chaque soldat doit savoir ce qui se passe à tout moment. Par exemple : « Nous allons faire une halte longue ici avant de rejoindre le prochain PRO (point de regroupement sur objectif). Notre position actuelle est ici », il pointe sur la carte et continue : « Notre prochain mouvement sera de 300 mètres à 290 degrés jusqu'au PRO ». Étant donné que la diffusion doit se faire en continu, les chefs doivent recourir à toutes les options de diffusion possibles, par exemple en demandant aux soldats de transmettre leurs informations à la voix vers l'arrière pendant qu'ils se déplacent.

Répétition – chaque ordre crié par le chef doit être répété par tous les soldats. La répétition ne sert pas seulement à créer une augmentation du volume sonore ; elle confirme que chaque soldat qui répète a bien entendu l'ordre. Si le chef crie « Cessez le feu », il doit attendre que chaque soldat ait répété et exécuté cet ordre avant de poursuivre l'action.

Concision – les ordres donnés doivent être courts, précis et convenus pour éviter toute confusion. « Cessez-le-feu ! » est nettement préférable à « Arrêtez d'appuyer sur les queues de détente ! ». Par conséquent, « Cessez-le feu ! » est le terme à employer à chaque fois.

2.c Autres

Décompte – les chefs doivent disposer à tout moment d'un décompte juste de leurs hommes. Chaque fois qu'une formation cesse de se déplacer, commence à se déplacer, se divise ou se rejoint, les hommes sont comptés. Le décompte est un principe appliqué en permanence dans un détachement.

Opérations la nuit – de nombreux dispositifs de détachement (groupe ou section) peuvent sembler comprendre trop de petits détails à mémoriser. Par exemple, l'établissement d'une zone de regroupement tactique est presque un ballet chorégraphié. Cependant, les embuscades les plus efficaces sont celles qui ont lieu de nuit, et toutes les mises en place du dispositif doivent pouvoir être exécutées par des soldats en « état de mort cérébrale », aveugles dans l'obscurité et sans aucune perception de la profondeur du terrain.

Zone dangereuse – une zone où le danger est présent en raison des caractéristiques du terrain. Pour les détachements, il est nécessaire de se couvrir et de se dissimuler. Les champs sont des zones dangereuses ouvertes, car ils sont exposés de tous les côtés. Un axe (route, chemin, piste...) est appelé une zone dangereuse linéaire, car il est exposé sur sa longueur.

Terrain clé – lors d'une manœuvre, il ne faut se déplacer que vers une meilleure position : s'il n'y en a pas, ne vous déplacez pas ! (Parfois, n'importe quelle position sera la meilleure position, par exemple lors de la réaction à des tirs indirects). Selon l'U.S. Army, un terrain clé est une localité ou une zone dont la prise ou la conservation offre un avantage significatif à l'une ou l'autre des forces qui s'affrontent. En appliquant cela à la manœuvre des petites unités, le terrain clé peut être jugé en fonction de trois critères : 1) une position d'où le chef peut commander et contrôler efficacement ses troupes ; 2) une position qui assure une couverture et une dissimulation optimales ; 3) une position qui offre un bon secteur de tir vers les positions ennemies.

Déplacements ou tirs – comme le savent tous ceux qui ont déjà essayé, tirer tout en se déplaçant est imprécis. Par conséquent, tout élément en mouvement a besoin d'un autre élément pour lui fournir un appui à partir d'une position fixe. Dans ce manuel, un principe majeur est de toujours faire en sorte qu'un élément puisse tirer (ou être prêt à tirer) pendant qu'un autre élément se déplace, et qu'ensuite ils inversent (manœuvre en tiroir ou en perroquet).

Position du chef – le rôle du chef est de recueillir des informations et de transmettre des ordres. Il doit donc être positionné de façon qu'il puisse accomplir au mieux ces tâches. Au cours d'un déplacement, par exemple, le chef se trouve au centre de son élément, de manière à pouvoir se déplacer rapidement vers un autre élément ayant besoin d'être guidé ou d'avoir des instructions. Toutefois, lors d'un contact avec l'ennemi, il peut devoir se diriger vers l'avant afin de donner rapidement des ordres et d'assurer une bonne coordination.

Secteur de tir – il est important, lorsqu'un élément est à l'arrêt qu'il reste en sûreté et qu'un soldat soit prêt à faire feu sur un ennemi venant de toutes les directions. Si aucun secteur de tir n'est défini, les soldats vont tous se tourner vers le premier ennemi à apparaître, ignorer tout le reste et se faire tirer dessus par l'arrière. C'est pourquoi les soldats ne sont responsables que d'une certaine zone devant leur position, que l'on appelle le « secteur de tir ». À moins qu'un chef n'en décide autrement, les soldats ne se préoccupent pas des échanges de tirs en dehors de leur propre secteur de tir. Par défaut, un soldat a pour instruction de couvrir un secteur d'une largeur de 90 degrés devant lui (45 degrés de part et d'autre de sa position), défini par une limite droite et une limite gauche. Si cela est possible, l'une des premières priorités du chef lors d'un arrêt est d'attribuer les secteurs de tir, de façon à éliminer les zones non couvertes entre les différents secteurs.

Tactiques des petites unités – les techniques d'organisation et de déploiement des groupes et sections de soldats pour faire la guerre. Ces tactiques visent à ce qu'ils se déplacent en laissant un minimum de traces, voire aucune, derrière eux, cela afin d'éviter toute détection et de favoriser les opérations de reconnaissance et de désorganisation derrière les lignes ennemies.

Phase 1 – Sommaire

Joe se dirige vers l'ennemi (Phase 1 : le transport jusqu'à l'objectif)

Apparaissez aux points que l'ennemi doit se hâter de défendre ; marchez rapidement vers les endroits où l'on ne vous attend pas.
— Sun Tzu, L'art de la guerre

Si vous menez une embuscade contre un ennemi, vous serez probablement en territoire hostile et toute force ennemie que vous rencontrerez cherchera à vous détruire. C'est pourquoi la sûreté doit être la priorité absolue. Le déplacement initial est mené au niveau de la section ; toutefois, les groupes de combat ont ensuite la possibilité de se détacher pour tendre leur propre embuscade.

3. Déplacements en véhicule

Les déplacements en véhicule mettent les soldats en position vulnérable. En effet, la plupart des soldats ne peuvent pas assurer une sûreté efficace depuis l'intérieur d'un véhicule. Toutefois, pour minimiser les risques durant le trajet, les procédures suivantes permettront au plus grand nombre de soldats d'assurer la sûreté, et ce, le plus rapidement possible, face à toutes les directions.

3.a Embarquement dans un véhicule[1]

Dans un camion, les soldats constituent une cible et afin de minimiser les risques, ils doivent se couvrir en surveillant l'itinéraire et les abords. Selon le type de véhicule de transport, chaque ouverture doit être utilisée à cette fin, en mettant en batterie les armes les plus puissantes (mitrailleuses) aux emplacements où elles peuvent être les plus efficaces (comme une ouverture dans le toit) ; si un armement de bord est installé (comme une mitrailleuse montée sur un affût circulaire), il doit être servi.

Sur de nombreux véhicules, tel les camions (comme le Light Medium Tactical Vehicle (LMTV) – camion de type 6x6 cargo employé par l'U.S Army), seul l'arrière est ouvert. Dans ce cas, les soldats dotés d'une mitrailleuse s'installent à l'arrière (en dissimulant la bouche de leur arme afin de ne pas attirer l'attention).

---

1 **Citation** : « Combien de soldats peut-on faire tenir à l'arrière d'un véhicule de transport de troupes ? Au moins un de plus. » — Inconnu

Image 2 : Un sapeur doté d'une mitrailleuse légère de la 251st Engineer Company assure la sûreté à l'arrière d'un camion tactique. Base de Gagetown, Nouveau-Brunswick, Canada, 16 août 2017. **Le soldat se tient prêt à ouvrir le feu à tout moment.**

Le ou les chefs d'élément se tiennent derrière eux afin de commander le feu au besoin.[1]

Au moment d'embarquer dans les véhicules, la priorité est de prendre les bonnes dispositions pour faciliter des débarquements rapides. Le détachement doit avant tout être en mesure de réagir rapidement en cas d'attaque, mais une bonne organisation à bord des véhicules lui permettra aussi d'en sortir plus rapidement au moment de quitter l'axe suivi. Si le détachement à pied doit se diriger vers l'ouest en débarquant des véhicules, le tout premier élément dans l'ordre du mouvement (par exemple, l'équipe Alpha du 1er groupe) débarque du côté ouest des véhicules. Cette mesure exige pendant la phase de planification une prévision précise de l'orientation et de l'emplacement des véhicules au point de dépose, et évite au détachement entier de devoir se réorganiser à l'intérieur des véhicules au moment de débarquer (consulter l'Image 3, p. 25).

---

1   **Application des concepts :** Si le chef de groupe se trouve dans la cabine du camion, quelles méthodes de liaison ou quels signaux simples peuvent être utilisés pour communiquer avec les soldats dans la caisse ? Dans quelle mesure cela doit-il être planifié à l'avance ?

Installation dans un véhicule

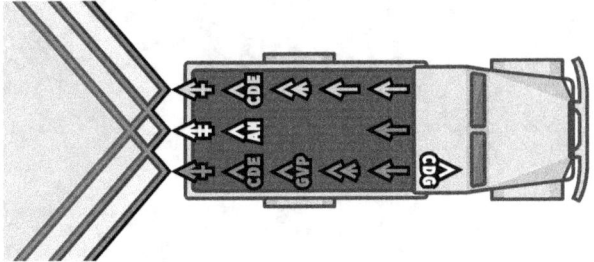

Image 3 : Compte tenu de l'espace limité, les armes les plus létales (ici, les mitrailleuses) sont installées de manière à assurer au mieux la sûreté (ici, face à l'arrière). Ce détachement entamera un mouvement à pied vers la droite du véhicule car la position à bord de l'élément de pointe, l'équipe Alpha (en rouge), indique qu'il débarquera sur le côté droit du véhicule. **Le chef d'élément le plus élevé en grade, qui a le véhicule sous sa responsabilité, monte à l'avant pour superviser le conducteur.**

3.b Transport vers le point de dépose

Les déplacements vers le point de dépose comptent parmi les moments de grande vulnérabilité d'un détachement en mission, car les soldats ne peuvent pas immédiatement riposter, contre-attaquer, se mettre à l'abri ou repérer l'ennemi. En fait, toute réaction en cas de contact sera retardée de plusieurs minutes cruciales (consulter « Réactions individuelles à un contact », p. 72). Par conséquent, le débarquement rapide d'un véhicule en panne ou immobilisé est une action essentielle qui nécessite planification et entraînement en amont, en prévoyant des plans de circonstance pour faire face à toute situation inopinée. Déplacez-vous de façon relativement lente et, au besoin, sortez du véhicule pour reconnaître l'itinéraire.

Pour minimiser les risques, les chefs d'élément montent dans les cabines avec les conducteurs et prennent une part active à l'opération de transport. Ils vérifient que les conducteurs suivent le bon itinéraire (il ne faut jamais confier l'ensemble de la mission au sens de l'orientation des conducteurs...). Les chefs peuvent entre autres vérifier l'itinéraire en repérant les points de passage définis au cours de la planification. Lorsque le chef repère un point de passage (par exemple, une intersection ou un pont), il le signale aux soldats à l'arrière, pour que chacun sache à quel endroit le détachement se trouve. À chaque point de passage est associé un point de regroupement, de sorte que si le détachement est attaqué lors du transport, les soldats peuvent se rendre au dernier point de regroupement (consulter « Zones de regroupement d'urgence (points de regroupement en route) », p. 33).

Image 4 : Des soldats s'entraînent à descendre d'un camion. Fort Stewart, Géorgie, 05 mars 2017. La priorité est toujours d'assurer la sûreté. **Les premiers soldats à débarquer sont les mitrailleurs**, qui couvrent les voies d'approche. Ensuite, les chefs descendent pour assurer la coordination.

Image 5 : Des soldats de la 2nd Armored Brigade Combat Team, 1st Cavalry Division débarquent de leur véhicule de combat d'infanterie Bradley. Fort Hood, Texas, 09 février 2019. Après **être tombés en garde en demi-lune** autour du véhicule, tous les soldats peuvent immédiatement s'éloigner de la route.

Le chef doit également être attentif à toute circonstance qui pourrait justifier qu'il change d'itinéraire (par exemple, la silhouette d'un véhicule non identifié, des indices de présence d'engins explosifs improvisés, etc.). Avant de partir, le chef attache avec des sangles les objets lourds afin qu'en cas de renversement ou d'attaque ennemie, ils ne soient pas projetés.

Débarquement d'un camion

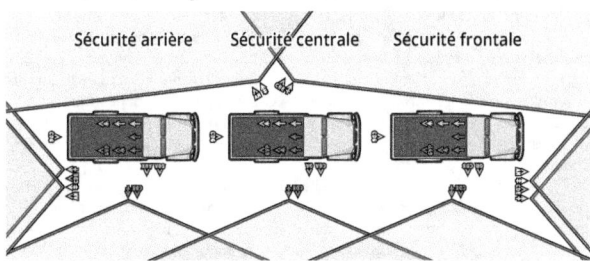

Sécurité arrière   **Sécurité centrale**   **Sécurité frontale**

Image 6 : La priorité absolue est toujours d'assurer une sûreté à 360 degrés. D'abord, les mitrailleuses sont déployées et établissent un périmètre de sécurité. Puis, les chefs débarquent pour coordonner et évaluer la zone. Ce schéma illustre la situation à ce stade. Chaque mitrailleur est accompagné d'un chef ou d'un aide-mitrailleur, et les secteurs de tir se chevauchent. Ce détachement se prépare à se déplacer vers le sud, puisque l'équipe de tête (flèches rouges) est positionnée au sud du périmètre.

3.c Débarquement d'un véhicule[1]

Quand les véhicules s'arrêtent, les soldats sécurisent les véhicules et les abords le plus rapidement possible. Les soldats (mitrailleurs et aides-mitrailleurs) servant les armes collectives (mitrailleuses M240) débarquent les premiers ; ils sont suivis par les GVMinimi des groupes et de leurs chefs d'équipe (consulter l'Image 6, p. 27). Une **couverture à 360 degrés** assurée par les premiers soldats débarqués doit avoir été planifiée lors de la préparation. Un dispositif courant est le suivant : la M240 du véhicule de tête se positionne face à 12h00, tandis que la M240 du véhicule de queue se positionne face à 6h00 ; celle du véhicule au centre couvre la direction opposée à celle qui sera suivie par le détachement pour sa progression à pied (soit face à 3h00 ou à 9h00, en fonction de la direction qui sera prise). Les GVMinimi des groupes se positionnent dans les intervalles.

Les secteurs n'ont pas tous la même couverture. Sur le schéma (Image 6), on remarque que la couverture face à l'axe est plus importante que face aux zones latérales, dans la mesure où l'ennemi est plus susceptible de l'utiliser comme itinéraire d'approche.

L'équipe Bravo et l'équipe Alpha descendent du véhicule des deux côtés en même temps, tandis que l'équipe de commandement aide à faire descendre les sacs à dos. Si des équipements doivent être déchargés, il est plus judicieux

---

1   **Situation réelle :** Le débarquement d'un véhicule est un moment très dangereux car il peut se produire sous le feu de l'ennemi si, par exemple, le détachement tombe dans une embuscade. L'U.S. Army a même créé le drill de combat 12 : Débarquement d'un camion tactique ou d'un véhicule de combat d'infanterie (VCI) ; et le drill de combat 13 (Embarquement dans un camion tactique ou un VCI). Le transport en véhicules exige que l'embarquement et le débarquement soient pratiqués à l'exercice et planifiés en fonction du type de véhicule utilisé).

de les faire descendre du véhicule en les passant de la main à la main, plutôt qu'un soldat, les jambes engourdies parce que resté assis plusieurs heures dans le véhicule, ne saute avec une charge trop élevée et se blesse.

Une fois les mitrailleuses débarquées, **les GV descendent pour former un périmètre en demi-lune autour du véhicule** (consulter l'Image 5, p. 26). Lorsque les équipes Alpha et Bravo ont débarqué, chaque véhicule est entouré par un dispositif en forme de cercle. L'équipe Alpha est en position dans la direction de marche, l'équipe Bravo fait face à la direction opposée. L'équipe de commandement est à proximité des camions, prête à se déplacer et à communiquer.

Une fois que tous les soldats de l'équipe Alpha du premier véhicule sont en position et ont mis leur sac à dos, ils commencent à se déplacer dans le sens de la marche, que les autres éléments soient prêts ou non. Cela permet de gagner du temps, car quand l'équipe Bravo et l'équipe de commandement seront prêtes à faire mouvement (ainsi que le reste du détachement), l'équipe Alpha sera alors à la bonne distance d'intervalle.

Le CDS se place là où on a besoin de lui. Il doit suivre les départs de chacun des groupes de combat afin de prendre position avec les équipes de mitrailleuse dans la colonne (consulter « Formations de déplacement de la section », p. 45).

La formation se déplace sur l'itinéraire planifié jusqu'à ce qu'elle soit hors de vue, hors d'écoute et hors de portée de tirs d'armes légères depuis l'axe.[1] Une fois que la formation est suffisamment éloignée du point de dépose, le chef de groupe de tête ou le chef d'équipe Alpha de tête peut ordonner une halte de courte durée ou une halte longue afin de confirmer l'orientation avant de poursuivre le cheminement.

3.d Déplacements en hélicoptère

Les méthodes de déplacement en hélicoptère et en véhicule sont sensiblement les mêmes, mais la principale différence repose sur la capacité d'emport et le fait que le débarquement se fera dans un champ/espace ouvert. En descendant de l'hélicoptère, chaque soldat doit tenir son sac à dos à la main et prendre position à deux mètres de l'hélicoptère afin de laisser suffisamment d'espace pour que les autres soldats puissent débarquer rapidement et que l'hélicoptère puisse redécoller. Les soldats se mettent ensuite en position couchée derrière leur sac à dos, avec des secteurs de tir qui se recouvrent afin de couvrir l'ensemble du périmètre de la zone de posé hélicoptère (HLZ).[2]

Afin d'atténuer les risques liés au posé dans un champ/espace ouvert, le détachement se coordonne avec le ou les équipages des hélicoptères durant la planification. Par exemple, les équipages sont informés du point de regroupement initial (PRI) du détachement, de façon que chacun sache quel sera le point de première destination. Le détachement doit également prévoir des solutions de

---

1   **Situation réelle :** Si vous pouvez voir un axe, on peut vous voir aussi à partir de celui-ci : et même les ennemis les plus pauvres se procurent sur Internet des appareils de vision nocturne.

2   **Application des concepts :** Quelle serait la différence si le débarquement se fait par l'arrière (comme dans le cas d'un hélicoptère Chinook) ?

Image 7 : Des soldats polonais de la Brigade Multinationale Est de la KFOR débarquent rapidement d'un hélicoptère UH-60 Black Hawk, pour assurer la sûreté en position couchée lors d'un exercice d'entraînement en deux séquences (statique avec hélicoptère arrêté au sol/dynamique avec vol et posé). Camp de Novo Selo près de Pristina, Kosovo, 08 décembre 2017. **Notez la distance entre les soldats et l'hélicoptère.**

rechange pour la répartition des soldats et des équipements entre les hélicoptères si un ou plusieurs sont endommagés ou immobilisés en cours de mission.

Dès que l'hélicoptère a redécollé, les soldats enfilent leurs sacs à dos un par un tout en assurant la sûreté à 360 degrés et, si le transport du détachement nécessite plusieurs rotations, rejoignent les lisières de la zone de posé pour attendre l'arrivée du reste du détachement. Une fois arrivé au PRI, le détachement doit sécuriser la zone et trouver un espace permettant de se dissimuler et d'assurer la sûreté de manière optimale, tout en étant assez vaste pour accueillir le détachement au complet. Les premiers éléments doivent rendre compte au CDT de leur position précise afin d'éviter tout risque de tirs fratricides avec les éléments arrivant après, et adopter un dispositif de halte longue (consulter « Mise en place d'une halte longue », p. 123).

4. Déplacements à pied (actes au niveau individuel)

Se déplacer discrètement dans le milieu naturel, sans se faire prendre à partie, demande de l'habileté et de la technique. Vous devez toujours être attentif au terrain sur lequel vous marchez, à la zone environnante, ainsi qu'à votre position, celles de vos coéquipiers, aux positions possibles de l'ennemi et à bien d'autres choses à la fois. Mais avant tout, il faut connaître certains actes élémentaires individuels.

4.a Utiliser le terrain à son avantage pour se déplacer

Un terrain favorable offre des abris et la possibilité de se dissimuler en cas de contact avec l'ennemi. Plutôt que de marcher en ligne droite, progressez en « zig-zag » par bonds en allant d'une position offrant une protection (arbres, bosquets, talus, fossés, rochers...) à l'autre au fur et à mesure que vous avancez. Veillez également à varier votre vitesse. Lorsque vous vous déplacez entre deux positions, accélérez. Une fois arrivé, postez-vous et prenez le temps de rechercher autour de vous des positions susceptibles d'être occupées par l'ennemi, repérez le point d'arrivée de votre prochain bond. Recherchez également les indices de pièges au sol et regardez si vos coéquipiers ne font pas des signaux.

En se déplaçant, il est essentiel de rester à portée de vue et de voix de son chef d'élément. Si celui-ci doit donner un ordre d'« arrêt sur place » parce ce que le détachement vient de pénétrer dans un champ de mines, chaque soldat doit être en mesure d'entendre l'ordre.

Prenez aussi en compte le fait qu'il ne faut pas être camouflé au point que votre propre équipe ne puisse plus communiquer avec vous. Une règle de base consiste également à se retourner en synchronisation avec le rythme de la marche (par exemple, jeter un coup d'œil derrière vous tous les dix pas), car lors d'une progression des informations vitales peuvent être transmises depuis l'arrière.

Image 8 : Deux soldats de la A Company, 2-23 Infantry Regiment, 4th Brigade Combat Team, 2nd Infantry Division s'abritent dans les hautes herbes et assurent la sûreté. Muqdadiyah, Irak, 19 décembre 2007. **Se mettre à plat ventre dans les hautes herbes ne permettait pas d'observer les secteurs de tir.**

Image 9 : Un soldat de la A Company, 29th Engineer Battalion, 25th Infantry Division recherche l'ennemi lors d'un entraînement au centre d'entraînement aux opérations en jungle (JOTC – Jungle Operations Training Center), Hawaï, 17 mars 2016. Il ne peut probablement pas voir compte tenu de la végétation environnante.

4.b Se mettre en position couchée, s'agenouiller et retirer son sac à dos

Lorsqu'un soldat s'arrête, par défaut il s'agenouille et, après 30 secondes, il se met en position couchée pour se protéger et se dissimuler. Toutefois, un soldat peut décider de rester agenouillé en fonction de la situation. Si se mettre en position couchée procure davantage de protection et un meilleur camouflage, rester agenouillé offre souvent une meilleure ligne de mire, un meilleur secteur de tir et une meilleure visibilité sur la menace. Par exemple, si un soldat en position couchée ne voit rien à cause d'une végétation trop haute, il devra s'agenouiller.

La ligne de mire est extrêmement importante. La situation d'un soldat agenouillé qui voit un ennemi de loin est souvent meilleure que celle d'un soldat en position couchée qui laissera l'ennemi s'approcher plus près. Mais dans tous les cas, les yeux sont particulièrement aptes à suivre les mouvements, et rester immobile en balayant uniquement du regard lorsque l'on observe est donc une manière efficace de se dissimuler (consulter l'Image 8, p. 31).

Que le soldat soit en position couchée ou agenouillée, la sûreté doit être maintenue lorsqu'il enlève son sac à dos. En conséquence, un second soldat doit assurer la sûreté en s'agenouillant à côté du premier qui se met à plat ventre. Il faut toujours enlever les sacs à dos sans les laisser tomber, pour éviter de faire du bruit et ne pas endommager leur contenu. Le chef désigne dès que possible un secteur de tir (consulter « Sûreté à 360 degrés (attribution des secteurs de tir) », p. 130).

Crête militaire

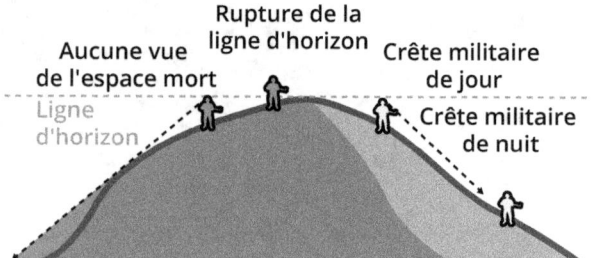

Image 10 : En principe, le soldat doit pouvoir observer l'ensemble du versant de la colline et sa silhouette ne doit pas se détacher au sommet.

5. Déplacements à pied (actes au niveau de l'élément)[1]

Quand plusieurs soldats se déplacent ensemble, ils doivent faire face à des défis supplémentaires qui concernent l'ensemble de l'élément. Lors d'un déplacement, il peut y avoir des changements de terrain, d'élévation, de possibilités de camouflage, de visibilité, un contact avec l'ennemi et divers autres facteurs qui peuvent influer sur l'efficacité des opérations de l'élément. Ces changements peuvent couvrir ou au contraire exposer l'élément, faire qu'il se regroupe ou se disperse. Toutes ces considérations doivent être prises en compte lorsqu'il s'agit de déterminer les techniques optimales de déplacement à pied.

5.a Utiliser le terrain à son avantage pour se déplacer

Au cours d'un déplacement en vue d'une embuscade, les préoccupations les plus pressantes sont la discrétion et la rapidité. La planification permet de déterminer les meilleurs itinéraires à suivre. Toutefois, les cartes n'indiquent pas tous les accidents (creux et reliefs) du terrain, et bon nombre de décisions concernant les déplacements doivent être prises directement « à chaud » sur le terrain.

En terrain vallonné, il convient de se déplacer en suivant la « crête militaire ». La crête militaire est la partie d'une colline qui s'étend entre le bas et trois mètres avant son sommet (autrement dit, la zone où les soldats ne sont pas visibles depuis l'autre côté de la colline). En se déplaçant sur la crête militaire, la dissimulation est bonne sans pour autant sacrifier de manière importante le « contrôle des

---

1   **Citation :** « À partir de maintenant, nous tenons à peine, et si les chars arrivent, que Dieu aide les chars. » — Colonel William O. Darby, commandant des U.S. Army Rangers.

hauts ». De jour, le détachement monte le plus haut possible sur la crête militaire, sans perdre de vue l'ensemble du terrain en contrebas (en veillant à ce qu'il n'y ait pas de zone aveugle). De nuit, il se déplace à un niveau aussi bas que possible (mais toujours en évitant le talweg marquant le fond de la vallée), de sorte que les silhouettes des ennemis se trouvant plus haut sur la colline se découpent sur le ciel nocturne.

Pour traverser un axe, il est préférable d'utiliser un talweg entre deux collines ou au bas d'une pente. Les collines offrent une protection contre la surveillance à longue distance et servent de points de repère pour le déplacement. Faites en sorte de traverser les axes dans les virages car l'ennemi ne peut pas voir au-delà de la courbe. Si un détachement traverse dans une ligne droite, il sera visible sur toute la longueur de celle-ci. Pour traverser un talweg (ligne de collecte des eaux entre deux crêtes), repérer sur les cartes les zones où les courbes de niveau sont rapprochées, cela indique une pente plus raide mais plus courte.

Un CDT doit tenir compte en outre des innombrables autres facteurs à prendre en considération. Les zones fortement boisées fournissent d'excellentes possibilités de dissimulation. Mais en cas de tirs d'artillerie, les éclats de bois sont autant de shrapnels dangereux supplémentaires. Les aboiements des chiens peuvent indiquer aux habitants d'une zone la présence d'étrangers. **Dans tous les cas, il ne faut pas se déplacer en ligne droite sans raison valable ; il faut en permanence se servir du terrain à son avantage.**

5.b Zones de regroupement d'urgence (points de regroupement en route)

Les points de regroupement sont des lieux où les soldats se regroupent et où ils attendent les autres soldats. Les points de regroupement en route (PRER) sont des endroits définis par un détachement lors d'un déplacement. Ils constituent un lieu d'urgence où les soldats peuvent se réfugier s'ils perdent le contact avec le détachement principal, afin d'être récupérés plus tard.

Les PRER doivent toujours être facilement reconnaissables, de jour comme de nuit. Les soldats égarés doivent être capables de les retrouver de nuit. **Un point de regroupement impossible à trouver est sans utilité** ; souvent, des arbres morts sont pris comme PRER, or les forêts sont pleines d'arbres morts ! Il est préférable d'utiliser des points de repère plus significatifs, par exemple des étangs.[1] Même si la désignation des points est finalisée sur le terrain, il faut veiller à planifier en amont des emplacements provisoires de PRER corrects (consulter l'Image 11, p. 34).

La désignation des PRER se fait à l'aide de signaux aux gestes. Chaque soldat fait deux fois le même signal : d'abord pour confirmer la réception et ensuite pour retransmettre. Seul le soldat le plus proche du PRER transmet les signaux. Cela

---

1 **Application des concepts :** Les meilleurs points de regroupement sont des éléments de terrain qui sont difficiles à traverser, comme les vallons ou les collines. Lors de la planification, y a-t-il un moyen de choisir un itinéraire rapide qui bénéficie également de ces bons points de regroupement ? Envisagez de contourner une colline et de faire du sommet de la colline un point de regroupement.

Image 11 : Un bon point de regroupement doit être suffisamment distinctif et significatif pour être repérable la nuit. Les étangs sont souvent repérables (d'autant plus qu'ils hébergent souvent des batraciens audibles la nuit !). On peut utiliser un décalage, par exemple « à 70 mètres au sud-ouest de l'étang. »

Image 12 : Marines de la K Company, 3rd Battalion, 4th Marine Regiment. Big Bear Lake, Californie, 7 sept. 2016. **Ce point de regroupement est mal choisi** car si à première vue, celui-ci semble distinctif, il y a en fait de nombreux arbres morts dans une forêt.

permet d'identifier le PRER. Pour garantir que chaque soldat est passé au niveau d'un PRER, un PRER est seulement activé (c'est-à-dire devient le nouveau PRER à rejoindre au besoin) lorsque le PRER suivant commence à être désigné.

Des PRER sont également désignés avant de franchir une zone dangereuse (c'est-à-dire que si la traversée d'une zone présente des risques, un PRER doit être désigné avant de se mettre en mouvement). Un PRER proche peut être désigné dans un rayon de 300 mètres avant la zone dangereuse. Un PRER éloigné peut être désigné jusqu'à 300 mètres au-delà de la zone dangereuse. Le PRER le plus éloigné est aussi établi avant la traversée d'une zone dangereuse afin de pouvoir réagir en cas d'attaque par l'arrière durant la traversée.

Si les soldats ont été séparés à la suite d'un contact avec l'ennemi ou à une rupture du contact, les premiers à arriver au PRER doivent rapidement jeter un dispositif défensif. Au fur et à mesure que d'autres arrivent, le plus gradé des soldats présents assure le commandement, met en place le dispositif de sûreté et assure le décompte de l'effectif. La durée de présence sur un PRER doit être fixée au moment de sa planification. Sinon, le détachement peut se retrouver à l'arrêt dans une zone avec une forte présence ennemie (laquelle peut être la cause du repli vers le PRER), attendant des soldats qui n'arriveront peut-être jamais. Une limite de temps courante pour les PRER est de deux heures après l'arrivée du premier membre du détachement.

5.c Responsabilité de l'orientation[1]

Théoriquement, le CDT est responsable de l'orientation ; toutefois, étant donné que tous les chefs ont été informés de chaque mouvement, tous les chefs au sein du détachement sont responsables du suivi de l'itinéraire prévu ; et en fait, chaque soldat du détachement connaît déjà l'itinéraire prévu puisque celui-ci a été

---

1   **Citation :** « Les guerres sont le meilleur moyen pour Dieu d'enseigner la géographie aux Américains. » — Ambrose Bierce, combattant de la guerre de Sécession.

détaillé dans l'ordre d'opération (OPORD). En pratique, le suivi de l'orientation incombe à l'élément de tête.[1]

L'orientation réclame l'exécution de plusieurs tâches trop complexes et trop importantes pour être accomplies par un seul soldat. Ce sont : rechercher les éléments caractéristiques du terrain qui correspondent aux indications de la carte ; s'assurer du maintien du rythme de la progression ; suivre l'azimut correct ; repérer les points de contrôle et les points à ne pas dépasser ; et désigner des PRER. **Un bon chef d'équipe déléguera donc beaucoup.**[2]

Peu importe la manière dont le chef d'équipe décide de déléguer, quelques lignes directrices existent et sont valables en de nombreuses circonstances. Chaque GV tient une boussole ou s'assure que le rythme est maintenu. La responsabilité première du GV de pointe (GVP) et du GVMinimi est d'assurer la sûreté, et ils ne participent donc jamais à l'orientation. Le GVP doit également regarder régulièrement en arrière pour avoir confirmation de la direction qu'il doit suivre.

Idéalement, tout le monde doit avoir mémorisé l'itinéraire et le terrain, mais il est préférable en cas de doutes de faire une halte et de vérifier la carte plutôt que de se perdre. Comme le fait de consulter une carte déconcentre le chef et exige un éclairage la nuit, il faut donc faire preuve de plus de prudence que lors d'un arrêt normal. Si le chef pense que le détachement est perdu, une halte longue est déclenchée (consulter « Halte de courte durée / Tomber en garde », p. 51) (consulter « Mise en place d'une halte longue », p. 123).

L'équipe de commandement se déplace vers le centre. Le CDT se couche sur le ventre et retire son sac à dos pour abaisser son profil. La nuit, il doit se couvrir de quelque chose de complètement opaque afin de ne pas être repérable pendant qu'il vérifie son itinéraire sur la carte avec une lampe.[3]

Si pour une raison quelconque, l'itinéraire n'a pas été communiqué au préalable, ou si les soldats l'ont oublié, il faut le communiquer dès que possible. Chaque soldat doit connaître : 1) l'itinéraire principal et les itinéraires de rechange ; 2) sa position par rapport à l'itinéraire principal et à ceux de rechange ; 3) comment se déplacer s'il a été séparé et s'il est seul.

1   **Application des concepts :** Pour un groupe, l'élément de pointe est habituellement l'équipe Alpha, et pour une section, l'équipe Alpha de tête. Que se passe-t-il si la séquence de déplacement change (par exemple lors d'une traversée préparée d'une zone dangereuse) et que l'équipe Bravo devient l'élément de tête ? Soit le groupe doit se réorganise, soit l'équipe Bravo devient l'élément de tête responsable de l'orientation.

2   **Situation réelle :** Même si de nombreux experts « conservateurs » accordent une grande importance à l'utilisation d'outils tels que les rapporteurs, cartes en papier et boussoles, et refusent de se fier au GPS, il devient de plus en plus évident qu'un dispositif GPS est aussi important qu'un fusil lors d'une mission, et que les cartes en papier sont en voie de disparition tout comme la baïonnette a disparu. Beaucoup d'appareils GPS sont légers, durables, intraçables, permettent une meilleure navigation en général et peuvent éviter d'autres catastrophes en cas de fractionnement d'un élément.

3   **Situation réelle :** Un poncho de l'armée double épaisseur ne suffit pas à dissimuler les lampes frontales modernes et brillantes. Pour plus de discrétion, recouvrir la lampe frontale elle-même d'un ruban semi-opaque est une solution efficace.

Image 13 : Des soldats américains du peloton Bandit Troop, 1st Squadron, 3rd Cavalry Regiment franchissent en colonne un passage obligé durant un exercice de tir réel de la force de réaction. Irak, 31 octobre 2018. Les deux soldats **comptent en silence et comparent leurs résultats à la fin.**

5.d Décompte de l'effectif
(passages obligés)

Un passage obligé est un endroit où un chef compte tous les soldats de l'élément. Les passages obligés sont utilisés à chaque phase d'une mission, c'est-à-dire chaque fois qu'un élément débute ou arrête un déplacement : par exemple, lors du repli à la suite d'une réaction à un contact avec l'ennemi, lors du redémarrage après une halte de courte durée, etc.

Le responsable du décompte (par exemple, le chef d'équipe Bravo ou le SOA) rejoint rapidement l'avant du détachement. Il se poste et désigne ensuite un arbre, un objet quelconque ou un autre soldat, afin que chaque soldat de l'élément passe entre lui et cet arbre, objet ou soldat. **Le chef touche physiquement et compte chaque soldat qui passe.** Si le passage obligé est constitué d'un autre soldat, ce dernier tient également un décompte silencieux afin qu'une fois le dernier soldat passé, les décomptes soient comparés (consulter l'Image 13, p. 36).

Dans le cas où un élément se déplace en formation vers un passage obligé, les soldats doivent attendre de l'avoir atteint pour rompre la formation adoptée pour le déplacement, puis une fois le passage obligé franchi, la reprendre. Cela évite que la formation entière ne se mette en colonne simple avant et après chaque passage obligé. Soyez attentif aux soldats qui ignorent la mise en place d'un passage obligé (et omettent d'y passer).

Dès qu'un décompte est terminé, les différents chefs au niveau du détachement sont informés à la fois du nombre et du résultat : par exemple, « 15 soldats, correct » ou « 14 soldats, manque un ». Tout décompte qui donne un nombre différent du résultat attendu réclame une réaction, qu'il soit inférieur ou supérieur : le décompte doit être exact, sans aucune erreur ! Les mesures à

Image 14 : Des hommes du 352nd Battlefield Airmen Training Squad en stage à la Combat Control School progressent dans une forêt dense. Camp Mackall, North Carolina, 03 août 2016. **Le dernier soldat de la colonne regarde vers l'arrière pour assurer la sûreté arrière.**

prendre lorsque qu'un décompte indique une anomalie doivent avoir été abordées durant la planification et varient considérablement selon la situation (consulter l'Image 14, p. 37).

5.e Sûreté des arrières

Un thème constant dans ce manuel est une sûreté mise en œuvre à 360 degrés à tout moment. Cela englobe les déplacements à pied. Les soldats à l'arrière du détachement tendent à « être déconnectés » parce que la majorité des contacts avec l'ennemi se font à l'avant. Or, un ennemi intelligent va exploiter cette situation et tenter d'attaquer l'arrière du détachement. Pour cette raison, un élément de sûreté arrière doit surveiller constamment les arrières du détachement. Une bonne tactique consiste pour le soldat/l'élément responsable de cette mission à la coupler au comptage des pas : par exemple, en regardant en arrière tous les dix pas (consulter l'Image 14, p. 37).

6. Déplacements à pied (formations)

Quand ils se déplacent ensemble les soldats doivent le faire en tant qu'unité organisée afin d'optimiser le commandement et le contrôle, et aussi la répartition des feux. Chacune des manières possibles de regrouper quatre soldats ou éléments porte un nom (consulter l'Image 15, p. 38).

Chaque niveau d'unités dispose également de ses propres formations. Ainsi, par exemple, une « ligne de groupe, équipes en carré » est une ligne d'équipes, chacune formant un carré. Comme toutes ces combinaisons et formations peuvent

Déplacements à pied (formations)

Table 3-1. Primary formations.

Name/Formation/ Signal (if applicable)	Characteristics	Advantages	Disadvantages
Line Formation	- All elements arranged in a row - Majority of observation and direct fires oriented forward; minimal to the flanks - Each subordinate unit on the line must clear its own path forward - One subordinate designated as the base on which the other subordinates cue their movement	Ability to: - Generate fire superiority to the front - Clear a large area - Disperse - Transition to bounding overwatch, base of fire, or assault	- Control difficulty increases during limited visibility and in restrictive or close terrain - Difficult to designate a maneuver element - Vulnerable assailable flanks - Potentially slow - Large signature
Column/File Formation	- One lead element - Majority of observation and direct fires oriented to the flanks; minimal to the front - One route means unit only influenced by obstacles on that one route	- Easiest formation to control (as long as leader can communicate with lead element) - Ability to generate a maneuver element - Secure flanks - Speed	- Reduced ability to achieve fire superiority to the front - Clears a limited area and concentrates the unit - Transitions poorly to bounding overwatch, base of fire, and assault - Column's depth makes it a good target for close air attacks and a machine gun beaten zone
Vee Formation	- Two lead elements - Trail elements move between the two lead elements - Used when contact to the front is expected - "Reverse wedge" - Unit required to two lanes/routes forward	Ability to: - Generate fire superiority to the front - Generate a maneuver element - Secure flanks - Clear a large area - Disperse - Transition to bounding overwatch, base of fire, or assault	- Control difficulty increases during limited visibility and in restrictive or close terrain - Potentially slow
Box Formation	- Two lead elements - Trail elements follow lead elements - All-around security	See vee formation advantages	See vee formation disadvantages
Wedge Formation	- One lead element - Trail elements paired off abreast of each other on the flanks - Used when the situation is uncertain	Ability to: - Control, even during limited visibility, in restrictive terrain, or in close terrain - Transition trail elements to base of fire or assault - Secure the front and flanks - Transition the line and column	- Trail elements are required to clear their own path forward - Frequent need to transition to column in restrictive, close terrain
Diamond Formation	- Similar to the wedge formation - Fourth element follows the lead element	See wedge formation advantages	See wedge formation disadvantages
Echelon Formation (Right)	- Elements deployed diagonally left or right - Observation and fire to both the front and one flank - Each subordinate unit on the line clears its own path forward	- Ability to assign sectors that encompass both the front and flank	- Difficult to maintain proper relationship between subordinates - Vulnerable to the opposite flanks

Image 15 : Les formations élémentaires pour les déplacements sont toutes définies dans le document FM 3-21.8 de l'U.S. Army intitulé « The Infantry Rifle Platoon and Squad Chapter 3 » (le section et le groupe d'infanterie). Toutes les formations possibles pour un élément de quatre soldats ont été définies. **Même si toutes ces formations sont utiles, certaines le sont beaucoup plus que d'autres.** Dans ce manuel, les formations en « T » ou en « échelon » présentées ci-dessus ne seront pas traitées car elle ne sont utilisées que dans des situations spécifiques.

Formations de déplacement

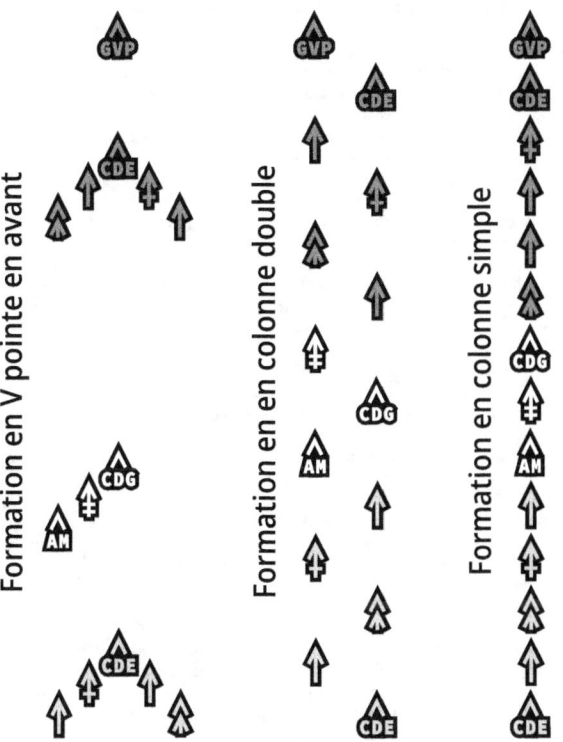

Formation en V pointe en avant

Formation en en colonne double

Formation en colonne simple

Image 16 : Les trois formations de déplacement les plus courantes. La formation en V pointe en avant, qui est plus large et plus espacée, assure une sûreté mieux répartie, mais peut être plus difficile à contrôler. **La formation en colonne double permet un déplacement plus rapide, mais avec une plus grande vulnérabilité** face à une attaque frontale. La formation en colonne simple est particulièrement vulnérable et n'est employée que pour des distances courtes et sur des itinéraires planifiés rapidement devenir compliquées, les unités ont principalement recours aux formations les plus courantes.

En ce qui concerne les groupes et les sections, les deux formations de déplacement les plus courantes sont le « V pointe en avant » et la « colonne double » (techniquement, V pointe en avant et colonne double de section, de groupe et d'équipe) (consulter l'Image 22, p. 46). Une autre formation courante est la « colonne simple », qui n'est utilisée que dans des situations spécifiques dans ce manuel. Le V pointe en avant est la formation par défaut appliquée à la plupart des actions de déplacement.

Le recours au V pointe en avant ou à la colonne double implique un compromis entre la sûreté et la vitesse. Le V pointe en avant est plus efficace face à une attaque frontale que la colonne double, car son front est plus large. Le détachement peut facilement former rapidement une ligne de feux orientée vers l'avant. Le V pointe en avant permet également de former rapidement des lignes de feux face aux attaques de flanc.

Une colonne double, d'un autre côté, doit se réorganiser complètement pour former une ligne orientée vers l'avant, et n'est pas plus efficace qu'un V pointe en avant en cas d'attaque de flanc. Les colonnes doubles sont également vulnérables aux tirs de mitrailleuses provenant de l'avant, qui peuvent transpercer toute une colonne. L'avantage d'une colonne double est que marcher en deux colonnes est plus rapide, car presque tous les soldats suivent ceux qui les précèdent, plutôt que d'avoir à se frayer un nouveau chemin. Ce profil réduit signifie aussi que des terrains plus accessibles, tels que des routes ou des lits de rivière peuvent être utilisés pour la progression.

Étant donné que la plupart des attaques ennemies viennent de l'avant, le V pointe en avant est privilégié dans toutes les situations où le contact avec l'ennemi est probable. Cette formation est plus vulnérable à une attaque par l'arrière à 45 degrés, à l'endroit où le dernier V pointe en avant d'élément compte peu de soldats sur un même rang. Toutefois, les avantages en matière de sûreté à l'avant et le fait que toutes les équipes ont la même formation l'emportent sur ce risque.

La formation en colonne simple n'est utilisée que lorsque le risque d'une attaque frontale est largement compensé par d'autres facteurs. Elle est employée, par exemple, lors d'un déplacement à travers un terrain tel qu'un marécage, où la distance de plusieurs mètres entre les soldats dans une formation en V pointe en avant pourrait faire qu'un élément se disperse et se sépare. Un déplacement vers un endroit déjà occupé par des troupes amies (donc sans ennemis devant) est un autre exemple.

Pour garder le contrôle lors des déplacements, le chef de groupe peut se déplacer librement au sein du groupe, et le chef d'équipe Bravo au sein de l'équipe Bravo. Le rôle du chef d'équipe Alpha est un peu différent. Celui-ci doit toujours être en mesure de gérer l'équipe Alpha, étant donné qu'elle est la plus susceptible d'entrer en contact avec l'ennemi.

Groupe en V pointe en avant

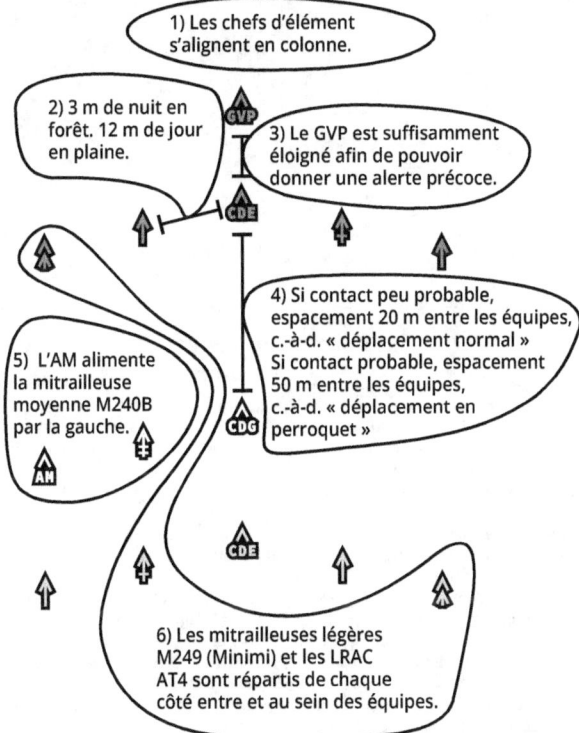

1) Les chefs d'élément s'alignent en colonne.

2) 3 m de nuit en forêt. 12 m de jour en plaine.

3) Le GVP est suffisamment éloigné afin de pouvoir donner une alerte précoce.

4) Si contact peu probable, espacement 20 m entre les équipes, c.-à-d. « déplacement normal » Si contact probable, espacement 50 m entre les équipes, c.-à-d. « déplacement en perroquet »

5) L'AM alimente la mitrailleuse moyenne M240B par la gauche.

6) Les mitrailleuses légères M249 (Minimi) et les LRAC AT4 sont répartis de chaque côté entre et au sein des équipes.

Image 17 : Les formations en V pointe en avant exigent une grande coordination et un réalignement constant. **Un bon niveau de communication est primordial pour une progression efficace.**

Image 18 : Des Rangers de l'U.S. Army appartenant au 2nd Battalion, 75th Ranger Regiment progressent en **formation V pointe en avant** vers leur objectif lors d'un entraînement de Task Force. Fort Hunter Liggett, Californie, 22 janvier 2014.

Image 19 : Des marines du Guatemala réagissent au contact à partir d'une formation en V pointe en avant. Guatemala, 9 mars 2016. **Pourquoi ce terrain impose-t-il une formation plus serrée que sur l'image de gauche ?**

6.a Formation en V pointe en avant

Dans cette formation, les équipes se déploient en V pointe en avant, les unes derrière les autres (c'est-à-dire, empilées dans une colonne d'équipes). C'est pourquoi le nom complet du « V pointe en avant » est « V pointe en avant de groupe , V pointe en avant d'équipe ». Par convention, dans ce manuel on la désigne juste par le terme « V pointe en avant ». Pour former un **V pointe en avant** :

1) Placer les chefs d'équipe en colonne à une distance de 20 à 40 mètres les uns derrière les autres. Chaque soldat de cette colonne est la pointe d'un V pointe en avant.

2) Les subordonnés de chaque chef d'équipe se placent entre 5 et 20 mètres à sa droite et à sa gauche, à un angle de 30 à 45 degrés, en se répartissant de manière égale. Chaque équipe forme alors un « V pointe en avant ».

3) Placer un GV de pointe à l'avant de la formation pour assurer la sûreté et l'alerte en cas de détection ou de contact avec l'ennemi.

4) En cas de contact probable avec l'ennemi, faire avancer l'élément de tête à une distance de 50 à 100 mètres, ce qui permettra de dissimuler l'élément placé derrière aux yeux de l'ennemi. Cette tactique est utile lors de certaines manœuvres, comme un débordement de flanc. C'est ce qu'on appelle une « progression avec éléments d'éclairage et d'appui ». Un espacement classique est désigné par « progression simple ».

5) Placer l'aide-mitrailleur sur le côté gauche du mitrailleur M240.

6) Placer les GVMinimi et les GV dotés d'armes antichars de part et d'autre, entre les équipes et au sein de chaque équipe.

Selon la doctrine, la distance entre chaque élément est de 20 mètres, le premier élément étant situé à 50 mètres du deuxième. **En pratique, il est préférable d'oublier ces règles : chaque terrain et chaque situation imposent un**

Image 20 : Des marines du Guatemala se déplaçant en colonne double lors d'une formation conduite par une équipe d'instructeurs de l'U.S. Marine Corps. Guatemala, 09 mars 2016. Si vous étiez un ennemi sur le bord de la route, créeriez-vous le chaos en attaquant le GVP en alerte, ou le milieu de la formation, **où le chef et les soldats sont probablement moins vigilants ?**

espacement différent. En journée, en cas de probabilité de tirs d'artillerie ennemis, les soldats peuvent être espacés de 20 mètres les uns des autres afin d'éviter que l'explosion d'un obus ne touche plusieurs soldats. Cependant, si un soldat est touché, il est très compliqué de le récupérer et de l'évacuer s'il est à une distance de 20 mètres sous les tirs de l'ennemi. Des distances plus courtes favorisent des liaisons et une manœuvre plus rapides. De nuit, les soldats sont si proches les uns des autres dans un marais qu'ils se touchent presque.

Le GVP du V pointe en avant a un rôle d'éclaireur et occupe une position de sûreté spéciale située au-delà de l'avant de l'élément de pointe d'une formation en déplacement. Le GVP observe et scrute son environnement en permanence et ne participe pas à l'orientation du détachement sur l'itinéraire prévu. Son rôle est crucial car il est celui qui entrera en contact avec l'ennemi, ou le repèrera. La présence d'un seul soldat à l'avant maximise la probabilité que le détachement (en particulier le GVP) détecte l'ennemi avant que l'ennemi ne le détecte parce qu'un seul soldat est plus discret qu'un élément au complet.

Tout comme le GVP, la première équipe d'une formation en V pointe en avant est aussi plus éloignée vers l'avant que le reste de l'élément.[1] Faire avancer le premier élément fait que l'ennemi ne repèrera (en théorie) qu'un minimum de soldats. Les soldats non vus qui restent à l'arrière peuvent alors déborder l'ennemi (attaque sur son flanc) ou rompre le contact de manière plus efficace (consulter « Manœuvre de débordement (drill de combat 1) », p. 85). Une distance d'environ 50 mètres est un bon principe, mais le premier élément peut être poussé plus loin vers l'avant s'il peut encore communiquer facilement avec l'équipe de commandement.

Dans une formation, les positions sont globalement distribuées de manière égale. Par exemple, si l'équipe de tête place un GVMinimi du côté droit, alors l'équipe placée derrière place un GVMinimi du côté gauche ; l'équipe de tête dispose d'un AT4 (lance-roquettes antichar) sur la gauche et l'équipe placée derrière d'un AT4 sur la droite. Si la menace potentielle est plus élevée d'un côté, une plus grande puissance de feu est orientée vers ce côté (c'est ce qu'on appelle une répartition concentrée).

Des armes automatiques ou antichars peuvent être placées aux extrémités d'un V pointe en avant pour permettre de réagir plus rapidement à un contact avec l'ennemi sur le flanc, ou au centre du V pointe en avant, afin de permettre aux chefs d'équipe d'avoir un meilleur contrôle. Un GVMinimi expérimenté, auquel on peut faire confiance pour occuper seul une bonne position de tir, est par exemple placé à l'extrémité d'une formation en V pointe en avant.

6.b Formation en colonne double (en colonnes décalées)

La formation en colonne double sert à accélérer les déplacements dans les cas où la formation en V pointe en avant est trop large ou trop difficile à contrôler. Cette formation est dite « en colonnes décalées » du fait que les deux branches du V pointe en avant se rabattent en deux colonnes décalées l'une par rapport à l'autre (consulter l'Image 16, p. 39). Dans chaque colonne, les soldats sont décalés de façon que deux soldats ne soient jamais l'un à côté de l'autre. Tous les soldats peuvent ainsi tirer lorsqu'ils sont attaqués de flanc.

La formation en colonne double étant plus étroite, elle est mieux adaptée dans les cas suivants :

▸ Déplacement dans une végétation dense ;

▸ Déplacements de nuit (pour améliorer le commandement et le contrôle) ;

▸ Déplacements le long d'un talweg ou à flanc d'une colline (utilisation de la « crête militaire ») pour demeurer dissimulé (consulter l'Image 10, p. 32). Avec une formation trop large, un soldat en marge du dispositif peut être visible en se détachant sur le sommet de la colline et révéler la position du détachement.

---

1 **Application des concepts :** Le GVP et l'élément de tête prennent généralement un peu d'avance car c'est à l'avant que le contact avec l'ennemi est le plus probable. Pourtant, si on s'attend plutôt à un contact sur le côté gauche (s'il y a un axe, par exemple), où le CDT doit-il placer le GVP et l'élément de tête ?

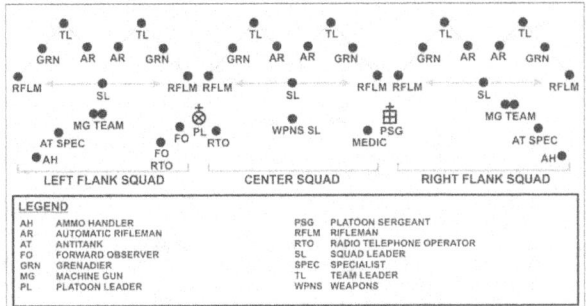

Figure 2-13. Platoon line, squads on line

Image 21 : Ce schéma est extrait de l'ATP 3-21.8 de l'U.S. Army, publié en avril. 2016. Cette formation de section en ligne est particulièrement confuse et compliquée, et à ce titre peu applicable sur le terrain. Elle n'est présentée ici que pour illustrer que la formation que peut adopter un détachement n'est limitée que par l'imagination.

Dans la formation en colonne double, les soldats d'une colonne sont décalés par rapport à ceux de l'autre colonne pour réduire l'effet des attaques de flanc, de sorte qu'un seul soldat est touché au lieu de deux ou plus. Une méthode simple afin de conserver l'échelonnement pour un soldat est de maintenir la distance par rapport au soldat de l'autre colonne qui le précède dans la diagonale (et donc de ne jamais le dépasser). Une mauvaise méthode est de suivre le soldat directement devant soi dans la même colonne.

Autant que possible, il est préférable d'utiliser la colonne double plutôt que la colonne simple pour franchir les talwegs, dans la mesure où elle permet le déplacement de deux fois plus de soldats (deux colonnes au lieu d'une seule) et est donc deux fois plus rapide. La formation en colonne simple dans les zones rurales est une formation spéciale destinée à un usage spécifique, tel que les passages obligés (pour le décompte), les traversées de végétation épaisse type broussailles ou maquis et la mise en place d'une base d'assaut.

6.c Formations de déplacement de la section

Plus une formation de déplacement implique de soldats, plus elle se complique très rapidement (consulter l'Image 21, p. 45). Au niveau d'une section, la formation la plus simple consiste à placer toutes les équipes en V pointe en avant, l'une derrière l'autre. On obtient ainsi une colonne de section de trois colonnes de groupe, chacun en colonne d'équipes en V pointe en avant ; ou trois colonnes doubles de groupe peuvent « s'empiler » pour former une longue colonne double de section (consulter l'Image 22, p. 46).

Réfléchissez à la longueur que peut atteindre une section. Selon de nombreuses recommandations normalisées, une section de trois groupes en V

Section en V pointe en avant

Groupe de combat de tête / 1re groupe
(Le GVP et l'équipe alpha sont toujours espacés afin de permettre l'alerte précoce.)

Élément de commandement principal (chef de section) / Groupe appui
(Selon la répartition Derrière, Devant, Devant : une équipe de mitrailleuse suit le 1er groupe, une autre précède le 2e groupe et une autre précède le 3e groupe.)

Groupe de combat central / 2e groupe
(Sans GVP, contrairement au 1er groupe qui a seul la mission d'éclairer la progression.)

Élément de commandement secondaire / SOA
(Afin de garantir une continuité du commandement, l'équipe de commandement de la section est scindée en deux éléments.)

Groupe de combat à l'arrière / 3e groupe
(Si les GVs sont à une distance de 10 m les uns des autres, et qu'il y a une distance de 50 m entre les différents éléments, la distance entre le GVP et le dernier GV est d'au moins 350 mètres.)

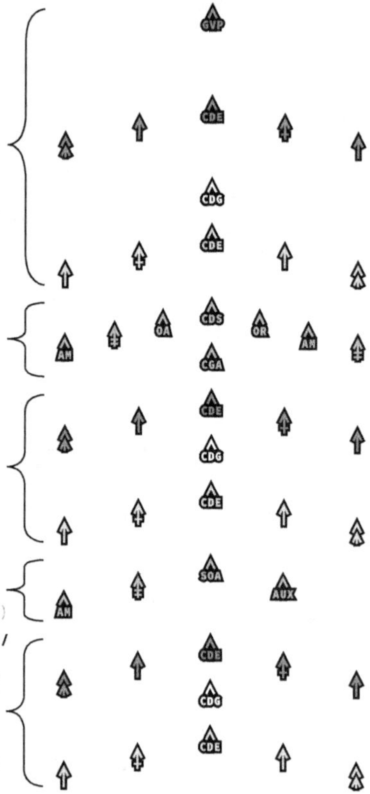

Image 22 : Formation de section en V pointe en avant. **La formation est constituée des trois groupes de combat chacun en V pointe en avant, empilés les uns sur les autres.** Les équipes de mitrailleuse sont réparties dans les intervalles, mais restent sous le commandement du CGA (le chef du groupe appui auquel elles appartiennent organiquement).

pointe en avant peut s'étendre sur plus de 300 mètres (consulter « Formation en V pointe en avant », p. 42). Or, une section doit être hors de vue des zones dangereuses susceptibles d'être occupées par l'ennemi lorsqu'elle s'arrête, zones qui peuvent être à plus de 200 mètres. Par conséquent, une section étalée sur 300 mètres aura besoin d'une distance de 700 mètres (300 m plus 200 m de sûreté à l'avant et à l'arrière) pour faire une courte halte en toute sûreté entre deux axes, ce qui est rarement possible.[1] Cette distance influe également sur le temps de réaction du chef de section en cas d'attaque ennemie. En conséquence, l'équipe de commandement de la section est souvent répartie au sein de la formation, afin d'assurer un système de commandement et de contrôle plus proche de tous les soldats.

Lorsque l'on empile des groupes pour organiser le déplacement d'une section, les fonctions et la position de chaque groupe sont déterminées en fonction de la mission et sont décidées durant la planification. Par exemple, si la mission consiste en une embuscade ponctuelle de section, le groupe chargé de la couverture est placé en tête (consulter « Emplacement de l'équipe de commandement de la section », p. 182). Le groupe de couverture a moins de responsabilités au cours de l'embuscade proprement dite, et il sera lors de la progression chargé de l'orientation et de l'éclairage, assurant le rôle d'élément de pointe.

Dans le cadre de certaines missions (comme les embuscades de zone), la section est divisée en groupes qui se déplacent chacun vers la zone qui leur ont été attribuées. Lorsque tous les groupes ont des embuscades similaires et distinctes à exécuter, l'ordre de déplacement prend en compte des facteurs externes à la mission tels que les compétences individuelles des soldats.

Pour rejoindre leur zone respective pour une embuscade de zone, les groupes quittent successivement la formation de la section à l'endroit approprié – sans que la section ait besoin de s'arrêter à chaque fois qu'un groupe s'en détache.

Dans les cas où le détachement est constitué d'une section et non d'un groupe, les équipes de mitrailleuse M240 se regroupent pour reconstituer le « groupe appui ». La distribution des mitrailleuses entre les différents éléments et leur positionnement varient en fonction de la mission. Leur positionnement est suffisamment important pour qu'un autre nom existe pour désigner une formation en V pointe en avant selon l'emplacement des équipes de mitrailleuse. L'illustration de la section en V pointe en avant est une formation appelée « **Derrière, Devant, Devant** » puisque la première équipe de mitrailleuse est derrière (c'est-à-dire qu'elle suit) le premier groupe, la deuxième équipe de

----

1   **Application des concepts :** Comment modifier les procédures de manière qu'une halte courte puisse être effectuée dans une zone plus restreinte ? Lors de l'établissement des directives pour un détachement, commencer par le résultat à obtenir. Une formation en V pointe en avant est assez concentrée pour un déplacement rapide, mais aussi suffisamment étalée pour tenir compte des tirs indirects. Le premier élément est poussé vers l'avant pour donner l'alerte à l'ensemble de l'unité.

Image 23: Des marines de la 1st Recon Battalion, 1st Marine Division mènent un AOÉO lors d'un entraînement à la reconnaissance et à la surveillance. Bellows, Hawaï, 19 novembre 2015. Ces soldats sont assis. Comparativement à la position agenouillée, il est plus difficile de changer de posture en cas de menace, et la ligne de visée est plus basse. Toutefois, la position assise réduit le bruit et offre plus de confort. **Quelle comparaison peut-on faire entre la position assise et la position à plat ventre ? La taille du sac à dos est-elle un facteur déterminant dans le choix de la position à genoux ou la position assise ?**

mitrailleuse est devant (c'est-à-dire qu'elle précède) le deuxième groupe, et la troisième équipe de mitrailleuse est devant la troisième groupe.[1]

6.d Détection de l'ennemi – AOÉO

Le niveau de danger d'une zone est proportionnel au temps que le détachement y passe. En déplacement, aucune zone n'est particulièrement dangereuse en raison de la vitesse relativement rapide adoptée par le détachement. **Mais s'il fait halte dans une zone, les risques augmentent.** Si un ennemi est proche, celui-ci aura plus de temps pour repérer, signaler ou attaquer le détachement à l'arrêt. Pour cette raison, chaque fois qu'un élément fait une halte, le chef d'élément ordonne de procéder à une détection de l'ennemi selon l'ordre AOÉO : Arrêt, Observation, Écoute, Odeur :

Arrêt – de tout mouvement et silence le plus complet ;

---

1 **Application des concepts :** Dans quelles circonstances d'autres combinaisons peuvent-elles s'avérer utiles, comme « Derrière, Derrière, Devant » ou « Derrière, Derrière, Derrière » ?

Halte de courte durée

Dans le cas d'un détachement progressant en V pointe en avant, le plus simple est que le dernier élément inverse sa formation et se mette en V pointe en arrière.

Dans le cas d'un détachement progressant en colonne double, le plus simple est que les éléments au milieu se tournent vers l'extérieur (pour couvrir les flancs).

Image 24 : Ce schéma illustre la manière dont une formation pour un déplacement peut se transformer approximativement en un cercle lors des haltes de courte durée. **Un cercle assure une meilleure sûreté et fournit un espace au centre pour permettre aux chefs de se réunir.** Toutefois, les soldats ont du mal à se déplacer facilement dans un cercle de grande taille ; pour cette raison les formations en V pointe en avant et en colonne double sacrifient un peu la sûreté au profit de la facilité de déplacement.

> **Observation** – afin de détecter tout mouvement de l'ennemi ou tout ce qui semble anormal ;
> **Écoute** – des bruits dans l'environnement. Le silence peut également être une source d'information ;
> **Odeur** – d'aliments, de carburant, de feu, de fèces humaines et de terre fraîchement retournée.

Lors d'une halte, l'AOÉO dure aussi longtemps que le chef le juge nécessaire (habituellement de trois à cinq minutes). Dans des situations plus dangereuses, par exemple à l'approche de l'objectif, l'AOÉO demande plus de temps. Il faut en ce cas faire preuve d'un silence extrême et éviter tout bruit (armes, équipements, sacs à dos...) pour une écoute efficace.

Image 25 : Des parachutistes du 2nd Battalion, 503rd Infantry Regiment, 173rd Airborne Brigade **font une halte lors d'un exercice de tir réel** dans le cadre du déploiement « Rock Knight ». Champ de tir de Pocket, Postonja, Slovénie, 19 juillet 2017. Ils sont probablement à découvert dans un champ, et non à couvert dans une lisière boisée plus sûre, pour des raisons d'exercice.

Mener un AOÉO évite en principe une rencontre fortuite avec l'ennemi. Cependant, si le détachement est suivi, il se peut que l'élément de pointe ennemi entre directement en contact avec l'élément à l'arrêt effectuant un AOÉO. Une fois l'AOÉO terminé, le chef d'élément interroge ses soldats pour confirmer ou infirmer leurs observations **visuelles, auditives ou olfactives** en posant des questions ouvertes, comme : « As-tu senti quelque chose ? » – et non « As-tu senti de la fumée ? », qui est une question fermée appelant juste une réponse par oui ou non – ; une question ouverte évite d'influencer leur avis sur ce qu'ils ont pu sentir, et demande une réponse élaborée sous forme de description, comme par exemple : « Oui, une odeur de cendres chaudes. ».

Toute observation suspecte (visuelle, auditive ou olfactive) doit faire l'objet d'une confirmation. Si une menace est décelée, le détachement doit soit se déplacer, soit engager l'ennemi. En aucun cas, la menace ne doit être ignorée.

Il est possible de rendre l'AOÉO plus silencieux en ordonnant au détachement de se mettre en position couchée, sac à dos semi-posé au sol (une seule bretelle à l'épaule). Pour une section au complet, se mettre en position couchée est rapide et réduit les bruits, ce qui représente un avantage précieux pour l'efficacité de l'AOÉO. Un soldat avec juste un genou au sol tend à se balancer et à faire du bruit à cause de son équipement, en particulier de son sac à dos ; surtout lorsqu'il s'agit d'un soldat novice ou peu aguerri, ou portant un sac très lourd. (consulter l'Image 23, p. 48).

Image 26 : Des parachutistes de la HQ Company, 2nd Battalion, 503rd Infantry Regiment, 173rd Airborne Brigade en halte de courte durée. Zone d'entraînement de Grafenwoehr, Allemagne, 28 janvier 2017. La M240 est face à l'itinéraire d'approche le plus probable de l'ennemi. Seule l'équipe de mitrailleuse s'est défait de ses sacs à dos, étant donné que le tir aux armes alimentées par bandes n'est pas efficace en position agenouillée.

6.e Halte de courte durée / Tomber en garde[1]

Une halte de courte durée est un arrêt temporaire sur ordre du chef d'élément d'une durée de moins de cinq minutes.[2] Elle est typiquement réservée à la vérification de l'orientation et de la carte. Elle peut aussi être initiée par tout soldat détectant un nouveau danger ou un imprévu, par exemple la découverte d'un chemin inconnu devant le détachement. **Dans ce cas, on dit que le détachement tombe en garde, jetant un dispositif de sûreté immédiat.**

Dès qu'un chef de groupe ordonne une halte de courte durée, les chefs des équipes Alpha et Bravo s'approchent de lui. Lorsqu'un chef d'équipe ou un soldat de rang inférieur annonce une halte de courte durée, il peut soit tirer sur son col

---

1   **Citation :** « L'infanterie doit marcher vers l'avant pour se rapprocher de l'ennemi. Elle doit tirer pour se déplacer… Faire halte sous le feu de l'ennemi serait faire preuve de folie. Faire halte sous le feu de l'ennemi sans riposter, c'est du suicide. » — George S. Patton, général de l'U.S. Army

2   **Situation réelle :** Les chefs sous-estiment souvent la durée des haltes. Si un détachement fait trois haltes de 15 minutes, cela représente 45 minutes de haltes courtes avec des soldats lourdement chargés qui ne posent pas leurs sacs. Il est aussi possible de faire des haltes plus longues où les soldats peuvent se reposer en position couchée, avec de meilleures conditions de sûreté.

de veste pour indiquer au chef de groupe de venir vers lui, soit un chef d'équipe rejoint directement le chef de groupe.

En cas de halte de courte durée, la formation se resserre, c'est-à-dire qu'une équipe continue d'avancer jusqu'à être proche de l'équipe qui la précède. Quand la halte de courte durée est terminée, les éléments de la formation reprennent les intervalles normaux, c'est-à-dire qu'une équipe ne reprend pas sa progression tant que l'équipe qui la précède n'est pas à distance suffisante. Pour déterminer si une équipe est « proche » ou « éloignée », il faut que les secteurs de tir se chevauchent. Par conséquent, si l'équipe Alpha (en tête) peut s'arrêter là où elle se trouve, l'équipe Bravo doit continuer à avancer jusqu'à ce que son secteur de tir chevauche celui de l'équipe Alpha.

Le dispositif pour une halte de courte durée est un cercle approximatif. Pour former le cercle, un détachement en V pointe en avant ou en colonne double ne modifie que légèrement son dispositif global. Dans le cas d'un V pointe en avant, l'élément à l'arrière s'inverse pour former V pointe à en arrière. Quand il s'agit d'une formation en colonne double, les soldats au milieu de la formation assurent la sûreté sur chaque flanc en se tournant vers l'extérieur, et les soldats à l'arrière assurent la sûreté face à l'arrière (consulter l'Image 24, p. 49) (consulter l'Image 25, p. 50).

Lors d'une halte de courte durée, tous les soldats s'agenouillent en s'abritant et se camouflant au mieux en fonction du terrain et à distance raisonnable les uns des autres, avec leur sac à dos et leur arme prête à l'emploi, et assurent la sûreté.

À chaque halte, le CDT détermine sans délai l'endroit où placer les équipes de mitrailleuse M240 en se basant sur l'itinéraire d'approche la plus susceptible d'être emprunté par l'ennemi, la ligne de conduite la plus probable de l'ennemi et l'analyse METE-DC (Mission, Ennemi, Terrain/Météo, Effectifs disponibles – Délais, Civils), c'est-à-dire tout ce qui peut être envisagé. En règle générale, les M240 sont positionnées à « midi », c'est-à-dire face à la direction de marche.

Pendant la halte, l'élément de tête (équipe ou groupe) assure la sûreté vers l'avant à 180 degrés, et l'élément arrière vers l'arrière à 180 degrés. Quand il s'agit d'une halte de courte durée pour des éléments plus importants, les soldats sur les côtés assurent la sûreté sur les flancs. Comme une unité en V pointe en avant ne modifie que légèrement sa formation, les soldats au milieu risquent de ne pas avoir de secteur de tir. **Les chefs d'équipe ont donc pour priorité de définir les secteurs de tir et de s'assurer que leurs soldats restent prêts à faire mouvement.**

Si le déplacement vers le point de destination ne rencontre aucune difficulté, aucune halte de courte durée n'est nécessaire, celle-ci servant principalement à vérifier l'orientation. Toutefois, en cas de visibilité réduite, le chef peut prévoir des haltes de courte durée plus fréquentes afin de renforcer la sûreté du déplacement en conduisant des AOÉO régulièrement.

Image 27 : Des marines de la K Company, 3rd Battalion, 4th Marine Regiment, Big Bear Lake, Californie, 8 septembre 2016. Même si ce terrain ne constitue pas une «zone dangereuse» en soi, **le manque d'abri et de couvert demande une plus grande prudence.**

Image 28 : Cette zone dangereuse n'est PAS une zone dangereuse linéaire (ZDL). La visibilité des éléments amis est aussi bonne sur le chemin que ses abords. Le chemin est boueux et couvert de feuilles ce qui indique également qu'il n'est pas employé comme itinéraire d'approche à grande vitesse.

6.f Point de regroupement initial (PRI) après arrivée au point de dépose

Comme son nom le suggère, le point de regroupement initial (PRI)) est la première zone de rassemblement d'urgence vers laquelle la section se dirige après avoir débarqué des véhicules au point de dépose. Ce lieu, planifié à l'avance, a pour fonction d'orienter le déplacement initial ou de servir de point de regroupement d'urgence si le détachement entre rapidement en contact avec l'ennemi au début de son infiltration en territoire hostile. Le cheminement entre le point de dépose et le PRI est normalement perpendiculaire à l'itinéraire suivi en véhicule, afin que le détachement se mette en sûreté par rapport à celui-ci le plus rapidement possible.

L'emplacement du PRI est approximativement choisi lors de la phase de planification, et doit être à l'abri de la vue et de l'écoute par l'ennemi, ainsi que de tirs d'armes légères qui pourraient provenir du point de dépose (aussi éloigné ou proche que celui-ci puisse être). Il faut toujours prévoir un autre PRI, à peu près dans la direction opposée au premier, ainsi qu'une zone de posé hélicoptère (HLZ) pour effectuer les EVASAN (évacuations sanitaires) aériennes, et un point accessible à un véhicule pour les EVASAN par voie terrestre.

Au PRI, le détachement se regroupe et mène un AOÉO pour s'assurer que sa sûreté n'a pas été compromise. L'équipe de commandement examine la carte pour s'assurer que le point de dépose est effectivement celui qui était initialement prévu. Le radio transmet le compte rendu prévu « Infiltration terminée » (consulter « Compte rendu d'exécution de la mission », p. 242). À partir du PRI, le détachement entame sa progression jusqu'à atteindre une position favorable pour une halte longue afin de préparer le lieu de l'embuscade (consulter « Mise en place d'une halte longue », p. 123).

7. Traversée d'un axe (zone dangereuse linéaire)[1]

Une zone dangereuse linéaire (ZDL) est un secteur vulnérable à l'observation ou aux tirs de l'ennemi depuis ses flancs. Une ZDL peut offrir ou ne pas offrir d'abris. Parmi les exemples de ZDL figurent les axes (routes, chemins, etc.), les rivières et les talwegs. Ces deux derniers sont considérés comme des zones de danger dans la mesure où ils ralentissent le détachement et diminuent sa capacité à réagir efficacement au moment de la traversée (consulter l'Image 28, p. 53).

Un détachement ne rencontre pratiquement jamais de zones dangereuses linéaires parfaitement perpendiculaires à son axe de progression. Chaque chef doit donc connaître l'orientation de la zone dangereuse qu'il s'apprête à traverser pour pouvoir adapter correctement sa formation.

7.a Choix du point de traversée

Le point ou lieu de traversée d'une zone dangereuse linéaire (ZDL) sur une carte est prévu à l'avance. Toutefois, il se peut que le détachement rencontre des zones dangereuses linéaires non cartographiées ou non franchissables. Dans de tels cas, l'équipe Alpha de pointe signale au CDT qu'il doit choisir un nouveau point de traversée. La décision du CDT est ensuite transmise à la voix et relayée à l'ensemble de l'unité.

Au moment de choisir un point de traversée, il faut veiller à trouver un endroit qui offre les meilleurs angles de vue pour assurer la couverture, et qui soit le moins détectable possible par l'ennemi.[2] Par conséquent, le lieu le plus proche n'est donc pas toujours le meilleur.

Exemples de caractéristiques du terrain qui **limitent la détection** par l'ennemi :

▸ zones situées entre deux virages ;
▸ zones de faible altitude ;
▸ en dessous de la crête militaire d'une colline ; et
▸ zones fournissant couvert et camouflage proches de la ZDL.

Caractéristiques du terrain **défavorables** à la traversée :

▸ intersections d'axes ;
▸ sommets de colline ;
▸ tout autre zone qui n'offre ni couvert, ni camouflage.

---

1 **Application des concepts :** Ce paragraphe se concentre sur la manière de traverser un axe en ligne droite. Mais les zones dangereuses linéaires peuvent être parfois complexes. Comment traverser deux zones dangereuses linéaires parallèles successives ? Une tranchée ?

2 **Citation :** « Nous trouverons un chemin, ou nous en créerons un. » — Hannibal, général commandant en chef de l'armée carthaginoise, après que ses généraux lui ont dit qu'il était impossible de traverser les Alpes à dos d'éléphant.

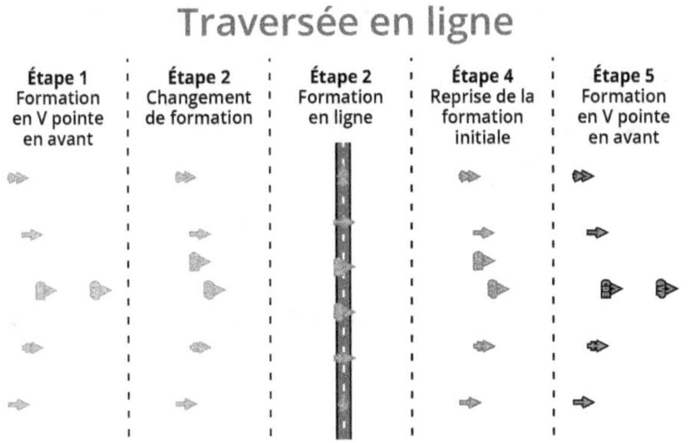

Traversée en ligne

Étape 1 Formation en V pointe en avant	Étape 2 Changement de formation	Étape 2 Formation en ligne	Étape 4 Reprise de la formation initiale	Étape 5 Formation en V pointe en avant

Phase 1

Image 29 : La traversée en ligne d'une ZDL consiste à passer de la formation en V pointe en avant à une formation en ligne sans marquer d'arrêt (dans la foulée). **Les deux soldats aux extrémités de la ligne ont pour mission d'assurer la sûreté sur le long de l'axe.** Ce mode d'action est adopté successivement par les différents éléments échelonnés d'un détachement.

Le CDT doit également examiner l'autre côté de la ZDL pour s'assurer des possibilités de couvert et de camouflage et que le terrain n'interdit pas le passage afin que le détachement puisse continuer ensuite sa progression.

7.b Choix du mode d'action pour la traversée

Si la zone dangereuse linéaire (ZDL) est connue à l'avance, le mode d'action pour la traversée devra avoir été prévu en amont. Le GVP Alpha ou le chef d'équipe Alpha peut en ce cas immédiatement réagir et déclencher le mode d'action qui a été prévu dans l'ordre initial, qu'il s'agisse d'une traversée préparée (expliquée ci-dessous) ou d'une traversée en discrétion en ligne, ou en perroquet/par bond. Toutefois, le GVP Alpha d'un détachement rencontre souvent des zones dangereuses linéaires imprévues dont il doit rendre compte afin que le chef décide de la conduite à tenir pour traverser.

Dans ce cas, le GVP Alpha fait signe à son chef d'équipe, qui ordonne une halte de courte durée. Au niveau d'un groupe de combat autonome, le chef d'équipe Alpha fait signe au CDG qui à son tour analyse la situation et transmet par signe la formation à adopter pour la traversée : en ligne, par bond ou préparée (à chaque formation correspond un commandement aux gestes). Quand il s'agit d'une section, le CDG rend compte au CDS et attend sa décision.

Dès que le CDT est averti d'une ZDL inattendue, il rejoint le GVP Alpha et observe attentivement la ZDL avant de prendre sa décision. Cependant, cela peut prendre trop de temps : une halte de courte durée près d'une ZDL non prévue

Traversée en perroquet/par bond

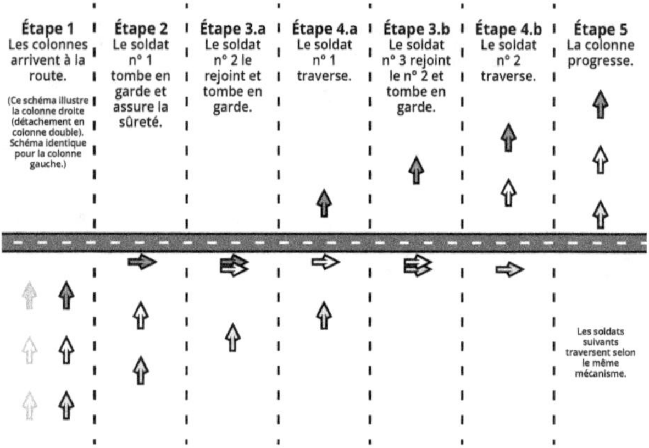

Étape 1	Étape 2	Étape 3.a	Étape 4.a	Étape 3.b	Étape 4.b	Étape 5
Les colonnes arrivent à la route. (Ce schéma illustre la colonne droite (détachement en colonne double). Schéma identique pour la colonne gauche.)	Le soldat n° 1 tombe en garde et assure la sûreté.	Le soldat n° 2 le rejoint et tombe en garde.	Le soldat n° 1 traverse.	Le soldat n° 3 rejoint le n° 2 et tombe en garde.	Le soldat n° 2 traverse.	La colonne progresse.

Les soldats suivants traversent selon le même mécanisme.

Image 30 : Illustration d'une colonne double effectuant une traversée de ZDL en perroquet / par bond. **Point important : il y a toujours un soldat en garde assurant la couverture le long de la route** (un par colonne, respectivement face à la droite et face à la gauche). Le mécanisme de traversée est identique pour les deux colonnes, et est répété jusqu'à ce que le dernier soldat de chaque colonne ait traversé. **S'il n'y a qu'une seule colonne**, le premier soldat à traverser se retourne et pointe son arme vers la route dans la direction opposée pendant qu'il traverse pour assurer la sûreté dans les deux directions. Il tombe ensuite en garde du côté opposé de la route pour créer une deuxième position de sûreté. Ensuite, tous les soldats suivent en procédant de la même manière.

peut-être laborieuse à exécuter et dangereuse pour un détachement important tel qu'une section. Par conséquent, le CDS délègue souvent la décision à un subordonné (par exemple, le chef du 1er groupe). Selon la situation et le niveau de risques, le subordonné peut toujours consulter son chef s'il a des doutes sur le mode d'action à adopter.

7.c Traversée en ligne

La formation en ligne constitue une simple modification du V pointe en avant, et vise à rendre les traversées de zone dangereuse linéaire (ZDL) un peu plus sûres. À l'approche de la ZDL, chaque élément en V pointe en avant se réaligne sur une même ligne. Une fois la ZDL franchie, il reprend sa formation en V pointe en avant (consulter l'Image 29, p. 55).

Le principe est que tous les soldats d'une équipe traversent la ZDL en même temps. Cette méthode non seulement réduit le temps de présence des soldats à découvert, mais empêche également les combattants ennemis (qui peuvent avoir vue sur la ZDL) de compter le nombre de soldats qui traversent. Quand un élément est en ligne et traverse la ZDL, les soldats aux extrémités de la ligne orientent leurs armes vers la zone dangereuse immédiate, ceux au centre les orientent au plus loin de la zone dangereuse.

C'est le chef d'élément qui prend la décision d'adopter la formation en ligne qui transmet l'ordre au geste à ses subordonnés. Le GVP Alpha de l'élément s'arrête et attend que les autres soldats de l'élément s'avancent et s'alignent sur lui. Lorsque chaque élément en V pointe en avant s'approche de la ZDL, son chef temporise sa progression jusqu'à ce que son élément soit aligné sur lui.

Après avoir traversé la ZDL, le GVP Alpha et les chefs d'équipe doivent progresser rapidement vers l'avant pour rétablir la formation en V pointe en avant, tandis que les soldats aux extrémités temporisent. Par ailleurs, tous les éléments doivent également traverser à une vitesse égale les uns par rapport aux autres. Si un élément traverse trop vite, l'élément derrière lui peu décrocher et perdre la liaison visuelle ; si un élément met trop de temps à traverser, l'élément précédent peut se retrouver isolé.

7.d Traversée en perroquet/par bond

La traversée en perroquet/par bond est un mode de progression rapide pour traverser une ZDL pour un détachement se déplaçant en V pointe en avant. Le principe de base est le suivant : arrivé à la ZDL, le premier soldat d'une colonne tombe en garde, observe, et repère le point d'arrivée de l'autre côté de la ZDL ; le soldat suivant de la colonne tombe en garde à hauteur du premier afin d'assurer la couverture et donne au premier un signal pour qu'il traverse (consulter l'Image 30, p. 56).

Ce mode d'action est plus sûr qu'une traversée en ligne parce qu'à tout moment celui qui traverse est couvert par le suivant. Toutefois, il est moins sûr qu'une traversée préparée, car l'objectif principal de la couverture lors d'une traversée en perroquet/par bond est de disposer d'une capacité de feu (consulter « Traversée préparée », p. 61). Contrairement à la formation préparée, la traversée en perroquet/par bond ne peut pas assurer une alerte précoce que le gros du détachement est déjà à proximité.

Le mode d'action en perroquet/par bond peut aussi être utilisé dans une formation en V pointe en avant. À l'approche de la ZDL, les soldats aux extrémités gauche et droite de chaque V pointe en avant accélèrent vers l'avant pour tomber en garde et assurer la couverture ; dans le même temps, les soldats au centre du V pointe en avant ralentissent et s'alignent sur celui au milieu. Ils traversent ensuite la ZDL en ligne, entre les deux soldats qui assurent la couverture. Ces deux derniers attendent que les soldats de l'élément placé derrière viennent prendre leur place et les couvrent pendant qu'ils traversent et rejoignent leur élément de l'autre côté de la ZDL.

Il est aussi possible pour un détachement progressant en V pointe en avant de passer en colonne double avant la ZDL, puis de traverser en deux colonnes en perroquet/par bond. Ce mode d'action est plus simple à coordonner, chaque soldat n'ayant à se coordonner qu'avec celui qui le précède et celui qui le suit.

Traversée préparée : Préparation

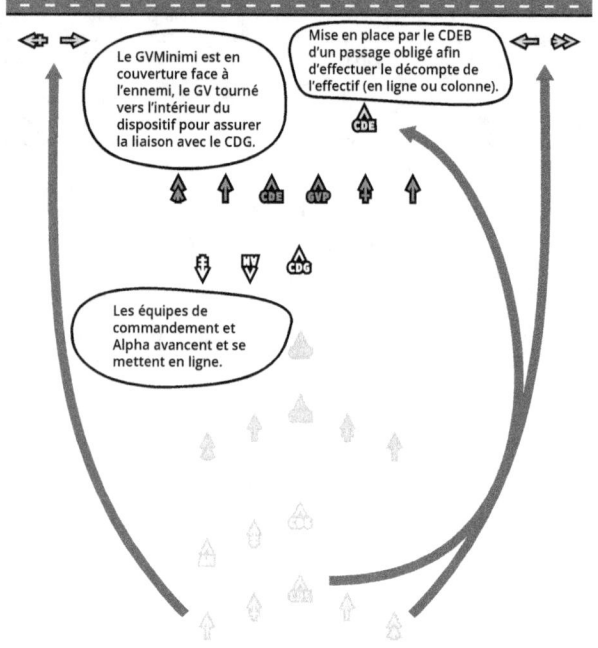

Le GVMinimi est en couverture face à l'ennemi, le GV tourné vers l'intérieur du dispositif pour assurer la liaison avec le CDG.

Mise en place par le CDEB d'un passage obligé afin d'effectuer le décompte de l'effectif (en ligne ou colonne).

Les équipes de commandement et Alpha avancent et se mettent en ligne.

Image 31 : Avant que le détachement entier ne traverse, **un élément réduit traverse et mène une reconnaissance.** Le terrain de l'autre côté de la ZDL étant inconnu, le gros du détachement demeure sur place pour assurer un repli dans la foulée de l'élément de reconnaissance au besoin. Les éléments de couverture face aux deux directions de l'axe traversent en même temps que l'élément de reconnaissance.

Traversée préparée : Reco

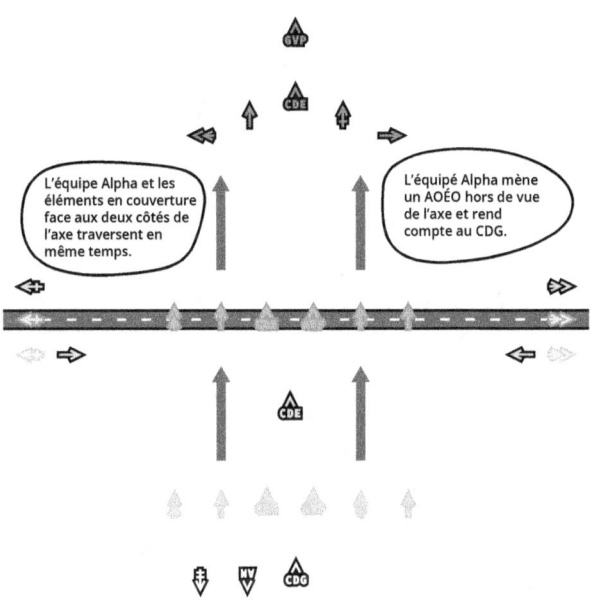

L'équipe Alpha et les éléments en couverture face aux deux côtés de l'axe traversent en même temps.

L'équipé Alpha mène un AOÉO hors de vue de l'axe et rend compte au CDG.

Image 32 : Une fois que l'élément de reconnaissance a rendu compte que l'autre côté de la ZDL est sécurisé, le gros du détachement peut traverser. Pour minimiser le nombre de passages, les différents éléments du détachement traversent en ligne, un par un.

Traversée préparée : Exécution

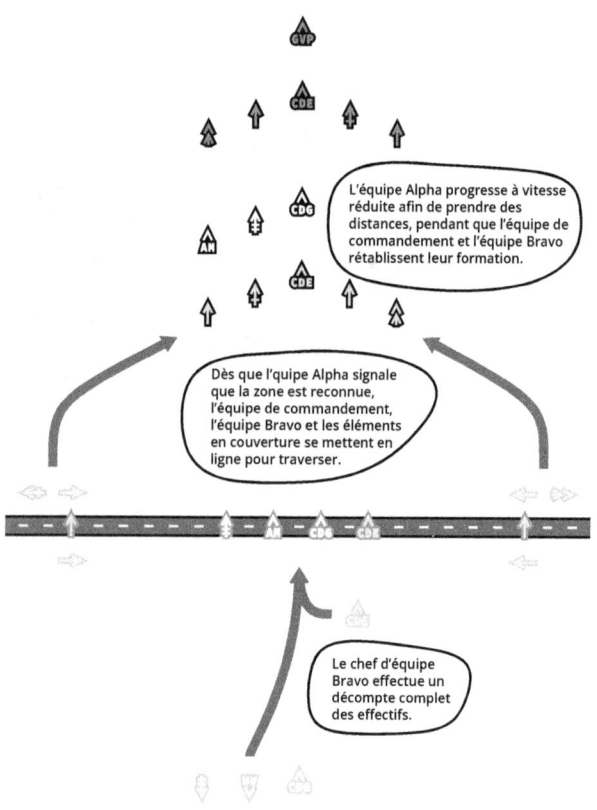

L'équipe Alpha progresse à vitesse réduite afin de prendre des distances, pendant que l'équipe de commandement et l'équipe Bravo rétablissent leur formation.

Dès que l'quipe Alpha signale que la zone est reconnue, l'équipe de commandement, l'équipe Bravo et les éléments en couverture se mettent en ligne pour traverser.

Le chef d'équipe Bravo effectue un décompte complet des effectifs.

Image 33 : Une fois que l'élément de reconnaissance a annoncé que l'autre côté est sécurisé, le gros du détachement peut traverser. Pour minimiser le nombre de traversées, tous les soldats restants traversent en une seule ligne. Quand il s'agit d'un section, chaque élément traverse un par un, en ligne.

7.e Traversée préparée

La méthode la plus sûre mais aussi la plus lente pour traverser une zone dangereuse linéaire (ZDL) est la « traversée préparée ».[1] Contrairement à la formation en ligne, qui assure une couverture par roulement sans interruption de la progression, et à la formation en perroquet/par bond, qui assure une couverture fixe ponctuelle, la traversée préparée permet d'élargir le champ de la couverture fixe.

Le but d'élargir la couverture est de pouvoir repérer l'ennemi le plus tôt possible, afin que le détachement ait le temps de se dissimuler et de se mettre à l'abri. Si le fait d'élargir la portée de la couverture en installant l'élément de couverture sur une colline voisine ne procure que dix secondes de préavis supplémentaires alors que se mettre à l'abri demande plus de dix secondes, il est inutile de la déployer à cet endroit.

De même, les équipes placées en couverture ne peuvent pas donner d'alerte précoce si elles n'ont pas de liaisons avec le gros du détachement. C'est pourquoi un plan définissant les différentes méthodes de communications, appelé PACU (Principal, Alternatif, Circonstance, Urgence) doit être établi au cas où l'une des méthodes prévues ne peut être employée en cours d'action. Avec un tel plan, on évite qu'une mission ne repose, par exemple, que sur une seule (consulter « Communications et liaisons », p. 242).

Avant de rejoindre la position prévue, et une fois en place, l'élément de couverture vérifie les liaisons (en effectuant un contrôle radio) pour s'assurer

---

1   **Situation réelle :** Une traversée préparée comporte un risque plus important car le détachement passe plus de temps exposé à la zone dangereuse. En pratique, son emploi se limite donc aux détachements importants. Ce mode d'action peut cependant être appliqué au niveau d'un groupe (lequel applique en général un mode d'action plus simple) quand la situation comporte un niveau de risque élevé. À partir de quel niveau de taille de détachement devient-il impossible de le diviser pour envoyer un élément en reconnaissance de l'autre côté de la ZDL ?

qu'une alerte pourra être transmise le cas échéant. Si le contrôle radio depuis la position prévue échoue, l'élément doit changer de position ou revenir.

Pour maximiser l'efficacité des liaisons, des équipes relais peuvent être déployées entre le gros du détachement et l'élément de couverture afin de permettre l'emploi de signaux visuels et gestuels. Une équipe relais est composée d'un binôme de soldats, chacun tourné vers l'un des deux éléments. Lorsqu'un message est envoyé par un élément, le soldat qui le voit en informe son binôme, qui le transmet alors à l'autre élément. Des messages simples comme « Danger » et « Pas de danger » sont faciles à transmettre.

La mission de couverture est assurée par la deuxième équipe d'un groupe dans l'ordre du déplacement, ou le deuxième groupe d'une section. La deuxième équipe ou groupe assure la couverture, et non le dernier élément, pour deux raisons principales : 1) ils ont une distance moindre à parcourir jusqu'à la position prévue pour la couverture ; 2) l'élément de couverture deviendra le dernier élément du détachement lors du regroupement, ce qui lui permettra de se reposer un peu après les différents déplacements. Si le CDT le juge nécessaire, il peut affecter des équipes de mitrailleuse à l'élément de couverture.

Si le CDT décide de mener une traversée préparée de la ZDL, **le détachement conduit d'abord un AOÉO (Arrêt, Observation, Écoute, Odeur) pour déterminer l'importance du trafic sur l'axe.** Ensuite, le premier chef d'équipe ou chef de groupe désigne un point de regroupement proche et un autre éloigné. Tout le monde est informé de l'orientation de la ZDL, car la traversée d'un axe en courbe ou en diagonale peut désorienter.

Les équipes désignées pour la couverture convergent vers leurs chefs respectifs, qui désignent au moins deux soldats pour se poster en couverture à droite et à gauche. Une fois la mise en place terminée, chaque équipe de couverture a au moins un soldat qui observe la ZDL, prêt à faire feu, et un autre tourné vers l'intérieur du dispositif pour assurer la liaison avec les chefs. Les autres soldats assurent la sûreté face à l'arrière de la formation. Il est très important de maintenir une sûreté à 360 degrés (consulter l'Image 31, p. 58).

Lorsque l'élément de couverture transmet le signal « Pas de danger », le chef d'équipe Bravo ou le SOA effectue le décompte du premier élément à traverser (soit l'équipe Alpha ou le 1er groupe). Au sein des équipes de couverture, les soldats qui font face à l'intérieur du dispositif traversent aussi en même temps. Une fois arrivés de l'autre côté de la ZDL, les soldats font face à l'extérieur, tandis que les soldats qui étaient en couverture se tournent vers l'intérieur pour pouvoir traverser avec la deuxième vague (consulter l'Image 32, p. 59).

Une fois de l'autre côté de la ZDL, le premier élément se reforme en V pointe en avant et sécurise la zone. « Sécuriser » signifie s'assurer qu'une zone est sûre. Il progresse suffisamment pour que le détachement entier puisse reprendre sa formation derrière lui. Lorsqu'il est suffisamment éloigné, l'élément conduit un AOÉO. Si un soldat détecte quelque chose, le chef envoie par geste un signal « Danger » au gros du détachement. Si rien n'est détecté, le chef peut signaler

Image 35 : Des soldats des forces spéciales de l'armée guatémaltèque, ou « Kaibiles », lors d'un exercice de patrouille en jungle avec des marines américains. Poptun, Guatemala, 11 septembre 2010. **Il s'agit d'une situation dans laquelle une colonne simple peut être employée**, car dans ce milieu, il est impossible de garder cohérente et de commander efficacement une formation en V pointe en avant ou en colonne double. Notez la proximité entre les soldats, alors qu'ils ont de l'espace pour se disperser davantage.

« Pas de danger » selon la méthode prévue par le PACU. De nuit, un PACU différent est prévu.[1]

Lorsque le message « Pas de danger » est reçu, le reste des éléments (équipe de commandement, chef d'équipe Bravo, élément de sûreté des arrières, etc.) traversent la ZDL en ligne d'élément. Quand il s'agit d'une section, le nombre de vagues est réduit au minimum. Simultanément, l'élément en tête du détachement commence à progresser en sûreté à une vitesse réduite afin de laisser à la fois l'espace et le temps pour que le détachement au complet reprenne sa formation en V pointe en avant. Le chef d'équipe Bravo ou le SOA établit un point de passage obligé afin d'effectuer un décompte de l'effectif. Lorsque tous les soldats sont comptés, la séquence de « traversée de la ZDL » est terminée avec succès (consulter l'Image 33, p. 60).[2]

---

1   **Application des concepts :** « Sécuriser visuellement » le côté opposé signifie observer à travers la ZDL et déterminer si elle est sûre, au lieu d'envoyer un seul élément pour mener un AOÉO. Pourquoi choisiriez-vous de sécuriser visuellement le côté opposé, et quand serait-il possible de le faire ?

2   **Application des concepts :** Quel type de progression par bonds pourrait être utilisé lorsque deux ZDL sont consécutives et qu'il n'y a pas assez d'espace pour reformer un V pointe en avant entre elles ?

7.f Traversée de talwegs

Les traversées de talwegs sont très lentes et les soldats qui entre dans un talweg à vitesse normale finissent par former de longues colonnes, serrés les uns derrière les autres. **Cet « empilement » est dangereux**, car il constitue une cible parfaite pour un ennemi arrivant par l'arrière, en mesure de prendre la colonne sous son feu en enfilade. Il est par conséquent primordial qu'un élément ne traverse un talweg que lorsque l'élément précédent a laissé suffisamment d'espace afin de permettre une traversée en sûreté (consulter l'Image 35, p. 63).

En attendant de traverser, les éléments qui se trouvent derrière jettent un dispositif de halte de courte durée face à l'arrière afin d'assurer la sûreté. Les premiers éléments qui ont traversé jettent un dispositif de halte de courte durée, ou reprennent la progression à vitesse réduite, en attendant que les éléments restants traversent et les rejoignent.

7.g Réactions en cas de détection

Si un élément en charge de la sûreté/couverture détecte une menace, il alerte le gros du détachement. Les deux soldats postés en couverture sont au contact l'un de l'autre et peuvent communiquer de manière silencieuse par geste ou tape. Par exemple, un soldat donne une tape à son camarade pour lui signaler que tout va bien. L'autre soldat répond par une tape si tout va bien, ou deux tapes s'il voit ou entend quelque chose. Une troisième tape signifie que le soldat voit ou entend l'ennemi et que l'élément doit se préparer à réagir – et se mettre immédiatement en position couchée.

Chaque soldat qui traverse une ZDL fait attention à l'élément de couverture ou à un chef qui a contact visuel avec cet élément. Tous les chefs se tiennent prêts à signaler l'approche d'un inconnu. Si un danger est détecté et que les chefs voient que l'élément de couverture s'est mis en position couchée, ils doivent ordonner à tous les soldats de se dissimuler immédiatement et de chercher des lignes de tir. Ces lignes de tir sont particulièrement dangereuses lors de la traversée d'une ZDL, dans la mesure où l'itinéraire suivi par l'ennemi traverse l'arrière.

En effet, si un ennemi se déplace en suivant la ZDL et s'arrête au milieu du détachement, celui-ci ne peut pas ouvrir le feu en raison des risques de tirs fratricides. Par conséquent, les secteurs de tir doivent être soigneusement choisis et répartis.

7.h Attaque ennemie lors d'une traversée de ZDL

En cas d'attaque ennemie au cours de la traversée d'un talweg, le détachement adopte une réaction réflexe en cas de contact, tout comme avec n'importe quelle autre attaque (consulter « L'ennemi tire sur Joe (drill de combat 2) », p. 71). Cette règle s'applique aussi bien en cas d'attaque des éléments de reconnaissance qui traversent la ZDL comme des éléments de sûreté qui se trouvent à l'arrière.

Toutefois, les ZDL présentent une particularité en cas d'attaque ennemie. Lorsque seule une partie du détachement se trouve de l'autre côté de la ZDL, l'ennemi peut faire avancer un véhicule au milieu du détachement, le divisant

Prise à partie pendant la traversée

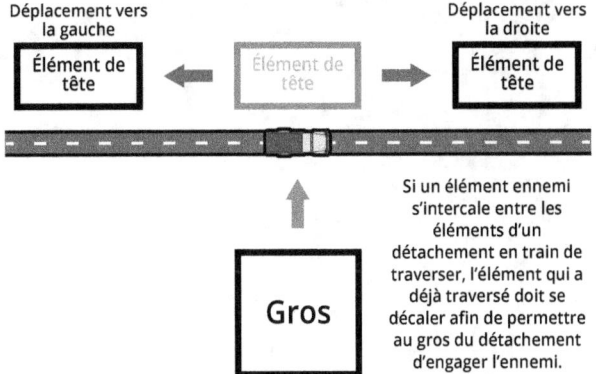

Déplacement vers la gauche		Déplacement vers la droite
Élément de tête	Élément de tête	Élément de tête

Gros

Si un élément ennemi s'intercale entre les éléments d'un détachement en train de traverser, l'élément qui a déjà traversé doit se décaler afin de permettre au gros du détachement d'engager l'ennemi.

Phase 1

Image 36 : Traversée d'une ZDL en présence d'un ennemi intercalé. Une unité ennemie qui surgit au milieu d'un détachement peut le paralyser. **Si un élément du détachement ouvre le feu depuis un côté de la ZDL, il risque de toucher les soldats se trouvant de l'autre côté.**

ainsi en deux. Si un ennemi se trouve au milieu d'un détachement, les soldats ne peuvent pas ouvrir le feu sans risquer des tirs fratricides. Pour éliminer l'ennemi au centre du détachement et avoir des lignes de tir sans risques de tirs fratricides entre ses différents éléments, **le CDT doit ordonner à un élément de se déplacer vers la gauche ou la droite** afin de dégager des lignes de tir au profit d'un autre en mesure d'ouvrir le feu. Une fois cette manœuvre effectuée, le détachement peut alors réagir au contact comme lors d'une attaque classique (consulter l'Image 36, p. 65).

8. Traversée d'une zone dangereuse exposée

Une zone dangereuse exposée (ZDE) ne désigne pas strictement des champs ouverts, mais toute zone n'offrant aucune possibilité de dissimulation. **L'importance du fait qu'une zone manque ou non de possibilités de dissimulation dépend des capacités de l'ennemi.** Si l'ennemi ne dispose pas de moyens aériens, la dissimulation face à la menace aérienne n'est pas nécessaire. Inversement, si l'ennemi ne dispose que de moyens aériens, la dissimulation face à la menace terrestre est moins importante. Une ZDE diffère d'une ZDL dans la mesure où elle présente une vulnérabilité supplémentaire à l'avant de la formation. Même s'il n'existe pas de distances précises définissant

Image 37 : Des soldats de la 173rd Airborne Brigade de l'U.S. Army se dirigent vers une lisière après leur dépose par des hélicoptères. (Hohenfels, Allemagne, 26 septembre 2019. Il s'agit ici d'une **zone dangereuse exposée** classique. Notez à quel point les soldats sont exposés.

Image 38 : Opérateur de travaux de 2e classe du Naval Mobile Construction Battalion 3 conduisant une niveleuse. Fort Hunter Liggett, Californie, 9 novembre 2019. **Une zone dangereuse linéaire (ZDL) traversant un zone dangereuse exposée (ZDE) est toujours une zone dangereuse exposée.** Il ne faut donc pas s'arrêter dans un champ ouvert.

les zones ouvertes, si une traversée en perroquet/par bonds peut offrir une sûreté supplémentaire significative, la zone dangereuse peut être considérée comme « exposée » (consulter l'Image 37, p. 66).

8.a Traversée directe « dans la foulée » (par bonds)

N'oubliez pas que ce manuel a pour but de vous apprendre à mener une embuscade, et non une démonstration de force. Les déplacements sont masqués aux vues de l'ennemi et en sûreté. Les détachements évitent de franchir les zones dangereuses exposées (ZDE) parce que, **par leur nature même, elles entravent la capacité d'un détachement à se dissimuler et à se défendre.** Une ZDE est seulement traversée si elle remplit les deux critères suivants :
1) elle n'est pas apparue sur les cartes durant la planification (c'est-à-dire qu'elle n'a pas été planifiée) ;
2) elle ne peut être contournée sans retarder la mission.

Si une ZDE doit être traversée, le mode d'action choisi est par bonds. Les déplacements par bonds sont une forme de mouvement dans laquelle un élément se déplace tandis que l'autre est à l'arrêt. Le détachement se divise d'abord en deux éléments (équipes ou groupes). Les armes les plus puissantes et les chefs convergent vers le centre pour organiser la formation. Ensuite, le CDT décide du mode de déplacement ; en perroquet/par bonds ou en tiroir (consulter l'Image 40, p. 67).

En cas de progression **en perroquet**, l'élément de tête tombe en garde et assure la sûreté, puis l'élément suivant progresse et le rejoint, sans le dépasser. L'élément en tête effectue alors un nouveau bond, couvert par le suivant. Et ainsi de suite.

Image 39 : Un détachement de soldats burkinabés traverse par bonds une ZDE pendant l'exercice Flintlock 2017. Camp Zagre, Burkina Faso, 1er mars 2017. L'équipe en arrière-plan est en couverture tandis que l'équipe au premier plan fait un bond. **Notez que son chef se tient en arrière car la ligne est étalée sur un front large.**

Bonds

En perroquet

L'élément arrière et l'équipe de commandement se portent à hauteur de l'élément de tête, puis celui-ci fait un bond vers l'avant.

En tiroir

Les équipes se dépassent les unes les autres, successivement. L'équipe de commandement reste toujours au niveau de l'élément arrière.

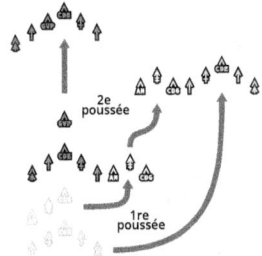

Image 40 : Notez que sur ce schéma, les éléments effectuent les bonds successifs en adoptant une formation en V pointe en avant, avec le chef d'équipe se tenant dans la formation. Il est également possible d'adopter une formation en ligne pour effectuer les bonds, avec le chef d'équipe se tenant derrière (voir Image 39, p. 67).

En cas de progression **en tiroir**, l'élément de tête tombe en garde et assure la sûreté, puis l'élément arrivant derrière progresse, le dépasse et tombe en garde plus loin, à un emplacement favorable ; l'élément auparavant en tête effectue alors un nouveau bond pour dépasser celui désormais devant lui ; et ainsi de suite. Dans les deux cas, un élément est en mouvement, un autre à l'arrêt pour assurer la couverture.

Lors d'une traversée par bonds, les M240 (les armes les plus létales du détachement) sont en couverture de l'élément de pointe. Pour cette raison, en cas de progression **en tiroir, l'équipe de mitrailleuse et l'équipe de commandement se déplacent au moment où le deuxième élément dépasse l'élément de pointe, et se placent à hauteur de celui-ci (désormais en deuxième position). C'est pourquoi la progression en tiroir n'est pas privilégiée quand il y a une équipe de mitrailleuse**, car il lui est difficile d'enchaîner les bonds à un rythme double par rapport à la progression en perroquet. La progression en tiroir est préférable lorsqu'il n'y a pas d'équipe de mitrailleuse et que le terrain doit être couvert rapidement, par exemple au cours d'un assaut (consulter « Assaut », p. 197).

Les déplacements par bonds nécessitent des ordres simples de la part des deux éléments. Lorsqu'un élément commence à se déplacer, il crie « Parti! ». Lorsqu'il s'arrête et est prêt à utiliser son arme, il crie « Posté ! ». Ce qui donne le signal à l'élément suivant qui à son tour crie « Parti ! » et effectue son bond.

8.b Contournement d'une ZDE

Pour contourner une zone dangereuse exposée (ZDE), il existe deux méthodes courantes : le contournement par les lisières et la méthode dite « à l'azimut » (consulter l'Image 41, p. 69). Pour un contournement par les lisières, le CDT choisit un point facilement repérable de l'autre côté de la ZDE ; le détachement se déplace ensuite en suivant les lisières de la ZDE jusqu'à ce point, en progressant à couvert. Une fois le point désigné atteint, le détachement reprend son déplacement à vitesse normale, à l'azimut ou sur l'itinéraire déterminé.

La méthode dite « à l'azimut » consiste à effectuer quatre virages à 90° pour passer par un côté de la ZDE. Si le CDT choisit d'utiliser la méthode « à l'azimut » :
1) Il indique au chef d'équipe chargé de l'orientation de tourner de 90° (1er virage) vers la gauche (ou la droite) et de commencer un comptage des pas pour ce tronçon (par exemple, de 0 à 400). Le détachement se déplace jusqu'à ce qu'il ait atteint l'extrémité de la zone dangereuse.
2) Il reprend alors son azimut initial en effectuant un 2e virage à 90° jusqu'à ce qu'il ait dépassé l'extrémité de la zone dangereuse.
3) Il effectue alors un 3e virage dans la direction opposée à celle du 1er, vers la droite (ou la gauche), et décompte à rebours le nombre de pas effectués lors du premier tronçon (de 400 à 0).
4) Une fois le décompte des pas revenu à zéro, le détachement tourne de 90° (4e virage) pour reprendre son azimut initial.

Contournement d'une ZDE

Image 41 : Deux méthodes de contournement d'une ZDE. La méthode « à l'azimut » à la boussole et à la carte, et la méthode de « contournement basée sur un point de repère à atteindre en restant à couvert. Les deux méthodes sont efficaces.

Phase 2 – Sommaire

L'ennemi repère Joe (Phase 2 : réaction à un contact avec l'ennemi et évacuation sanitaire)

Quand tu ne tires pas, tu dois recharger. Et si tu ne recharges pas, tu dois bouger. Si tu ne bouges pas, quelqu'un va te couper la tête et la mettre sur un bâton.

— *Clint Smith, vétéran de l'U.S. Marine Corps*

Le déplacement entre la base et le site de l'embuscade regorge de dangers. Le détachement est fatigué et vulnérable, épuisé par des heures de marche, et l'ennemi le sait. Dans ce chapitre, vous apprendrez comment réagir si l'ennemi attaque en premier.

Phase 2

9. L'ennemi tire sur Joe (drill de combat 2[1])[2]

Le drill de combat en réaction à un contact avec l'ennemi implique de nombreuses actions différentes de la part de chaque élément, qui dépendent fortement de la situation. Dans la réalité, vous pouvez même être le premier à ouvrir le feu ! Étant donné que tous les éléments se déplacent simultanément pour accomplir différentes tâches, ils doivent tous savoir ce qu'ils ont à faire pour assurer une coordination rapide et efficace.

Comme si tout cela n'était pas déjà assez compliqué, le contact avec l'ennemi peut venir de n'importe quelle direction. De ce fait, les actions prises au niveau d'un groupe, par exemple, ne sont pas pré-assignées aux équipes Alpha et Bravo, mais plutôt à l'élément qui entre en contact avec l'ennemi (l'élément au contact) et à celui qui est plus éloigné du contact (l'élément à l'arrière[3]). Les illustrations

---

1   **Situation réelle :** La codification des drills de combat est tirée de la doctrine officielle de l'U.S. Army. Dans ce manuel, ils sont traités dans un ordre différent pour faciliter les explications.

2   **Citation :** « Aucun plan ne survit au premier contact avec l'ennemi. » — Helmuth von Moltke, maréchal allemand et chef du grand état-major en 1914.

3   **Application des concepts :** En lisant ce chapitre, essayez d'imaginer les ordres que le chef de groupe donnerait à une équipe Charlie supplémentaire s'il en avait une. Comment le chef de groupe pourrait-il positionner une telle équipe pour la garder en réserve contre une deuxième attaque ? Et comment couper le repli d'un ennemi dont le mode d'action privilégié est le coup de main ?

de ce chapitre montrent des détachements du niveau groupe, mais toutes les informations qu'elles fournissent sont également valables au niveau section.

9.a Réactions individuelles à un contact[1]

Le principe qui sous-tend l'action immédiate est de tirer sur l'ennemi le plus vite possible, de la manière la plus sûre possible, avec la puissance de feu maximale. **Chacun des soldats doit immédiatement et instantanément se mettre à couvert, annoncer les 3D (Direction, Distance, Description) s'il repère l'ennemi et riposter.** Les chefs d'équipe restent en liaison permanente avec chaque soldat de leur équipe.

Pour un détachement tombant dans une embuscade, le plus important est de se dégager le plus rapidement possible du lieu de l'embuscade afin de rejoindre une meilleure position. Il ne faut pas laisser l'ennemi choisir le champ de bataille. En effet, un terrain favorable procure des abris, des possibilités de dissimulation et des lignes de tir ; il permet des liaisons plus faciles entre les éléments : cela peut être juste un talus ou un fossé. Toutefois, trouver un terrain favorable peut s'avérer plus difficile qu'il n'y paraît à première vue. Une balle de calibre 7,62 peut facilement pénétrer un tronc d'arbre épais, et celle d'une AK-47 peut percer un mur de briques. Les ennemis les plus intelligents posent des mines aux endroits qui permettent de se mettre à couvert et de s'abriter, et dirigent leurs feux de façon que les soldats adverses (Vous !) aillent vers ces mines. Une zone de végétation dense peut offrir de nombreuses possibilités de dissimulation ; mais si l'ennemi ne vous voit pas, il est fort probable que vous ne le voyez pas non plus, et donc que vous n'ayez pas de lignes de tir. Les véhicules non protégés type camion ne fournissent aucun abri à part celui offert par le bloc-moteur. **Avant de partir en mission dans une zone, il est impératif de déterminer quelles sont les possibilités de couverture et de camouflage offertes par celle-ci.**

Par ordre d'importance, la Direction, la Distance et la Description (3D) de l'ennemi repéré doivent être précisées. Il peut être difficile de localiser un ennemi en plein combat, c'est pourquoi il est essentiel de donner une direction et une distance – la description est secondaire. Un ennemi non repéré est plus dangereux qu'un ennemi qui n'est pas décrit. Tout au long des actions décrites dans ce chapitre, les chefs doivent s'assurer que leurs soldats ont localisé l'ennemi. Chaque membre du groupe qui a repéré un ennemi rend compte selon les 3D afin d'être certain que son chef de groupe dispose des meilleurs informations pour analyser la situation.[2]

---

1   **Situation réelle :** Les réactions à deux situations de stress particulièrement dangereuses pour un détachement sont : 1) l'ennemi ouvre le feu et personne ne veut bouger, et 2) un abri est trouvé et personne ne veut en bouger, doivent être impérativement répétées à l'entraînement.

2   **Exemple des 3D :**
GV : « 12 heures, 50 mètres, 3 ennemis avec armes légères. »

Image 42 : Des soldats de 2e Division de l'armée irakienne **se mettent à couvert derrière un talus** lors d'un entraînement à l'embuscade mené par l'équipe de transition militaire de la 2nd Infantry Division de l'U.S. Army. Mossoul, Irak, 27 novembre 2017.

Quand un chef communique des instructions de tir à un soldat, celles-ci suivent un modèle normalisé de commandement de tir afin d'en garantir la clarté. Par exemple[1] :

Alerte – pour attirer l'attention et assigner le tir (= appeler le soldat par son nom ou sa fonction)

3D – Direction, Distance et Description de la cible

Cadence de tir – Maximale , rapide » ou modérée

Commandement de tir – pour déclencher l'ouverture du feu immédiate, le chef crie « Feu ! ». Sinon, pour différer l'ouverture feu, il indique « À mon commandement ! ».

9.b Techniques de déplacement individuel

Sous les tirs ennemis, il ne faut surtout pas se précipiter à toute vitesse vers l'ennemi, car vous devenez alors une cible évidente. Au lieu de cela, il faut plutôt opter pour de brefs déplacements de trois à cinq secondes, en courant ou en rampant (ramper haut ou ramper à plat – voir ci-après).

Se relever, courir et se poster s'appelle faire un « bond ». Un bond doit être fait en étant couvert par des tirs amis, entre deux positions offrant un couvert (une protection et un camouflage). Avant de s'élancer, il faut toujours déterminer son point d'arrivée !

Il faut à un ennemi entre trois et cinq secondes pour orienter son arme et viser un soldat, c'est pourquoi il est préférable de se jeter à couvert avant que ce laps de temps ne soit écoulé. Ce délai de trois à cinq secondes peut être décompté en se disant mentalement : « Je me relève ! Ils me voient ! Je me poste ! » Qu'il

---

1   **Exemple** de commandement de tir :
CDG : « Mitrailleur, 12 heures, 50 mètres, 3 ennemis, rapide, à mon commandement. »

s'agisse de bonds effectués en étant seul, ou en binôme, en progressant en perroquet ou en tiroir, chaque bond doit respecter ce laps de temps. (consulter « Traversée directe «dans la foulée » (par bonds) », p. 66).

Dans le **ramper haut**, la tête est en avant et le bassin touche presque le sol. Les mouvements de hanche se font d'avant en arrière pour se déplacer, en avançant alternativement chaque jambe et coude. Le soldat tient son fusil dans le creux de ses deux coudes (consulter l'Image 44, p. 75). Beaucoup de personnes confondent le ramper haut avec le ramper à plat, en raison de l'abaissement des hanches. Pourtant, la différence essentielle est que le ramper haut permet au soldat d'observer encore un peu vers l'avant.

Le **ramper à plat** est nettement plus inconfortable, le côté du visage et le bassin étant en contact avec le sol, pendant que le soldat se sert d'un bras et d'une jambe pour physiquement propulser son corps vers l'avant. Sous le feu ennemi, ramper n'est vraiment utile que pour mieux s'abriter, étant donné que c'est un mode de déplacement très lent. Toutefois, adopter un profil très bas se révèle très utile pour d'autres actions qui nécessitent une grande discrétion, par exemple la mise en place pour une embuscade (consulter l'Image 46, p. 75).

9.c Réaction à un contact –
Groupe au contact[1]

En dehors de ses propres actes individuels, le chef du groupe au contact est chargé de coordonner son élément et de former une ligne. Bien souvent, **les soldats qui ne sont pas sur la première ligne sont incapables de faire feu sur l'ennemi en raison du risque de tirs fratricides**. Chaque soldat de la ligne se concentre sur sa propre ligne de tir et ignore les ennemis déjà pris à partie à ses côtés. Si ce n'est pas le cas, tous les soldats concentrent leurs tirs sur le premier ennemi qui surgit, et les autres ne sont pas repérés, ni pris à partie.

Le chef du groupe au contact a pour deuxième priorité de faire en sorte que les secteurs de tir de ses soldats se chevauchent légèrement les uns les autres. Il est judicieux de positionner les chefs d'équipe légèrement derrière leur équipe afin qu'ils puissent diriger efficacement leurs soldats tout en communiquant avec le chef de groupe (consulter l'Image 48, p. 78).

Les soldats peuvent retirer leurs sacs à dos si ceux-ci les gênent pour combattre ; toutefois, lorsque la rupture de contact est une des options possibles compte tenu de la situation tactique, un élément doit attendre les instructions d'un chef pour savoir si les sacs à dos peuvent être retirés. Lors d'une rupture de contact, l'élément au contact se replie avec ses sacs à dos, si bien que le fait de les retirer et de les remettre en place génère des pertes de temps.

---

1 **Citation :** « Oblige ton assaillant à avancer à travers un mur de balles. Il se peut que je sois tué avec mon propre fusil, mais c'est parce que l'ennemi m'aura battu à mort avec puisqu'il sera vide. » — Clint Smith, vétéran de l'U.S. Marine Corps

Image 43 : Des soldats de la Garde nationale du New Jersey, progressent par **bonds de 3 à 5 secondes**. Base McGuire-Dix-Lakehurst, New Jersey, 09 avril 2018.

Image 44 : Une recrue du 2nd Recruit Training Battalion du Marine Corps s'entraîne au **ramper haut**. Camp Pendleton, Californie, 30 août 2019.

Image 45 : Un soldat de la A Company, 1-26 Infantry, 101st Airborne Division. Éthiopie, 26 juin 2019. **Le profil est trop haut pour un « ramper haut ».**

Image 46 : Des recrues du 2nd Recruit Training Battalion du Marine Corps, effectuent un **ramper à plat** lors de la séquence « Crucible » (exercice de synthèse de 54 heures). Dépôt des recrues du Marine Corps, Parris Island, Caroline du Sud, 09 janvier 2020.

9.d Réaction à un contact –
Équipe de commandement[1]

Durant la phase de réaction à un contact, l'équipe de commandement évalue la menace et s'occupe de la coordination des autres éléments. Au début, le CDT doit s'assurer que son chef d'élément au contact dispose d'une bonne base de tir. Ensuite, il échange avec celui-ci pour déterminer l'action à entreprendre, ou prend sa décision seul (consulter l'Image 48, p. 78).

Dès que possible, le CDT doit faire deux choix et en informer tous les membres du détachement :

▶   Le drill de combat à mettre en œuvre (par exemple, débordement, rupture de contact, assaut frontal, etc.) ;

▶   La direction (vers la gauche ou la droite) dans laquelle le drill de combat sera mené.

Chaque soldat du groupe répète ces ordres (et tous les autres ordres) afin qu'ils soient bien répercutés et de confirmer sa propre compréhension.

Un code est attribué aux différents drills de combat et instructions durant la planification. Par exemple, le mot « Red » est un mot code typique pour signifier « rompre le contact », et « Green » pour « déborder ». Pour se diriger vers la gauche, on dit « California », et vers la droite, « New York » [des Français pourraient dire « Rouge » et « Bleu », « Brest » et « Strasbourg » !]. Pour ordonner un débordement par la droite, le chef de groupe crie : « Green New York ! » [« Bleu Strasbourg ! »]. Cela évite qu'un ennemi qui connaît l'anglais (ou le français) puisse saisir le sens du message lorsqu'il est hurlé à travers le champ de bataille.

Ensuite, le CDT place la ou les équipes de mitrailleuse à une extrémité (droite ou gauche) de la ligne de l'élément au contact, du côté qu'il a choisi pour mener le débordement, et lui (leur) fixe un secteur de tir (en donnant une limite gauche, une limite droite et une direction principale de tir), une cadence[2] et des critères d'engagement.

Comme le CDT va quitter la ou les équipes de mitrailleuse, il doit transférer leur commandement à un autre chef (par exemple, le chef de l'élément au contact, le chef de groupe appui (CGA), etc.). Le CDT peut d'abord transmettre ses ordres à l'équipe ou aux équipes de mitrailleuse, puis rejoindre le chef de l'élément au contact. Une procédure opérationnelle standard (SOP – Standard Operating Procedure – peut également être appliquée, avec un CDG rejoignant automatiquement la ou les équipes de mitrailleuse. Chaque fois que vous donnez des instructions à quelqu'un, vous devez toujours recevoir un accusé de bonne réception pour confirmer que vous avez été bien compris. Enfin, le CDT rejoint l'élément à l'arrière.

---

1   **Citation :** « J'ai plus peur d'une armée de cent moutons menée par un lion que d'une armée de cent lions menée par un mouton. » — Talleyrand, (Charles-Maurice de Talleyrand-Périgord de son nom complet, 1754 - 1838), ministre des affaires étrangères de Napoléon.

2   **Situation réelle :** La cadence de tir est primordiale. Si une équipe de mitrailleuse transporte 2 400 cartouches (75 kg) pour la mission, et que la cadence de tir maximale d'une M240 est de 900 coups par minute, en combien de temps ces munitions seront-elles consommées ?

Image 47 : Un chef de section de la C Company, 1st Battalion, 3rd Marine Regiment, U.S; Marine Corps commande sa section lors d'un exercice avec tir à blanc dans le cadre du programme d'échange 17-14 avec des marines coréens. Îles du Nord-Ouest, République de Corée, 11 août 2017. **Hurlez pour donner vos ordres !!!**

Le plus tôt possible, l'équipe de commandement doit envoyer un compte rendu VALU–HE à l'échelon supérieur (pour une section, le commandant de la compagnie).[1] Les VALU–HE sont des comptes rendus (CR) sur l'ennemi. Ils sont transmis aux autres détachements pour les prévenir du danger et de la présence d'ennemis potentiels. Un CR VALU–HE comprend les éléments suivants :

Volume – effectif des combattants et nombre de véhicules ;

Attitude – action menée par l'ennemi ;

Localisation – position sur la carte, ou par rapport à un point clé du terrain ;

Unité/uniformes – caractéristiques permettant de reconnaître l'ennemi ;

Horaire – heure de l'observation ;

Équipement – tout équipement anormal, de nature militaire, ou qui semble important.

Dès le début du contact avec l'ennemi, l'équipe de commandement doit considérer que les éléments ennemis observés ne sont que l'avant-garde d'une force plus importante. Une position ennemie fortifiée peut faire partie d'une ligne

---

1   **Exemple** d'un compte rendu VALU–HE :
Volume   – « 4 PAX à pied »
Attitude   – « Pose d'engins explosifs dans la rue principale »
Localisation   – « 14WPH 8324 9183»
Unité/uniformes   – « Milice locale avec des badges d'Al-Qaeda »
Horaire   – « Observés le 04 jan 2018 à 23h11 »
Équipement   – « Quatre AK-47 et potentiellement des armes de poing dissimulées »

Réaction à un contact

Lorsque lle détachement est attaqué, **tous les éléments réagissent simultanément au contact.**

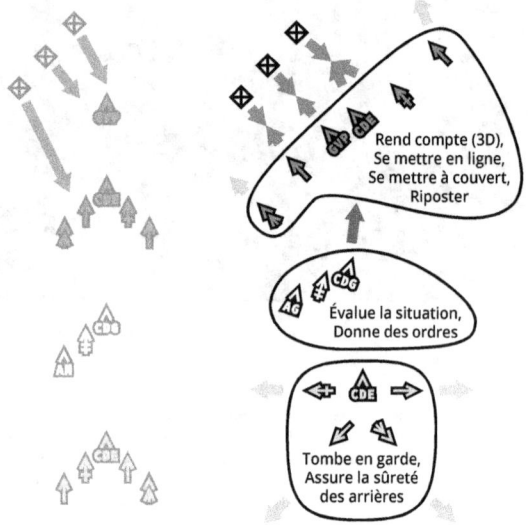

Rend compte (3D),
Se mettre en ligne,
Se mettre à couvert,
Riposter

Évalue la situation,
Donne des ordres

Tombe en garde,
Assure la sûreté
des arrières

Image 48 : **Lorsqu'un détachement est attaqué, chaque élément doit réagir instantanément.** L'élément au contact traite l'ennemi, l'élément de commandement analyse et contrôle la situation, et l'élément à l'arrière se met en garde et attend les ordres.

Phase 2

de défense plus étendue, et un détachement ennemi au sommet d'une colline peut être suivi par une force plus robuste. Il est par conséquent préférable de ne pas engager trop de moyens face à l'élément ennemi repéré initialement.

Afin de se préparer à l'arrivée de renforts ennemis, le radio suit la chronologie dès le premier compte rendu de la prise de contact. Le temps estimé d'arrivée de renforts ennemis après un premier contact a été déterminé lors de la préparation de la mission. La règle de base est de se replier à la moitié de ce temps estimé (soit au bout de 15 minutes s'il est estimé à 30) (consulter « Force de réaction rapide ennemie et embuscade de harcèlement », p. 211).

9.e Réaction au contact - Élément à l'arrière

Pendant que l'élément au contact riposte et que le CDT positionne la ou les équipes de mitrailleuse, l'élément à l'arrière se rassemble autour de son chef pour obtenir des instructions rapidement. Par conséquent, si le CDT décide de procéder à un débordement, l'élément à l'arrière dépose ses sacs autour de son chef au lieu de les abandonner au hasard dans les bois. Mais si une rupture de contact est ordonnée, les sacs à dos ne sont pas déposés.

Phase 2

10. Joe riposte (drills de combat 1, 3 et 4)[1]

Le CDT doit d'abord décider du mode d'action pour riposter. En menant un débordement ? Un assaut ? Une rupture de contact ? **Les deux principaux facteurs à prendre en compte dans la décision sont dans l'ordre le volume de l'ennemi et la distance.** Un élément ennemi important en effectifs ou avec une forte puissance de feu impose un repli tactique. Si l'ennemi est faible, la distance est à considérer : s'il est proche, le temps manque pour mener un débordement ; au contraire il est à distance, un débordement est la meilleure solution.[2] (consulter l'Image 49, p. 81).

Peu importe la décision, il est essentiel de faire manœuvrer en permanence les soldats vers des positions plus avantageuses. Une situation où deux éléments sont fixes et aucun n'est en mouvement ne doit jamais se produire. L'ennemi sera certainement en mouvement. Il faut donc mettre à profit le terrain environnant pour mieux manœuvrer contre l'ennemi.

Par ailleurs, il ne faut jamais avoir deux éléments en mouvement et aucun en position fixe. Tirer en se déplaçant est très imprécis. Vos tirs doivent être suffisamment précis et fréquents pour tuer ou au moins intimider l'ennemi. Quelques tirs imprécis ne suffiront pas à détruire un ennemi déjà engagé.

10.a Assaut d'un emplacement (Drill de combat 4)

On parle d'assaut lorsque les soldats forment une ligne et marchent vers l'ennemi tout en tirant sur toute cible qui se présente. Un assaut peut aussi être mené par bonds (consulter « Traversée directe «dans la foulée» (par bonds) », p. 66). L'assaut est un aspect important de nombreux drills de combat, comme le débordement lorsque que l'élément arrière mène un assaut, ou l'embuscade lorsque l'élément d'assaut porte l'attaque.

Dans une embuscade à courte distance (à moins de 35 mètres, c'est-à-dire à portée de grenade à main[3]), l'élément au contact donne l'assaut immédiatement

---

1   **Citation :** « Les tirs sans mouvements constituent un gaspillage de munitions. Des mouvements sans tirs, c'est stupide. » — Anonyme.

2   **Situation réelle :** « Si votre attaque se déroule parfaitement, vous êtes en train de tomber dans une embuscade. » — Anonyme. Si l'on ne voit que deux ennemis en train de tirer, quelle est la probabilité qu'ils aient décidé de prendre à partie seuls une section aussi puissamment armée que la vôtre ? L'engagement d'un groupe réduit d'attaquants pour « appâter » est vieux comme le monde !

3   **Application des concepts :** On dit souvent que 35 m est la distance qui distingue les embuscades à courte distance des embuscades à longue distance parce cela correspond à la portée d'une grenade à main. Mais que se passe-t-il en face d'un adversaire doté de lance-grenades M203 dont la portée est 400 m ? Dans ce cas, les distances deviennent un peu théoriques, pourtant le détachement a besoin de savoir s'il doit effectuer un assaut ou un débordement. Quelles autres conditions peuvent servir à distinguer les embuscades à courte distance des embuscades à longue distance ?

Schéma de réaction à un contact

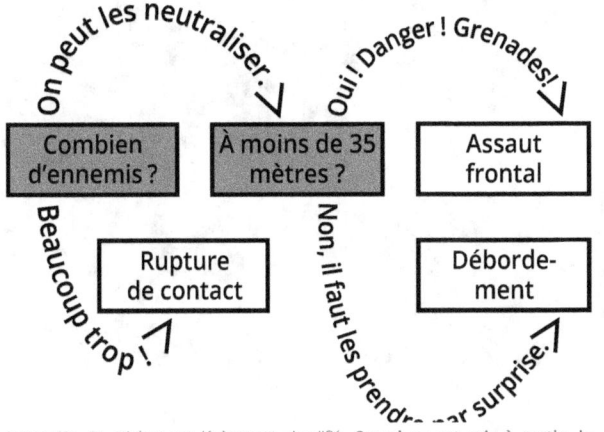

On peut les neutraliser. **Oui ! Danger ! Grenades !**

| Combien d'ennemis ? | À moins de 35 mètres ? | Assaut frontal |

Beaucoup trop ! **Non, il faut les prendre par surprise.**

| Rupture de contact | | Déborde-ment |

Phase 2

Image 49 : Ce schéma est légèrement simplifié. **Quand on est pris à partie, le raisonnement le plus simple est le plus rapide.** Cela dit, par exemple, que se passe-t-il si l'ennemi vous attaque dans un découvert ? La distance n'a pas d'importance, et déborder est impossible. La situation dicte l'approche que vous devrez adopter.

étant donné qu'il est suffisamment proche, et qu'attendre qu'un autre élément déborde serait plus dangereux que d'attaquer immédiatement. Si les GVMinimi n'ont même pas le temps de mettre leurs armes en position de tir, ils ouvrent le feu en les tenant à la hanche ou sous le bras (selon la méthode appelée « tourner et brûler » (consulter l'Image 50, p. 82).

Lors des assauts, les soldats sont toujours en ligne afin d'optimiser la couverture vers l'avant et d'éviter les tirs fratricides depuis l'arrière. Être « en ligne » est une formation en soi. Chaque soldat doit savoir où sont positionnés les autres de façon à coordonner ses mouvements avec eux, et savoir quelles sont les limites du secteur de tir de chaque soldat. Chaque soldat a un secteur de tir qui lui est propre. Ne vous laissez pas distraire par un échange de tirs sur les côtés, sous peine de voir surgir un nouvel ennemi face à vous alors que vous êtes distrait !

Le rythme de la progression est régulier, sans temps d'arrêt. Il ne faut pas attendre pour faire feu ; même si une cible se trouve à l'extrémité du champ de bataille, le soldat le plus proche doit tirer dessus dès que possible. Lorsqu'un ennemi est découvert, soit mort ou vivant, le soldat le plus proche lui tire dessus jusqu'à être certain de l'avoir définitivement neutralisé. Le chef de l'élément d'assaut (C.ASS) occupe le centre de sa ligne afin de positionner et de guider ses soldats. Il se tient sur la ligne elle-même ou légèrement en retrait

Image 50 : Un GVMinimi de la B Company, 1st Battalion, 27th Infantry Regiment, 2nd Brigade, Infantry Brigade Combat Team, 25th Infantry Division effectue des tirs d'appui lors d'une embuscade simulée. Labasa, Fidji, 1er août 2019. Une embuscade à courte distance est l'un des rares moments où il est approprié de tirer à l'épaule ou à la hanche avec une mitrailleuse M249 comme ici.

pour diriger ses soldats depuis l'arrière. Tout dépend de sa capacité à gérer ses hommes tout en ouvrant le feu dans son couloir d'assaut en même temps. (Un groupe de huit soldats n'a probablement pas besoin d'un chef de groupe sur la ligne). Les directives du C.ASS peuvent s'adresser à toute la ligne au complet (par exemple, « Pivotez à gauche ! ») ou à des soldats individuellement (par exemple, « Joe, aligne-toi ! »).[1] **On est plus réceptif à un ordre quand on est interpellé par son nom ; il faut éviter autant que possible d'utiliser des instructions générales** (consulter l'Image 51, p. 83).

La ligne de soldats avance directement vers l'ennemi. Si le C.ASS estime qu'il y a un risque (comme une embuscade à courte distance), il peut adopter une progression par bonds pour bénéficier d'un appui. On parle de « **bonds** » lorsque les deux moitiés d'un élément progressent et se postent alternativement pour fournir une couverture/un appui (consulter « Traversée directe «dans la foulée» (par bonds) », p. 66).

---

1   **Exemple** des ordres pendant un débordement :
CDE :   « Côté gauche, avec moi »
             « Côté droit, serrez vers moi »
             « Assaut jusqu'à la limite d'avance »
             « Pivotez à gauche »
             « Restez alignés et dans vos couloirs. »

Commandements pour un assaut

« Résultat final » « Joe, aligne-toi ! » « Joe, reste dans ton couloir ! »

  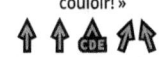

« Équipe Alpha, pivotez à gauche ! » « Équipe Alpha, décalage vers la droite ! »

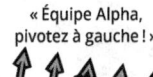 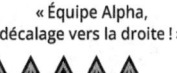

Image 51 : Au cours d'un assaut, les soldats sont espacés de manière égale sur une seule ligne, comme sur le schéma en haut à gauche « Résultat final ». S'ils ne sont pas sur la même ligne, criez, «(Nom), aligne-toi ! ». Lorsque les soldats ont une vision « en tunnel » et qu'ils convergent vers le même « couloir », criez «(Nom), reste dans ton couloir ! » Pour tourner ou déplacer toute la ligne, criez « Équipe, pivotez à (direction) ! » ou « Équipe, décalez vers la (direction) ! »

Phase 2

Si l'arme d'un soldat s'enraye, le soldat crie « Incident de tir ! » et se retire à couvert derrière la ligne. Les soldats à sa droite et à sa gauche se partagent son secteur de tir, ou le C.ASS peut leur ordonner de le faire s'ils ne le font pas automatiquement. Lorsque l'arme est remise en fonctionnement, le soldat crie « Retour ! » et reprend son poste et son secteur de tir. De même, si un soldat est à terre, le premier à s'en apercevoir crie « Homme à terre » et d'autres soldats récupèrent le secteur de tir du soldat tombé.

En s'approchant du corps d'un ennemi à terre, le soldat écarte l'arme dans n'importe quelle direction, de sorte que le combattant ennemi ne puisse plus s'en servir. (Ne bottez pas un fusil comme si c'était un ballon de football, car il risque de se décharger !)

La ligne cesse d'avancer un peu au-delà du dernier corps ennemi.[1] S'il y a une deuxième ligne d'assaut (comme dans une manœuvre de débordement), la ligne avance un peu au-delà du dernier corps ennemi ou du dernier soldat de l'autre élément ami. Lorsque le C.ASS estime que son équipe a suffisamment avancé, il crie « LDA ! LDA ! LDA ! » (c'est-à-dire « Limite d'avance »). Chaque soldat participant à l'assaut répète le commandement, tombe en garde et assure la sûreté.

Lorsque l'élément d'assaut atteint sa limite d'avance (LDA), cinq tâches sont exécutées simultanément selon le cadre d'ordre **SLM–CC** (consulter l'Image 52, p. 84) :

---

1 **Application des concepts** : La règle générale est de 35 mètres (portée d'une grenade à main). Mais qu'en est-il s'il y a un petit mur à 40 mètres ? Il vaudrait mieux soit se mettre à l'abri du mur, soit voir derrière lui. Qu'en est-il d'un mur à 25 mètres ou à 100 mètres ? Qu'est-ce qui constitue un bon point d'arrêt ?

Image 52 : Un chef d'équipe de la B Company, 3rd Battalion, 7th Infantry Regiment, 2nd Infantry Brigade exécute un SLM–CC. Fort Stewart, Géorgie, 24 août 2016. Il vérifie que le soldat ne saigne pas, lui indique son secteur de tir et recueille un bilan MEP. Se trouver aussi près peut sembler inutile, mais imaginons qu'il fasse nuit.

Saignement – l'adrénaline peut faire qu'un soldat ne se rende pas compte qu'il a été blessé. Pour cette raison, le chef d'élément vérifie que ses soldats ne saignent pas.

Lumières – éteindre toutes les lumières utilisées pendant l'assaut. Sur la LDA, les lumières deviennent des cibles pour l'ennemi.

MEP – bilan individuel Munitions, Équipements, Pertes. Certains chefs emploient MEPL (L pour Liquides) ; d'autres uniquement P et font un contrôle plus tard.

Couverture – lorsque l'équipe en charge des PG (prisonniers de guerre) est appelée et que les GV sont retirés de la ligne, les GVMinimi doivent avoir des secteurs de tir qui se recouvrent et assurent la sûreté à 180 degrés face à l'extérieur de la kill box.

Chargeurs – les chargeurs et tambours sont recomplétés en cartouches.

Pour les bilans MEP, chaque chef additionne les données de ses subordonnés, en fournissant une estimation du nombre moyen de chargeurs pleins, de tambours pleins (M249) et de cartouches/bandes de M240 (il ne faut pas tenir compte des chargeurs ou tambours incomplets), ainsi qu'une brève description des pertes et une liste des équipements importants perdus. Tous les bilans MEP sont remis au CDT afin qu'il puisse ordonner les recomplètements à partir des munitions en réserve, demander un approvisionnement d'urgence et lancer l'ordre d'évacuer les blessés et tués.[1]

En fonction des pertes subies (en particulier parmi les chefs ou les mitrailleurs), les positions de commandement doivent être pourvues, et les mitrailleuses doivent être réattribuées dès que possible. Souvent, après un assaut, des équipes spécialisées sont sollicitées (consulter « Sécurisation après l'assaut (équipes spécialisées) », p. 99).

10.b Manœuvre de débordement (drill de combat 1)[2]

Une manœuvre de débordement est souvent préférée à un assaut frontal car elle est plus sûre à mener et son effet psychologique sur l'ennemi est plus fort. Un débordement est mené par l'élément arrière (ci-après, l'élément de débordement), qui disparaît de la vue de l'ennemi et l'aborde par un de ses flancs. L'ennemi, accaparé par l'élément au contact, est alors surpris à découvert sur son flanc. Un ennemi qui n'est pas flanc-gardé est « plus facile » à désorganiser et à neutraliser.

Toutefois, le débordement n'est pas toujours la meilleure option, et pour cette raison, il existe des variantes (consulter « Variantes au débordement », p. 92). Les deux principaux inconvénients du débordement sont la difficulté de la coordination et le temps requis (consulter l'Image 58, p. 90).[3]

Lorsque le CDT décide d'exécuter un débordement (après s'être entretenu avec le chef de l'élément au contact), il s'assure que l'élément de débordement est bien hors de vue de l'ennemi. Il désigne ensuite au chef de l'élément au contact trois emplacements accompagnés de points de repère et les limites de tir correspondantes :

▸ L'emplacement où l'élément de débordement sera et une limite de tir que l'élément au contact ne dépassera pas.

▸ L'emplacement de la base d'assaut (dernière position abritée et dissimulée) de l'élément de débordement, ainsi qu'une nouvelle limite de tir pour l'élément au contact, du côté opposé à la kill box par rapport à l'approche de l'élément de débordement. La nouvelle limite de tir est dénommée la limite de **report de tir**. L'élément au contact reporte ses tirs vers la

Phase 2

---

1   **Exemple** d'un bilan MEP :
CDG – « Bilans MEP ! »
CDEA – « Deux tambours et trois chargeurs, recomplétés, recomplétés. »
AM – « 800 cartouches, PM touché à la cuisse, M240 tire coup par coup. »

2   **Citation** : « Les batailles se gagnent par le massacre et la manœuvre. Plus le général est compétent, plus il a recours à la manœuvre, moins il exige le massacre. » — Winston Churchill, Premier ministre britannique pendant la Seconde Guerre mondiale.

3   **Situation réelle** : Les illustrations dans ce chapitre présentent des groupes pour plus de simplicité. Comme le drill de combat 1 est destiné aux sections, techniquement les illustrations sont celles du drill de combat 1A, qui correspond au groupe de combat. Le drill de combat 1 est très efficace et largement utilisé par les sections. Le drill de combat 1A est nettement moins applicable en raison des faibles ressources au niveau du groupe de combat. Avec l'effectif d'un groupe, quelle profondeur peut atteindre un débordement avant que la M240 ne soit à court de munitions? Combien de soldats un groupe peut-il détacher pour couvrir ses arrières ?

nouvelle limite de report de tir lorsqu'il voit apparaître l'élément de débordement ou lorsqu'il reçoit un signal pour reporter le tir afin d'éviter les tirs fratricides.[1] Le report des tirs de l'élément au contact sert à maintenir la brutalité de l'action et à accaparer l'attention de l'ennemi. Quand l'élément de débordement quitte sa base d'assaut, il prend sous ses tirs la kill box – l'élément au contact ayant reporté son tir du côté opposé.

▸ L'emplacement de la kill box, afin que lorsque l'élément de débordement donne l'assaut, l'élément au contact lève (cesse) ses tirs. La **levée du tir** est le moment où l'élément au contact cesse tout tir (consulter l'Image 58, p. 90). La levée du tir et le report du tir sont coordonnées à l'avance à l'aide d'un cadre d'ordre PACU (Principal Alternatif Circonstance Urgence) élaboré en amont (consulter « Options de communication PACU », p. 242).

Les points de repère sont également destinés au propre usage du CDT, afin qu'il ne se perde pas pendant le débordement. En outre, le CDT doit toujours s'acquitter de ses responsabilités habituelles en matière de réaction à un contact (consulter « Réaction à un contact – Équipe de commandement », p. 76). Le chef de l'élément au contact doit répéter au CDT les instructions reçues et les communiquer à ses soldats.

Après avoir désigné les trois emplacements avec leurs points de repère, le CDT positionne personnellement l'élément de débordement, car c'est à lui que revient la responsabilité de coordonner ses éléments (consulter l'Image 55, p. 89).[2,3] Le CDT mène l'élément en formation en colonne vers le flanc déterminé. L'élément de débordement doit se déplacer hors de vue de l'ennemi afin de conserver l'effet de surprise. Si l'élément de débordement se retrouve à vue de l'ennemi, il peut devoir reculer et se mettre de nouveau hors de vue avant de reprendre son déplacement afin d'éviter que l'ennemi ne détecter l'approche[4] (consulter l'Image 54, p. 88).

L'élément de débordement arrête son déplacement une fois qu'il est aligné de manière perpendiculaire à l'élément au contact, en restant à couvert en lisière de la kill box (Ceci est facilité par les points de repère que le CDT a décidés plus tôt).

---

1 **Situation réelle :** L'élément de débordement peut avoir des difficultés à déterminer si l'élément au contact a effectivement reporté ses tirs. D'ailleurs, confier à une unité inexpérimentée la responsabilité du report des tirs peut s'avérer dangereux : une unité américaine a mis deux mois pour apprendre le report des tirs à une unité étrangère. Envisagez directement d'appliquer la levée du tir.

2 **Situation réelle :** Une unité parfaite n'a pas besoin d'un chef pour se coordonner car ses membres sont capables de se synchroniser sans ordres. Bien que le CDT soit responsable pendant le combat, ce qu'il fait réellement lors de la réaction à un contact avec l'ennemi dépend du niveau d'entraînement et de la maîtrise des procédures opérationnelles (SOP) de son unité.

3 **Application des concepts :** Si le chef de l'élément de débordement est un sergent aguerri, et que le chef de l'élément au contact est un novice, est-il préférable que le CDT reste avec l'élément au contact ?

4 **Application des concepts :** Comment le CDT doit-il réagir si l'élément de débordement entre en contact avec un nouvel élément ennemi tout en se déplaçant en colonne vers la position prévue pour l'assaut ? Et si l'élément au contact subit des tirs indirects (semblables à ceux avec lesquels vous cibleriez un ennemi s'il effectuait un mouvement de débordement) ? Un troisième élément serait-il utile ?

Image 53 : Des parachutistes de la 173rd Airborne Brigade reportent leurs tirs alors que des grenades fumigènes ont été lancées. 21 mars 2018. **Plusieurs moyens (et points de repère), comme les fumigènes, la voix, le chuchotement et la radio, sont utilisés en même temps pour assurer une certaine redondance afin de transmettre les ordres de report du tir et de levée du tir.**

L'élément de débordement peut être légèrement de biais par rapport à l'élément au contact, mais **l'angle formé doit être au minimum de 90 degrés par rapport à la ligne des soldats de l'élément au contact**. Si les deux éléments se font face (angle inférieur à 90 degrés), l'élément de débordement risque de tirer directement sur l'élément au contact (consulter l'Image 58, p. 90).

Arrivé à l'endroit prévu, l'élément de débordement passe de la formation en colonne à la formation en ligne, chaque soldat se tournant en direction de la kill box. La ligne est suffisamment longue pour que chaque soldat dispose d'un couloir d'assaut distinct avec un chevauchement à droite et à gauche (règle empirique : cinq à dix mètres dans une forêt éclairée par la lumière du jour). Une fois que le CDT a positionné le chef de l'élément de débordement, le CDT se place derrière celui-ci pour superviser et coordonner les différents éléments.

Une fois l'élément de débordement prêt en base d'assaut, le CDT crie « Report du tir ! » et lance l'assaut (consulter l'Image 53, p. 87). Du fait de la surprise, le danger est minime. Toutefois, si l'ennemi attaque l'élément de débordement le premier, les soldats avancent alors vers l'ennemi en effectuant des bonds de trois à cinq secondes. Le chef de l'élément de débordement peut aussi décidé un assaut frontal si l'ennemi est proche.

Image 54 : Des paras de la 54th Brigade, Engineer Battalion, 173rd Airborne Brigade se dirigent vers l'objectif lors de l'exercice Castle Warfare. Camp de manœuvre de Foce Reno, Ravenne, Italie, 07 décembre 2016. *Quand vous choisissez le côté par où effectuer un débordement, choisissez le côté avec le meilleur couvert, afin que l'élément de débordement puisse surprendre l'ennemi.* **Un débordement repéré est pire que de ne pas mener un débordement, car des munitions, du temps et des efforts sont gaspillés.**

Quand l'élément de débordement s'approche de la ligne de tir de l'élément en appui (élément au contact), tout soldat peut crier « Levez le tir ! ». (Mais en particulier, le CDT puisqu'il a placé l'élément le plus proche, la M240, et qu'il est directement responsable de la coordination des équipes). **Si « Report du tir » ou « Levez le tir » ne sont pas répétés par l'élément en appui et restent sans effet : ARRÊTEZ IMMÉDIATEMENT L'ASSAUT !** Quand il s'agit d'une longue approche ou d'une longue kill box « Report du tir ! » peut être crié plusieurs fois (consulter l'Image 59, p. 91).

Une fois que l'élément de débordement sort de la kill box et dépasse le dernier soldat de la ligne de l'élément au contact, l'élément de débordement crie « Dernier homme ! » et l'élément au contact répond. Cela signale au chef de l'élément de débordement que l'extrémité de la kill box a été dépassée et,

Drill de combat 1A : mise en place

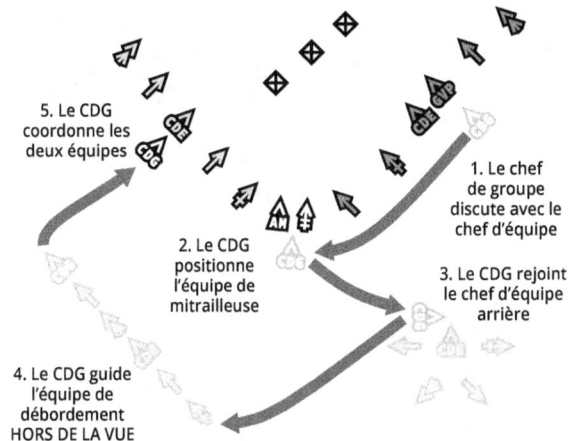

5. Le CDG coordonne les deux équipes

1. Le chef de groupe discute avec le chef d'équipe

2. Le CDG positionne l'équipe de mitrailleuse

3. Le CDG rejoint le chef d'équipe arrière

4. Le CDG guide l'équipe de débordement **HORS DE LA VUE DE L'ENNEMI**

Phase 2

Image 55 : Une fois que l'élément au contact a riposté et atteint une position de tir favorable, **l'élément de débordement disparaît hors de vue et approche l'ennemi par le flanc.** Ce schéma illustre le processus en cinq étapes de la mise en place d'une manœuvre de débordement. Aux étapes 1 et 2, le chef de groupe stabilise la situation et donne ses ordres à l'élément au contact. Aux étapes 3, 4 et 5, il met en place l'élément de débordement.

par conséquent, que la limite d'avance (LDA) se trouve à cet endroit (consulter l'Image 59, p. 91).

Une fois que l'élément de débordement est à 35 mètres (soit la portée d'une grenade à main) au-delà de la kill box ou du dernier corps ennemi, le chef de débordement crie « LDA ! LDA ! LDA ! » trois fois, et l'élément au contact lance à son tour un assaut frontal à travers la kill box. La ou les équipes de mitrailleuse se relèvent et suivent directement la ligne d'assaut, en se déplaçant en biais afin de se retrouver au nouveau point de rencontre (angle opposé par rapport à la situation avant le premier assaut) des deux équipes (voir Image 59, p. 91).

Image 56 : Des soldats américains et géorgiens exécutent un débordement. Géorgie, 19 mai 2015. Comme l'équipe de mitrailleuse est postée sur le côté, et est positionnée de travers, elle n'a pas de bonnes vues sur le débordement et il lui est par conséquent **difficile de percevoir les signaux de report et de levée du tir.**

Image 57 : Débordement mené par des parachutistes du 7th Special Forces Group (Airborne), Dixonville, Pennsylvanie, 22 mars 2012. L'élément de débordement progresse avec un angle légèrement supérieur à 90 degrés par rapport à l'élément au contact. C'est acceptable, **tant que l'angle n'est jamais inférieur à 90 degrés.**

L'élément de débordement

Étape 1, l'équipe de débordement effectue son déplacement ; l'équipe de mitrailleuse couvre entièrement le secteur de tir.

Étape 2, dernier couvert et dissimulation : Report des tirs.

Étape 3, l'équipe de débordement donne l'assaut et entre dans le sac à feu. Cessation des tirs.

Étape 4, limite de l'avance : conduite d'un SLMAC.

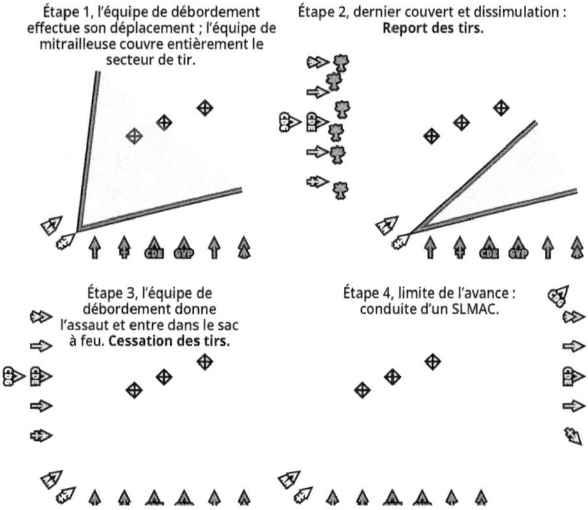

Image 58 : Un aspect critique de l'assaut de l'élément de débordement est de prévenir les tirs fratricides. À cet effet, les ordres « Report du tir ! » et « Levée du tir ! » sont donnés pour permettre l'assaut de l'élément de débordement. Même si ce schéma montre seulement le secteur de tir de l'équipe de mitrailleuse, tous les secteurs de tir de l'élément au contact sont reportés, puis tous les tirs sont arrêtés.

L'élément au contact

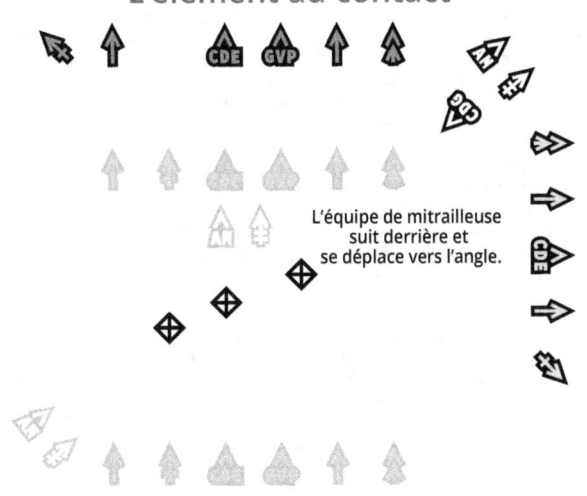

L'équipe de mitrailleuse suit derrière et se déplace vers l'angle.

Image 59 : Un assaut mené par l'élément au contact est simple. Il traverse la kill box et tire sur les ennemis et les corps ennemis devant lui. **L'équipe de mitrailleuse suit de près l'élément au contact pour se poster en fin d'assaut dans l'angle formé par les deux lignes des équipes.**

10.c Variantes au débordement

Le débordement fait partie des drills de combat les plus couramment enseignés dans les armées dans le monde. Selon la doctrine de l'U.S. Army, c'est le « Drill de combat No 1 ». Toutefois, dans la réalité, **l'utilité du débordement est largement limitée par plusieurs facteurs** :

▶   Si l'ennemi se déplace, l'élément de débordement risque de mener l'attaque sous un angle « inadéquat », ce qui peut compromettre la coordination entre les éléments.

▶   L'élément qui mène le débordement doit être dissimulé ; sans dissimulation, il n'y aura pas d'effet de surprise et le débordement ne fera que retarder la riposte.

▶   Les chefs peuvent être facilement désorientés dans un échange de tirs ; des points de repère précis sont indispensables afin de garantir la coordination des mouvements et des tirs lors d'un débordement.

▶   Un débordement effectué à la distance adéquate pour préserver la discrétion prend du temps ; temps pendant lequel les M240 épuisent très vite leurs munitions et l'ennemi peut demander un appui d'artillerie.

▶   L'élément de débordement peut être engagé par l'ennemi lors de la manœuvre de débordement, et le détachement se retrouve alors engagé en tant qu'élément divisé.

Pour résumer, les débordements sont utiles pour les unités expérimentées bénéficiant d'un bond couvert pour manœuvrer, mais le débordement n'est qu'un des types d'attaques qu'une détachement peut employer.

Une autre tactique, moins efficace, mais plus sûre, est celle du **« L tactique »**. Le principe est de créer un angle d'environ 90 degrés entre deux éléments (c'est-à-dire en forme de « L ») en se déplaçant directement vers la position plutôt que de la déborder. Le « L tactique » est idéal pour attaquer, car l'ennemi subit des tirs de plusieurs directions. Le CDT peut ordonner à chaque élément de se mettre en ligne, puis les faire manœuvrer tour à tour pour les faire pivoter jusqu'à ce qu'ils soient à angle droit l'un par rapport à l'autre. Le CDT peut également ordonner à un élément de se placer directement à un angle de 90 degrés, si le terrain offre assez de couvert. Dès que les éléments sont à un angle de 90 degrés l'un par rapport à l'autre, l'assaut est lancé à travers la kill box comme pour un débordement (consulter l'Image 60, p. 93).

Le **« débordement inversé »** est une autre variante au débordement. Dans ce cas, l'élément de débordement effectue un débordement, mais s'arrête avant d'entrer dans la kill box et s'installe en position d'appui à 90 degrés de l'élément au contact. Une fois que l'élément de débordement, devenu l'élément d'appui, est prêt, l'élément au contact lance l'assaut. Lorsque l'élément au contact atteint sa limite d'avance, l'élément de débordement quitte sa position d'appui pour lancer son assaut à travers la kill box.

Débordement en « L »

Image 2

Image 60 : Contrairement à un débordement classique, l'élément de manœuvre n'essaie pas de se dissimuler lors d'un débordement en « L » et **se met en position pour déborder aussi vite que possible**.

10.d Rupture de contact (drill de combat 3)[1]

Pour choisir de rompre le contact, le CDT doit estimer, après avoir analysé la situation, que l'élément ennemi ne vaut pas la peine d'être engagé, pour quelque raison que ce soit (consulter « Réaction à un contact – Équipe de commandement », p. 76). L'ennemi est peut-être trop puissant ou le détachement n'a pas le temps de l'engager. Le CDT crie le mot de code pour rompre le contact, positionne les équipes de mitrailleuse et se déplace vers l'arrière vers l'élément qui n'est pas au contact (ci-après l'élément de neutralisation) (consulter l'Image 61, p. 94).

L'élément au contact, immédiatement après le signal de rupture du contact, **lance des grenades fumigènes** pour réduire la visibilité et la précision du tir de l'ennemi. L'emploi de fumigènes exige de tenir compte de la direction du vent pour éviter que ce ne soit l'élément de neutralisation qui se retrouve avec une mauvaise visibilité.

Lorsque le CDT rejoint l'élément de neutralisation, il le positionne en ligne en mesure de fournir un appui au repli de l'élément au contact. Le CDT peut diriger l'élément lui-même ou indiquer au chef de l'élément de neutralisation la direction, la distance et le point de repère pour rejoindre une position dominante à couvert. La position dominante doit également disposer d'un bon secteur de tir qui n'est pas bloqué par des forces amies.

---

1   **Citation :** « Battre en retraite, certainement pas ! On ne bat pas en retraite, on avance juste dans une autre direction ». — Général Oliver P. Smith, U.S. Marine Corps

Rupture de contact : mise en place

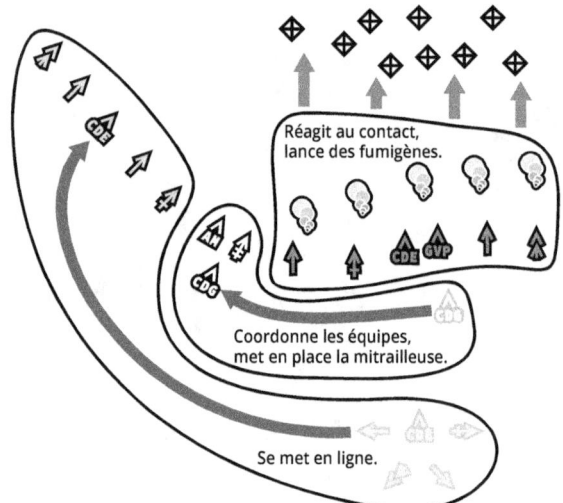

Réagit au contact, lance des fumigènes.

Coordonne les équipes, met en place la mitrailleuse.

Se met en ligne.

Image 61 : Lors d'une rupture de contact, tous les éléments agissent simultanément. L'équipe au contact (rouge) et l'élément de commandement s'engagent dans une réaction à un contact standard (voir « Joe riposte (exercices de combat 1, 3 et 4) », p. 80). La seule différence est que l'équipe au contact utilise des fumigènes pour se dissimuler. **L'équipe à l'arrière (bleue) reçoit le signal de rupture du contact et doit se mettre en ligne le plus rapidement possible pour assurer des tirs de neutralisation.**

Une fois que tous les éléments sont en place et ont ouvert le feu sur l'ennemi, ils entament le manœuvre de repli en alternant déplacement et tir sur l'ennemi (consulter l'Image 63, p. 96). Quand il s'agit d'une rupture de contact, il est préférable que la ou les équipes de mitrailleuse soient proches de l'élément de neutralisation et se déplacent avec lui. En effet, l'élément au contact a été pris au dépourvu et se trouve donc en mauvaise position pour tirer sur l'ennemi. L'élément de neutralisation au contraire occupe une position dominante favorable choisie par le CDT.

Pour se replier, le CDT repère une zone à couvert offrant protection et dissimulation, et fait signe à l'élément au contact de s'y rendre. Lorsque l'élément au contact s'est installé dans sa nouvelle position, il devient le nouvel élément de neutralisation. La rupture du contact est finalement obtenue en faisant alterner les deux éléments en tant qu'élément de neutralisation et élément en déplacement, le CDT coordonnant les mouvements.

Image 62 : Un soldat canadien effectue un bond derrière un écran de fumée pendant la partie à tir réel d'un exercice de rupture de contact et de nettoyage de tranchées. Base militaire d'Adazi, Lettonie, 19 avril 2016. **Notez que le fumigène a été lancé à l'extrême gauche pour tenir compte du sens du vent.**

Une fois le contact rompu, le détachement s'éloigne de 300 mètres ou au-delà d'un mouvement de terrain majeur (par exemple un talweg). Remarque : le CDT peut décider de rompre le contact dans n'importe quelle direction, et pas uniquement vers l'arrière. Le CDT doit envisager de changer sa direction de déplacement après une rupture de contact. Le fait de changer de direction par rapport à celle de l'itinéraire d'approche initial réduit la capacité de l'ennemi à déclencher des tirs indirects sur le détachement. Après avoir parcouru la distance appropriée, le CDT ordonne une halte longue afin de rétablir et réorganiser son détachement.

Rupture de contact : repli

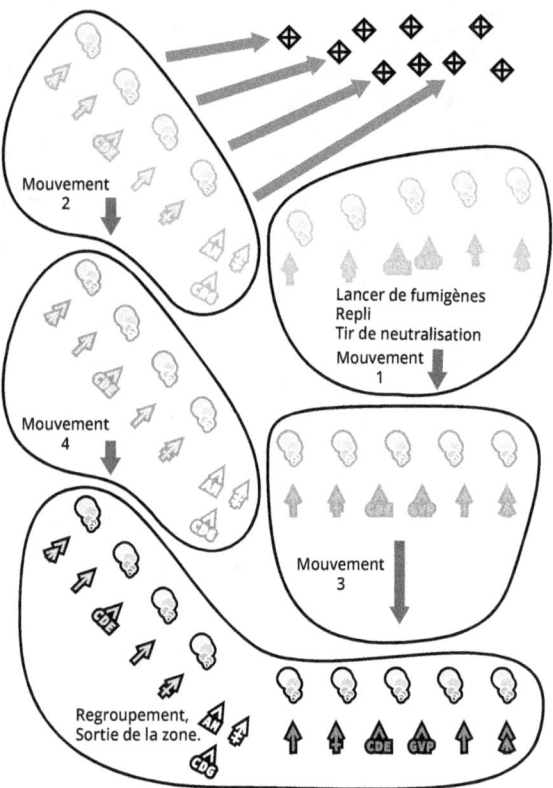

Image 63 : Lorsque l'élément de neutralisation (en bleu) ouvre le feu, l'élément au contact (en rouge) peut se replier pour se mettre à couvert (1er mouvement). Une fois l'élément « rouge » en place et en mesure d'effectuer des tirs de neutralisation, l'élément « bleu » peut se replier en effectuant un bond (2e mouvement) (voir « Traversée directe « dans la foulée » (par bonds) », p. 62). Le schéma « neutralisation/ bond en alternance » se répète jusqu'à ce que l'ennemi cesse la poursuite. Ensuite, le détachement se regroupe et sort de la zone.

Phase 2

10.e Variantes de rupture
de contact

Les modes de rupture de contact les plus courants sont appelés des «tubes» et des «roques». Un petit élément, comme un groupe de combat ou une équipe de reconnaissance, ouvre rapidement le feu avec toutes ses armes (y compris des fumigènes) pour donner l'impression qu'il s'agit d'un élément beaucoup plus important, tout en inversant son sens de marche pour se replier.

Alors que tous les soldats tirent, un ou deux soldats à l'avant de l'élément se replient vers l'arrière et se remettent à tirer, permettant ainsi aux autres de se replier vers l'arrière à leur tour. Cette méthode permet à l'élément de se replier, tout en tirant autant de balles que possible vers l'ennemi. Cette opération est une variante de la rupture de contact, puisque les soldats se replient en alternant les rôles d'élément de neutralisation et d'élément en déplacement, individuellement ou par binôme (consulter l'Image 65, p. 98).

Le principe de base se décline en deux catégories : le «tube» et le «roque», selon la direction de repli choisie par le CDT par rapport à la direction de l'ennemi. Un **tube** consiste à repartir vers l'arrière lorsque l'ennemi est face à vous. Les soldats se déplacent en colonne double. Les deux soldats à l'avant, les plus proches de l'ennemi, se replient en remontant entre les deux files de la colonne pour se replacer en fin de colonne, pendant que les deux soldats auparavant derrière eux exécutent à leur tour des tirs de neutralisation, avant de se replier par le milieu de la colonne : chaque ligne de soldats de la colonne répète ce cycle (consulter l'Image 64, p. 98), et ainsi de suite jusqu'à la rupture du contact.

Le **roque** permet un repli en direction d'un côté, vers la droite ou la gauche. L'élément est en ligne face à l'ennemi et un soldat à la fois se déplace derrière la ligne – de l'extrémité gauche vers la droite ou inversement. Un roque est uniquement mené pour effectuer un repli. L'avantage est qu'il permet à l'ensemble de l'élément en ligne d'ouvrir feu, et non seulement aux deux soldats qui se trouvent à l'avant dans le cas d'une colonne double exécutant un tube (consulter l'Image 66, p. 99).

Il existe d'innombrables possibilités d'amélioration tactique concernant les ruptures de contact par tube ou roque. On peut aussi envisager un repli en oblique ; celui-ci peut donner l'impression que plus de soldats participent au combat. Ou un soldat à l'arrière peut poser une mine antipersonnel à effet dirigé (type mine américaine Claymore ou française MAPED) et la faire exploser quand il se retrouve en tête de la colonne.

Phase 2

Image 64 : Des photographes de combat de l'U.S. Navy s'entraînent à la rupture de contact en exécutant un « tube ». Fort A.P. Hill, Virginie, 25 octobre 2004. **Au second plan, de la gauche vers la droite, le 1er se prépare à se replier, le 2e tire et le 3e termine son bond et va se poster à l'arrière pour se mettre en position de tir.**

Tube et roque

Tube arrière

Roque à droite

Image 65 : Rupture de contact par tube et roque. Ces techniques de rupture de contact consiste en une manœuvre d'urgence au cours de laquelle une force réduite tient à distance une force plus importante. Les soldats qui tirent utilisent toutes les munitions et fumigènes qu'ils peuvent réunir pendant que la ligne en tête de la colonne double se replie, et soit **se replace à l'arrière pour être en mesure de tirer à nouveau**, soit **entame le repli.**

Image 66 : Parachutistes de la Able Company, 2nd Battalion, 503rd Infantry Regiment, 173rd Airborne Brigade. Ils exécutent une rupture de contact par roque à gauche lors de l'exercice Iron Sword 2016. Pabrade, Lituanie, 29 novembre 2016. **L'emploi massif de feux d'ALI (armes légères d'infanterie) et de grenades fumigènes donnent l'impression d'une force plus importante.**

11. Sécurisation après l'assaut (équipes spécialisées)

Une fois que tous les soldats ont atteint la LDA après l'assaut, la kill box doit être sécurisée, ce qui signifie que les cadavres ennemis, les victimes amies et les objets importants doivent être récupérés. À cet effet, le CDT a désigné à l'avance des « équipes spécialisées » non permanentes, composées de GV et de chefs prélevés dans les différents éléments du détachement.

Lorsqu'une équipe spécialisée est retirée de la LDA, les autres soldats restants doivent se réorganiser afin de combler toutes les lacunes dans le dispositif de sûreté. Les GVMinimi postés à chaque extrémité de la ligne joignent et recouvrent leurs secteurs de tir pour couvrir un secteur de 180 degrés ; les autres GV et GVMinimi couvrent les zones aveugles.

11.a Équipe de traitement des prisonniers de guerre (Équipe PG / EPG)

Dès que le CDT reçoit les bilans MEP (Munitions, Équipements, Pertes) de chaque soldat, il appelle l'« EPG » (équipe de traitement des prisonniers de guerre). Les

Fouille et sécurisation par l'EPG

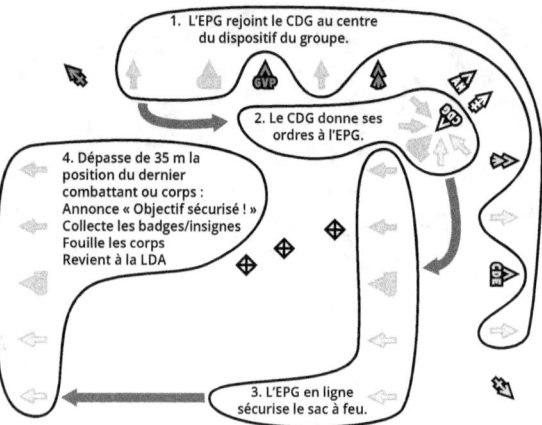

1. L'EPG rejoint le CDG au centre du dispositif du groupe.

2. Le CDG donne ses ordres à l'EPG.

4. Dépasse de 35 m la position du dernier combattant ou corps :
Annonce « Objectif sécurisé ! »
Collecte les badges/insignes
Fouille les corps
Revient à la LDA

3. L'EPG en ligne sécurise le sac à feu.

Image 67 : L'EPG sécurise la kill box après l'assaut. Comme elle a **été désignée durant la planification**, il n'y a pas de confusion sur qui doit se présenter au CDT lorsqu'il appelle l'EPG.

tâches des membres de l'EPG sont prédéfinies et sont affectées à au moins quatre GV par groupe lors de la préparation de l'ordre d'opération de la mission. Le chef de l'EPG et ses soldats rejoignent le CDT en contournant la kill box au besoin. Personne ne doit pénétrer dans la kill box tant que l'EPG ne l'a pas déclarée « sécurisée ».[1] En général, l'EPG est constituée du chef d'équipe Alpha et de ses GV (consulter l'Image 67, p. 100).

Le cadre d'ordre **CIRD** est utilisé par le CDT pour donner ses instructions à l'EPG :

Couleur – Chaque soldat de l'équipe se voit attribuer une couleur. En fouillant la kill box, lorsque deux soldats trouvent des objets identiques, chacun l'annonce avec sa couleur : par ex. « Rouge, 1 carte » et « Vert, 1 carte » pour plus de clarté.

Instructions pour la sécurisation – Manière dont la kill box doit être sécurisée et fouillée (en règle générale, l'EPG suit la SOP prévue pour ce mode d'action, et seuls les points particuliers liés aux spécificités de la kill box sont précisés par le CDT).

---

1   **Application des concepts :** L'idée derrière cette règle est qu'il peut encore y avoir des ennemis vivants dans la kill box, capables d'attaquer par surprise un soldat qui passe. Dans quels cas est-il possible d'entrer dans la kill box avant que l'EPG ne l'ait complètement ou même partiellement sécurisé ?

Récupération – Les objets qui doivent être récupérés pendant la fouille et ramenés au point de collecte.

Durée – Temps imparti à l'équipe pour exécuter la mission.[1]

Une fois les instructions reçues, l'EPG s'aligne de part et d'autre du CDE pour conduire la première phase qui consiste à rechercher et sécuriser les corps ennemis en parcourant la kill box, d'une extrémité à l'autre (pour cette phase, les soldats allument les lampes tactiques de leurs fusils).

Lorsqu'un soldat (par exemple, Rouge) trouve un corps, il crie : « Rouge, Corps ! » La ligne s'arrête ou ralentit le temps que deux soldats examinent le corps. Un soldat vise le corps avec son arme, dans une direction autre que la LDA et celle des autres éléments du détachement, et reste en couverture le temps que le second soldat opère la fouille du corps. Le second soldat doit opérer en contournant le soldat en couverture, et NE JAMAIS traverser la ligne de tir. Pour vérifier la présence d'armes sous le corps, il retourne le corps tout en s'assurant que le soldat en couverture puisse voir dessous. Si ce dernier aperçoit un piège, il crie « Grenade ! » et tout le monde se jette au immédiatement au sol.

Pour éviter de se retrouver devant la ligne de tir pendant qu'il retourne le corps, et rester en mesure de réagir en cas de piège, le second soldat fait rouler le corps en fonction de son orientation par rapport au soldat en couverture. Si l'axe du corps est orienté perpendiculairement au soldat en couverture, le second soldat s'agenouille à côté du corps et le fait rouler sur le côté vers lui. Si l'axe du corps est orienté parallèlement, le second soldat enjambe le corps pour le faire rouler sur le côté vers lui. Le soldat en couverture dispose ainsi à chaque fois d'une bonne visibilité pour détecter les pièges. Si un piège est détecté, le second soldat relâche le corps sur le piège (et les deux soldats peuvent se jeter au sol chacun de leur côté, sans se gêner). Pour signaler qu'un corps a été vérifié, ses pieds et ses bras sont croisés Les soldats sécurisent ensuite l'arme de l'ennemi et pour indiquer que cela été fait la place aux pieds du corps. Les deux soldats reprennent ensuite leur place dans l'alignement et l'EPG reprend sa progression.

Lorsque tous les corps présents dans la kill box ont été vérifiés, le chef de l'EPG annonce « Objectif sécurisé ! » au CDT (consulter « Sécurisation des véhicules », p. 204). Les soldats peuvent alors pénétrer librement dans la kill box pour la deuxième phase, **la fouille des corps**.

1   **Exemple** d'instructions pour l'EPG :

CDS –   « EPG à moi. »

    « Tu es Rouge et tu es Vert. Commencez au centre et sécurisez jusqu'à cinq mètres après la M249. Amenez-moi tout ce qui peut fournir des renseignements. Placez les armes et l'équipement sur le capot du véhicule. Empilez les armes culasse contre culasse et posez les équipement par-dessus. Vous avez trois minutes. »

CDEA –   « Rouge à ma gauche, Vert à ma droite. En avant. »

GV –   « Rouge, Corps ! »

CDEA –   « Halte. »

GV –   « Sécurisé. »

CDEA –   « Continuez. ».

    « Objectif sécurisé ! »

    « Toi, fouille le corps près de l'arbre. Tu as une minute ».

Phase 2

Pour fouiller les corps, l'EPG utilise ses lampes frontales et coupe les lampes tactiques de ses fusils afin de ne viser personne pendant la fouille. La fouille d'un corps nécessite un soldat ; si le nombre de corps à fouiller est inférieur à celui des soldats de l'équipe, les soldats non occupés assurent la sûreté.

Pour fouiller un corps, le soldat commence par le haut et le palpe systématiquement à la recherche d'éléments utiles et d'armes, à mesure qu'il descend le long du corps. Bien qu'il existe des méthodes de fouille systématiques et complètes, souvent le temps disponible ne permet pas de les suivre. Quand le temps presse, il faut accorder la priorité aux zones du corps pouvant contenir des objets importants. (Les objets importants ont été précisés par le CDT lorsqu'il a donné ses ordres à l'EPG).

Lorsqu'un objet important est trouvé, le soldat crie en direction du soldat désigné pour établir le bilan de la fouille, sa couleur, la quantité et l'objet (par exemple : « Rouge, 1 carte »). Lorsqu'il a terminé, le soldat indique que le corps a été fouillé (par ex. en tirant la chemise de l'ennemi sur sa tête). Une fois tous les corps fouillés, les soldats apportent les objets à la zone de collecte désignée par le CDT dans son cadre d'ordre CIRD. Ils rejoignent ensuite la LDA pour reprendre leur place dans le dispositif de sûreté.

Au cours de l'opération de sécurisation menée par l'EPG, tous les ennemis trouvés devraient être morts. Cependant, **un ennemi peut être trouvé vivant** et on doit considérer qu'il se rend (en étant éventuellement blessé). Cela explique pourquoi cette opération est une « sécurisation des prisonniers de guerre ennemis », et non un « nettoyage de l'objectif » visant à éliminer les ennemis encore présents. À ce stade, le fait d'abattre un PG constituerait un crime de guerre, à moins que cet ennemi ne continue d'être une menace immédiate ne pouvant être maîtrisée autrement. Les prisonniers de guerre ne peuvent plus être blessés directement ou indirectement (par exemple en les abandonnant à proximité d'un équipement ou véhicule qui serait détruit à l'explosif), et au besoin ils doivent être soignés par l'AUXSAN du détachement.

En cas de présence d'un PG vivant, la mission entière risque d'échouer. La garde et le transport d'un combattant blessé ou réticent occupe entièrement plusieurs soldats. Par ailleurs, relâcher un PG est impossible car il pourrait alerter d'autres unités ennemis. C'est pourquoi, pour prévenir ce genre de situation, une kill box fait en général l'objet de deux assauts successifs par deux éléments différents afin de s'assurer que tous les ennemis sont tués au cours de l'attaque.

Si un ou des prisonniers sont faits, le CDT doit demander à l'échelon supérieur la conduite à tenir pour la poursuite de la mission et obtenir des instructions spécifiques au cas par cas. À l'égard des prisonniers, la procédure standard consiste à appliquer la règle **FSS-RPI**.

Fouille – fouiller immédiatement et minutieusement les prisonniers à la recherche d'armes et de documents.

Séparation – séparer les prisonniers en groupes : officiers, sous-officiers, soldats, déserteurs, civils et femmes. Cela empêche l'ennemi de s'organiser et que des chefs donnent des ordres.

Silence – faire taire les prisonniers afin d'empêcher toute coordination.

Rapidité – acheminer rapidement les prisonniers vers un lieu de regroupement où ils seront interrogés afin d'obtenir des renseignements.

Image 68 : Un parachutiste du 1st Battalion, 325th Regiment, 2nd Brigade, 82nd Airborne Division sécurise le corps d'un combattant ennemi. 18 novembre 2010. Le corps est orienté parallèlement au soldat en couverture (l'axe tête-pied du corps est parallèle à l'axe des épaules du soldat). **Le second soldat chargé de le retourner s'est positionné de façon que le soldat en couverture puisse voir et ouvrir le feu.**

Image 69 : Un soldat camerounais fouille un sergent de l'U.S. Marine Corps, Limbé (Cameroun), 20 septembre 2016. Le corps est orienté perpendiculairement (l'axe tête-pied du corps est perpendiculaire à l'axe des épaules du soldat en couverture non visible), et le soldat le retourne vers lui. Notez qu'il palpe les poches en les roulant entre ses doigts et que les bottes ont été enlevées et fouillées.

Protection – assurer la sécurité des prisonniers pendant leur déplacement. Ne pas donner de cigarettes, de nourriture ou d'eau avant l'autorisation des interrogateurs désignés.

Identification – identifier les prisonniers en indiquant l'heure, le lieu et les circonstances de leur capture. Identifier également tout équipement et arme.

11.b Équipe de premiers secours et de brancardiers (EPSB)

S'il y a des victimes amies, le CDT en est informé dès que possible. Il appelle l'équipe de premiers secours et de brancardiers (EPSB) après l'EPG pour lui donner des instructions. Toutefois, le CDT doit attendre que l'EPG ait sécurisé la kill box (phase 1) avant d'envoyer l'EPSB car il y toujours un risque qu'un ennemi vivant jette, par exemple, une grenade. Dès que l'EPG annonce « Objectif sécurisé », le CDT peut envoyer l'EPSB recueillir les blessés et/ou tués et les ramener au point de regroupement des blessés auprès du CDT. De là, les blessés et/ou tués seront ensuite extraits de la zone puis évacués (consulter « Extraction et évacuation des blessés », p. 106).

11.c Équipe de démolition (ED)[1]

Une fois que l'EPSB a terminé le recueil des victimes et que l'EPG a terminé la collecte des objets, le CDT rassemble l'équipe de démolition (ED) pour détruire tous les objets ayant une valeur pour l'ennemi afin que celui-ci ne

---

1 **Citations :** « Les allumeurs de cinq secondes ne durent que trois secondes. » — Inconnu

puisse récupérer armes, munitions, radios, véhicules et autres équipements utiles abandonnés sur le terrain.

Les explosifs étant très dangereux, la séquence de démolition est intégrée à la séquence de repli. Cela permet de s'assurer qu'il ne reste aucun soldat lorsque l'ED déclenche les explosifs (consulter « Repli de la zone après l'assaut », p. 104). L'ED est la dernière équipe à rester dans la kill box. L'ED principale d'un groupe est souvent composée du chef de groupe et de l'aide-mitrailleur, ou d'un GV désigné à l'avance. Les ED d'une section peuvent être des chefs d'équipes Alpha et Bravo. Il est important de toujours avoir une ED en réserve.

Les équipements doivent être détruits en respectant plusieurs règles. Tout d'abord, toutes les munitions sont disposées au sol ou au-dessus d'un bloc moteur. Ensuite les armes sont empilées sur les munitions (en veillant à ce que les boîtiers de culasse des armes soient au contact les uns des autres afin de garantir leur destruction). La charge de démolition est ensuite posée. Tous les autres équipements, comme les radios, les chasubles de combat, les brêlages... sont placés au-dessus de la pile. Les véhicules sur lesquels des explosifs ne peuvent pas être placés sont détruits par d'autres moyens.

Si le détachement a passé trop de temps dans la zone, le CDT n'a pas besoin de faire appel à l'ED. Cependant, il doit toujours annoncer les phases de la séquence de démolition car celles-ci servent également à échelonner le repli des différents éléments.

12. Repli de la zone après l'assaut

Une fois que les victimes ont été déplacées, le CDT ordonne le repli. Le CDT prépare lui-même la démolition ou dirige les équipes de démolition, de sorte que la séquence de repli est signalée par les annonces des phases de la démolition.

Le CDT annonce « **Démolition phase 1** » et le CDEB ou le CDG (ou quiconque est en charge du décompte des effectifs) met en place un passage obligé derrière la kill box et crie « Passage obligé sur moi ! » à plusieurs reprises. Le premier élément d'assaut passe en premier à travers le passage obligé. Les autres équipes se mettent en colonne et suivent. Le responsable du décompte annonce : « Assaut (nombre décompté), ok ! » ou « Assaut (nombre décompté) manquants (nombre de manquants) ! ».[1] Simultanément, l'ED retire les goupilles de sécurité des dispositifs d'armement des exploseurs (toujours en portant des gants).

Le CDT annonce « **Démolition phase 2** » et la ou les équipes de mitrailleuse se replient. Les équipes de mitrailleuse étant lentes et sourdes (dit-on !), elles annoncent « Déplacement mitrailleuse » pour indiquer qu'elles ont bien entendu et rejoignent le passage obligé. Le responsable du décompte compte (et s'inclut lui-même). Si le décompte est bon, il annonce : « Chef(s) et équipe(s) de mitrailleuse (nombre décompté), ok ! ». Le responsable du décompte se replie avec le deuxième groupe. Simultanément, l'ED enfonce les dispositifs d'armement des exploseurs et les fait tourner de 90 degrés dans le sens des aiguilles d'une montre.

---

1   **Exemple** de décompte : « Assaut 3, ok » ou « Assaut 2, 1 manquant »

Image 70 : Un spécialiste en explosifs de l'U.S. Army du Multinational Battle Group-East de la KFOR place de l'explosif C4 sur des munitions. Polygone de tir d'Orahovac, Kosovo, 4 avril 2016. Il utilise un allumeur à retardement, afin d'avoir le temps de s'éloigner une fois celui-ci déclenché.

Image 71 : Des charges de démolition M112 sont placées sur des armes, 02 février 2019. **Après un combat, l'équipe de démolition est chargée de détruire les armes et les véhicules ennemis abandonnés afin d'éviter leur réutilisation ultérieure.**

Le CDT annonce «**Démolition phase 3**» à la voix et par radio, et la charge de démolition est mise à feu. Tous les personnels encore présents se replient. Si le décompte au passage obligé était incorrect, «**Démolition phase 3**» ne doit pas être annoncé. À ce stade, seuls le CDT et l'ED sont à proximité de la kill box. Même si le CDT peut déclencher la démolition seul, il ne doit pas être laissé seul, et est accompagné d'un autre personnel.

Avant de se replier, l'ED s'assure que la mèche du dispositif d'allumage de la charge brûle (c.-à-d. la présence ou l'absence de fumée). Le CDT crie «**Mise à feu ! Mise à feu !**» et se replie.

Une fois que le détachement a terminé son repli, les soldats retournent à leurs sacs à dos aussi vite que possible. Le détachement se réorganise pour reprendre son déplacement tel que prévu si le CDT estime qu'il ne rentrera pas en contact avec d'autres éléments ennemis ; sinon, il modifie son itinéraire.

13. Extraction et évacuation des blessés[1]

En cas de pertes amies (tués et blessés), le CDT doit d'abord décider si la mission est toujours viable, c'est-à-dire si les blessés auront besoin de soins avant que la mission ne soit remplie. Si le CDT estime que les blessures sont graves, le ou les blessés doivent être évacués par différents moyens de transport. Si la mission a été correctement planifiée, des points d'identification et d'accueil possibles avec un véhicule ou un hélicoptère ont été planifiés en vue d'évacuations potentielles. Selon la situation, un déplacement à pied sera nécessaire pour rejoindre un point d'évacuation praticable pour une EVASAN. Ce déplacement vers le point d'évacuation est appelé l'extraction.

Établir un plan PACU pour une EVASAN est d'une importance vitale (consulter « Options de communication PACU », p. 242) ! Un plan PACU complet est un plan qui inclut quatre options en permanence. Le plan PACU prévoit plusieurs moyens d'évacuation simultanés, de sorte que si un ou plusieurs des moyens envisagés ne peuvent assurer la mission, au minimum un autre est encore (normalement !) disponible. Sinon, le soldat peut voir sa vie mise en péril à cause de la défaillance du seul moyen envisagé au départ.

Lorsqu'il y a un blessé au cours d'une mission, le chef doit transmettre une demande d'EVASAN en 9 points dès que possible. Chaque soldat a un modèle de message EVASAN dans sa trousse.

13.a Extraction à pied

La toute première priorité pour évacuer un blessé est de trouver un point pour l'EVASAN. Un blessé pourra être évacué en le déplaçant vers une zone de posé hélicoptère (HLZ), un point de regroupement des blessés (PRB) ou un point de récupération en véhicule (PRV). Dès que l'EPG a sécurisé la kill box, le CDT contacte l'échelon supérieur pour déterminer l'endroit où amener les blessés afin d'organiser l'extraction.

La majorité des entraînements aux extractions mettent en œuvre des brancards, mais leur utilisation nécessite beaucoup de personnels.[2] Si l'ennemi vient de prendre à partie le détachement et est susceptible de renouveler son attaque, il faut que le maximum de soldats disponibles sur les lieux assurent la sûreté. Au minimum, le transport d'un blessé nécessite un soldat pour transporter le corps du blessé et un autre pour son sac à dos.

Du fait qu'au moins deux soldats supplémentaires sont mobilisés pour chaque blessé et que les blessés doivent être placés au centre de la formation, une formation en V pointe en avant est impraticable en ce cas car il devient impossible

---

1   **Citation :** « Une « plaie thoracique aspirante » est le moyen qu'utilise la nature pour vous dire de ralentir... » — Inconnu

2   **Application des concepts :** Combien de soldats sont mobilisés et donc dans l'incapacité de réagir si un brancard modèle Foxtrot Litter™ – compromis entre le portoir d'extraction simple et le brancard rigide – est utilisé ? Et avec une civière pliable et rétractable Talon ? Et si la victime portait un sac à dos lourd et d'autres équipements ?

Demande d'évacuation médicale

Ce formulaire de demande de l'U.S. Army, appelée « 9-Line », est le format standard pour transmettre les informations sur les victimes et la prise en charge dans le cadre d'une EVASAN.

1.	Lieu de prise en charge		
2.	Fréquence et indicatif		
3.	Nombre de patients et statut	A. B. C. D.	Urgent (2 heures) Prioritaire (4 heures) Routine (24 heures) Commodité
4	Équipements requis	A. B. C. D.	Aucun Treuil Équipement d'extraction Respirateur
5.	Type de patients	L. A.	Brancard Ambulatoire
6.	Sûreté sur le lieu de ramassage	N. P. E. X.	Pas de forces ennemies Possibilité de forces ennemies Forces ennemies sur zone Présence d'ennemis (nécessite une escorte armée)
7.	Signalement du lieu de récupération	A. B. C. D. E.	Panneau air-sol Artifice pyrotechnique Fumigène Aucun Autre
8.	Nationalité et armée	A. B. C. D. E.	U.S. Army Civil américain Militaire, non américain Civil, non américain Prisonnier de guerre
9	Contamination NBC	N. B. C.	Nucléaire Biologique Chimique

Phase 2

Image 72 : Des marines américains du 3rd Battalion, 6th Marine Regiment, 2nd Marine Division exécutent une extraction de « blessés » par portage lors d'un raid Huey, à Yuma, Arizona, 09 avril 2014. Si un groupe de huit hommes compte trois blessés/tués, peut-il utiliser le portage à deux tout en assurant la sûreté nécessaire ? **Un soldat moyen et son sac à dos pèsent plus de 90 kg.**

de la conserver en bon ordre. Pour maintenir l'ordre, la meilleure formation est celle en « carapace ». Une **formation en carapace** est très fluide et se définit essentiellement par un intérieur mou (blessés, porteurs et remplaçants) et un extérieur robuste (GVMinimi et mitrailleurs M240). La (les) M240 couvre(nt) l'itinéraire le plus probable d'approche de l'ennemi, qui est habituellement la direction à 12 h.

Au centre du dispositif, la gestion des blessés doit être menée en suivant une organisation rigoureuse. Les soldats qui portent des charges se fatiguent à des rythmes plus rapides et sont quelque peu désorientés par la charge, et tendent à s'écarter du cheminement. Par conséquent, le chef doit gérer étroitement les porteurs de blessés (décompte régulier, rotation pour le portage, suivi du cheminement) et permettre à l'AUXSAN d'assurer le suivi médical des blessés. Une méthode courante consiste à créer des rangées et des colonnes. Premièrement, aligner les porteurs de blessés sur une même ligne afin qu'ils adoptent le même rythme. Aligner derrière eux les remplaçants, afin que ceux-ci puissent immédiatement prendre la relève.

Formation d'extraction de blessés

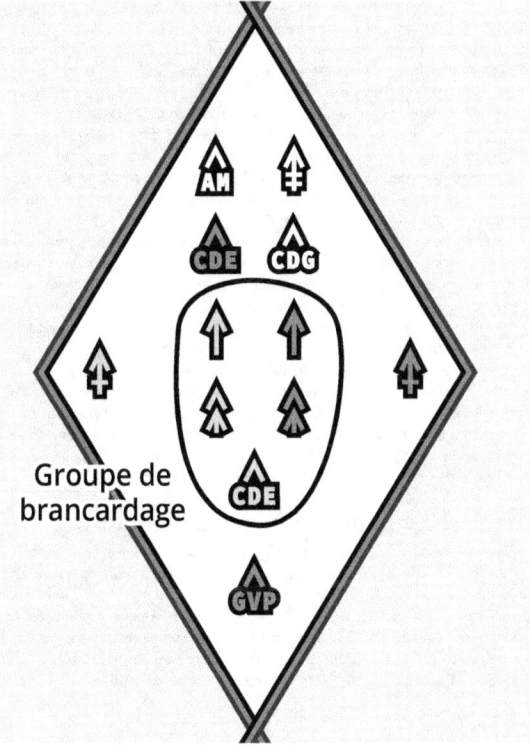

Image 73 : Ce type de formation est connu sous le nom de « **carapace** » car elle est constituée d'une partie dure à l'extérieur et d'une partie molle à l'intérieur. **Le principe de base de toute formation d'extraction de blessés est d'assurer une sûreté à 360 degrés** autour des blessés et des porteurs de blessés puisqu'ils sont incapables d'agir. Il faut toujours placer les armes alimentées par bandes à l'extérieur de la formation, et assurer une rotation des armes entre les soldats si nécessaire. Il faut aussi toujours assurer la sûreté face à l'arrière.

13.b Évacuation par véhicule sanitaire

Les véhicules sanitaires isolés courent le risque **d'avoir été interceptés**, et il est donc nécessaire de toujours s'assurer de l'identité du conducteur et des personnels à bord. Avant d'amener les blessés au véhicule, une équipe de reconnaissance est envoyée par le CDT afin de s'assurer que le véhicule sanitaire est bien conduit par des personnels amis (consulter « Reconnaissance du PRO du chef de groupe », p. 135). Une équipe de reconnaissance du chef est constituée d'une équipe de commandement et d'une équipe de surveillance et d'observation (S&O). L'équipe de commandement est composée du CDT et d'un autre soldat (habituellement il s'agit du chef d'équipe Alpha ou de l'opérateur-radio), tandis que l'équipe S&O est composée d'un GVMinimi et d'un GV.

Le CDT poste l'équipe S&O de manière qu'elle ne perde jamais de vue le véhicule, et à ce que le véhicule ne puisse la voir. Le CDT assigne également à l'équipe S&O un secteur de tir spécifique en veillant à la sûreté de son dispositif. Par exemple, si le secteur de tir commence à partir du phare droit du véhicule et se prolonge au-delà vers la droite, les soldats resteront toujours devant les phares afin de rester en dehors du secteur de tir de la Minimi.

À l'arrivée de l'ambulance, le CDT doit partir du principe qu'il s'agit d'un véhicule hostile. Le CDT et le conducteur doivent échanger des questions définies à l'avance pour déterminer que l'ambulance ne présente aucun danger. Si l'ambulance ne peut pas répondre correctement, le détachement se retire. Si la vérification est positive, le CDT rejoint son détachement afin de ramener les blessés et leurs équipements pour les charger dans l'ambulance.

13.c Évacuation par hélicoptère

L'utilisation d'un hélicoptère pose moins de risques car il y a peu de probabilités qu'il ait été détourné par un élément ennemi. Le CDT peut supposer d'emblée que l'hélicoptère est ami et transférer immédiatement les blessés avec leurs sacs à dos. Avant l'atterrissage de l'hélicoptère, la zone de posé devra être sécurisée à 360 degrés. La sécurisation d'une zone de posé ne nécessite pas forcément un détachement entier ; la sûreté est assurée en menant au préalable une analyse METE-DC (Mission, Ennemi, Terrain/Météo, Effectifs disponibles – Délais, Civils).

Image 74 : Des parachutistes de l'USAF affectés au 82nd Expeditionary Rescue Squad, déployé en soutien de la task force combinée dans la Corne de l'Afrique, chargent un brancard à bord d'un hélicoptère HH-60G Pave Hawk au cours d'un exercice d'évacuation de blessés. Afrique de l'Est, 30 novembre 2018. Comme **les hélicoptères ont besoin d'espaces dégagés**, leur atterrissage risque d'exposer les troupes. Comment atténuer ce risque ?

14. Appui feu indirect

Des soldats dont la mission est d'effectuer des demandes d'appui feu indirect sont fréquemment intégrés aux détachements d'infanterie. Les observateurs avancés (OA) effectuent les demandes de tirs indirects (mortiers et artillerie). Les contrôleurs avancés (JTAC – Joint Terminal Attack Controller) coordonnent l'action des forces aériennes qui participent à des opérations offensives telles que l'appui aérien rapproché (Close Air Support – CAS), et les contrôleurs navals gèrent pour leur part les tirs provenant des navires. La manière dont ces soldats exécutent leurs tâches dépasse le cadre de ce manuel, toutefois leur rôle au combat est détaillé dans cette section.

14.a Tirs d'artillerie et de mortier (demande d'appui feu indirect)

On appelle « Observateur avancé (OA) » le soldat spécialisé dans la conduite des tirs d'artillerie et de mortier sur les cible. Il peut s'agir des tirs d'obus de mortier pour détruire l'ennemi, d'obus éclairants au phosphore pour révéler le terrain, ou fumigènes pour masquer un repli, ou de toute autre munition. En raison de leur portée et leur puissance, ces systèmes d'armes améliorent considérablement l'efficacité d'un détachement d'infanterie (consulter l'Image 76, p. 113). Les ressources dont disposera l'OA pour la mission doivent être déterminées lors de la phase initiale de planification. Un OA peut aussi assurer des fonctions de JTAC à la fois pour l'appui aérien et naval.

Les OA sont indispensables, car les unités d'appui se trouvant sur le terrain ou installées en base d'appui feu indirect sont à distance et n'ont pas de vues sur le champ de bataille.[1] Elles ne connaissent pas non plus le terrain où se déroule la mission. Les canons d'artillerie ont rarement une ligne de tir directe sur leurs cibles, qui sont souvent situées à des kilomètres. L'OA est l'œil de ces canons, en transmettant les informations sur l'objectif et les corrections de tir au besoin, tout en observant l'ennemi. En règle générale, l'OA et le radio travaillent en équipe, ce qui permet à l'OA d'avoir un accès rapide à la radio afin de communiquer avec l'échelon supérieur. Pour envoyer rapidement et correctement l'information sur les cibles, l'OA doit toujours savoir exactement quelles sont les coordonnées de la position du détachement.

Pour chaque mission, des cibles sont généralement planifiées (par exemple, des tirs d'artillerie sur une route de part et d'autre de l'emplacement prévu d'une embuscade afin d'interdire tout repli ennemi). Les détachements peuvent également solliciter des tirs contre des cibles inopinées. Pour obtenir des feux sur une cible inopinée, l'OA transmet sa demande à l'aide d'un message préformaté. Tel celui-ci : **OPOD-LM** :

---

[1]   **Citation :** « Je pense que le bombardement en tapis est une idée absolument formidable si l'ennemi vous facilite la tâche en se déployant lui-même en tapis en plein désert, sans aucun civil ou infrastructure autour de lui. Malheureusement, l'État islamique a compris que c'était un choix perdant et il ne nous facilite pas la tâche de cette manière. » — Général David Petraeus, commandant de l'United States Central Command.

Image 75 : Une pièce M777A2 de 155 mm de la Alpha Battery, Field Artillery Squadron, 2nd Cavalry Regiment en action. 21 août 2019. Sa portée de tir maximale est de 14,6 kilomètres. L'objectif principal d'une mission peut être de transmettre des renseignements à l'artillerie.

Image 76 : Un observateur avancé auprès de la Lima Company, Battalion Landing Team 3/1,13th Marine Expeditionary Unit observe des tirs. Djibouti, 12 septembre 2018. **Un observateur avancé peut mettre hors de combat bien plus de combattants ennemis qu'un seul soldat armé d'un M4.**

Objectif – Objectif du tir indirect. (L'OA peut ne pas savoir quelles sont les capacités dont le haut commandement dispose ; l'**OPOD-LM** [1] est donc une demande à laquelle le commandement apportera une réponse en fonction de la situation et des capacités disponibles.)

Position – Coordonnées à 8 chiffres de la cible, ou sa direction et distance par rapport à un repère prédéterminé sur le terrain (appelé le « décalage par rapport à un point connu »). Si des troupes amies sont proches, il faut annoncer « danger à proximité », en fonction du tir sollicité.

Observateur – Soldat qui observera l'impact des projectiles et transmettra les corrections en direction et portée pour la conduite du tir (en général l'OA lui-même ou un chef).

Déclencheur – L'événement que doit attendre l'échelon supérieur pour déclencher le tir.

Liaison – Méthode de communication entre l'unité sur le terrain et l'unité chargée du tir.

Munitions – Munitions prévues ou nécessaires pour chaque objectif.

---

1   **Exemple** d'OPOD-LM :
Objectif   – « Unité d'infanterie en mouvement vers l'objectif. »
Position   – « 17SPU 7234 4916 »
Observateur – « Principal : observateur avancé ; Secondaire : CDT »
Déclencheu – « Renfort ennemi identifié se déplaçant le long de la ZO Hammer. »
                   (zone d'opération)
Liaison   – « Principal : FM 35000 ; Secours : FM 34000. »
Munitions – « 4 coups, HE/VT. » (obus explosif/fusée de proximité à réglage variable)

Image 77 : Un sergent et un caporal-chef du 21st Special Tactics Squadron JTAC observent un A-10 Thunderbolt lâcher ses munitions au cours d'un entraînement au CAS. Champ de tir et d'entraînement du Nevada, 23 septembre 2011.

14.b Appui aérien rapproché (CAS)

L'appui aérien rapproché (désigné par CAS pour Close Air Support) consiste en une action contre des cibles ennemies menée par des forces aériennes à proximité des forces amies et coordonnée avec les manœuvres et les feux des forces amies. Les appareils en charge du CAS utilisent une gamme de munitions et d'armes variée : bombes non-guidées, bombes planantes, missiles, roquettes, canons, mitrailleuses, etc.

Les demandes de CAS sont de deux types : les demandes planifiées et les demandes immédiates. Les demandes planifiées sont exécutées par des missions aériennes programmées ou sur appel. Les demandes immédiates sont exécutées sur appel ou par réorientation de missions aériennes déjà programmées. Un CAS peut être sollicité à tout moment et en tout lieu où des forces amies se trouvent à proximité de forces ennemies.

Les JTAC (contrôleurs interarmées) ou les contrôleurs aériens avancés (CAA) sont des soldats en position avancée qui dirigent les actions des avions de combat engagés dans des actions de CAS et d'autres actions aériennes au profit des unités au sol. Le JTAC fournit au commandant au sol (ou à l'échelon supérieur) des recommandations sur l'emploi des moyens de CAS et coordonne les appareils menant le CAS avec la manœuvre des forces au sol.

Pour lancer une attaque, le JTAC transmet à l'appareil ou aux appareils CAS engagés les données de ciblage à utiliser. Pour chaque cible, le JATC et les

Image 78 : Un **MH-60 Black Hawk** du 160th Special Operations Aviation Regiment fournit un appui aérien rapproché (CAS) aux Rangers de la A Company, 2nd Battalion, 75th Ranger Regiment en menant des feux directs lors d'un entraînement au tir réel. Camp Roberts, Californie, 31 janvier 2014.

appareils communiquent pendant toute la durée de l'attaque (ces méthodes ne sont pas décrites dans le présent manuel).

Après chaque passe de CAS, le JTAC échange par radio avec les appareils pour demander une autre passe consécutive si nécessaire, ou le passage à la cible suivante. Les attaques se poursuivent jusqu'à ce que les appareils soient à court de munitions, de cibles ou d'autonomie. Une fois la séquence CAS terminée, le JTAC fait un compte rendu de fin de mission rapide aux appareils engagés (déroulement des passes, cibles détruites, renseignements recueillis).

15. Situations imprévues[1]

Le contact avec l'ennemi peut se produire d'une infinité de façons, mais il existe quelques scénarios courants auxquels il faut se préparer.

15.a Réaction à un tireur embusqué[2]

Lorsque le premier soldat tombe, ou lorsque quelqu'un entend un impact de balle proche, criez « Tireur embusqué ! ». Le détachement s'engage alors dans une **réaction à un contact** (consulter « L'ennemi tire sur Joe (drill de combat 2) », p. 71). C'est-à-dire que tous les membres du détachement se mettent immédiatement en garde à couvert, annoncent les 3D (Direction, Distance, Description) lorsqu'ils repèrent l'ennemi, lancent des fumigènes et effectuent des tirs de neutralisation. Il est particulièrement important ici de jeter des fumigènes pour masquer la position et les mouvements du détachement.

La différence entre une réaction à un tireur embusqué et une réaction à un contact ordinaire est dans la difficulté de déterminer d'où proviennent les tirs ennemis et le fait que les tireurs embusqués cherchent à attirer et piéger les soldats. Par conséquent, à moins que l'emplacement du tireur embusqué ne soit connu, le détachement va mener une rupture de contact en employant des fumigènes supplémentaires. Ensuite, il demandera des tirs indirects sur la position générale du tireur embusqué.

15.b Réaction à l'artillerie et aux mortiers (tirs indirects)[3]

Criez « Artillerie ! » lorsque vous entendez le premier coup. Tous les membres du détachement se mettent immédiatement à plat ventre (consulter l'Image 79, p. 117). Pour les tirs répétés, les soldats se mettent en position couchée à chaque salve. Toutefois, s'il devient évident que les tirs ne s'arrêtent pas, il faut se lever et courir se mettre à l'abri.

---

1   **Citation :** « Il y a le connu connu, c'est-à-dire les choses que nous savons que nous savons ; nous savons aussi qu'il y a l'inconnu connu, c'est-à-dire les choses que nous savons que nous ne savons pas ; mais il y a aussi l'inconnu inconnu — les choses que nous ne savons pas que nous ne savons pas. » — Donald Rumsfeld, secrétaire à la défense des États-Unis de 2001 à 2006

2   **Citation :** À peine arrivé sur la ligne de front, un général se fait tirer dessus par un tireur embusqué qui arrache un bouton de sa chemise. Terrorisé, il se plaque au sol, mais les hommes restent debout, indifférents. Le général crie à un sergent : « Hé, vous n'avez pas quelqu'un pour tuer ce maudit tireur embusqué ? » Le sergent baisse les yeux et répond : « Je pense que non. On a peur que si on le tue, l'ennemi va le remplacer par quelqu'un qui sait tirer ». — Inconnu

3   **Citation :** « Mes chers compatriotes, j'ai le plaisir de vous annoncer aujourd'hui que j'ai signé une loi qui mettra à tout jamais la Russie hors-la-loi. Nous commençons les bombardements dans cinq minutes. » — Ronald Reagan, président des États-Unis (1980 - 1988), plaisantant lors d'un essai d'enregistrement d'une déclaration officielle...

Image 79 : Un instructeur du cours de sauvetage au combat (Combat Life Saver Course) simule un tir de mortier pendant que des aviateurs protègent des victimes simulées lors d'un entraînement sur un parcours d'obstacles. Joint Base McGuire-Dix-Lakehurst, New Jersey, 11 mars 2013. Pouvez-vous identifier qui se jette correctement le sol et **qui le fait à moitié** ?

Le CDT crie une distance à parcourir et une direction (afin d'atteindre un mouvement de terrain offrant un couvert hors de vue de l'ennemi) ; la direction est à 90 degrés par rapport à celle du déplacement précédent. Cela perturbe les réglages des tirs de l'ennemi qui suppose que le détachement reste sur l'azimut. **Si les tirs indirects se poursuivent pendant le repli, il se peut que l'ennemi ajuste ses tirs en fonction du repli.** Dans ce cas, les chefs doivent modifier la distance et la direction et effectuer ou ordonner le décompte de leurs soldats.

Les ordres sont répercutés par tout le monde. Lorsqu'ils se déplacent, tous les soldats doivent rester en contact avec leur chef et être prêts à porter ceux d'entre eux qui seraient touchés. Ils ne partent pas en avant sans tenir compte de nouveaux ordres pouvant être données à tout moment. Ils s'assurent également immédiatement que leurs camarades de gauche et de droite sont également debout et en mouvement, ce qui permet de s'assurer que tout le monde se déplace le plus rapidement possible. Si un soldat est blessé mais peut encore marcher, il doit être soutenu et aidé pour porter ses équipements principaux.

Lorsque le détachement arrive à l'endroit désigné, les chefs établissent immédiatement un périmètre de sûreté et demandent un décompte des hommes, des armes et du matériel ; ils réorganisent le détachement et demandent l'évacuation des blessés éventuels.

15.c Réaction aux mines et engins explosifs improvisés[1]

Le soldat qui repère une mine ou engin explosif improvisé (EEI) avertit le détachement de sa présence possible et de son emplacement à l'aide des 3 D. Le CDT établit soigneusement le périmètre de sûreté et chaque soldat recherche d'éventuels mines et EEI selon la règle des **0/5/25/200 mètres** :

0 mètre – avant chaque pas, examiner le sol devant soi pour détecter d'éventuels plaques de pression ou fils électriques.[2]

5 mètres – rechercher tout ce qui n'est pas à sa place ou semble anormal, comme de la terre remuée ou des objets bizarres. Chercher systématiquement et méthodiquement.

25 mètres – rechercher des perturbations plus importantes, comme de grandes taches humides ou des structures perturbées.

200 mètres – le détachement doit être attentif à toute activité suspecte à distance (comme des tireurs embusqués, des observateurs avec caméra/appareil-photo, ou des « hommes déclencheurs »).

Ne courez pas immédiatement vers un soldat qui vient d'être victime de l'explosion d'un EEI ou d'une mine et ne vous précipitez pas pour sortir de la zone. Les EEI et mines sont souvent installés en grappes, vous risquez donc d'être victime à votre tour ! Dès que possible, un compte rendu doit être envoyé à l'échelon supérieur à l'aide d'un message CR EEI en 9 lignes incluant la demande d'intervention d'une unité de déminage (consulter « Modèle de CR EEI en 9 lignes », p. 119).

Il existe de nombreux types d'EEI, depuis les charges de nitrate déclenchées à distance aux grenades avec fil déclencheur. Globalement, les types d'EEI utilisés par l'ennemi sont spécifiques à la région. Il est essentiel de connaître les styles de la région pour que vos soldats sachent à quoi s'attendre. En même temps, il y a des questions standard qu'un soldat qui a déjà été dans le pays se pose. Pourquoi cette rue habituellement animée est-elle calme aujourd'hui ? Pourquoi personne n'emprunte ce sentier ou ce champ ? Enfin, une tactique courante consiste à tenter les soldats avec des cigarettes ou des canettes de soda reliés à des détonateurs. NE RAMASSEZ JAMAIS RIEN !

15.d Regroupement d'un élément dispersé

Un élément est « dispersé » lorsque les soldats qui le composent ne peuvent plus se voir et que les liaisons entre eux sont rompues. Par exemple, si le plan de contact d'urgence repose sur un agent de liaison, mais que ce dernier n'est pas disponible, l'élément est alors dispersé.

---

1   **Citation :** « « Tout navire peut être un dragueur de mines... une fois. » — Inconnu

2   **Situation réelle :** Soyez vigilant aux embuscades avec champs de mines. Les combattants ennemis posent des mines antipersonnel aux abords immédiats d'un axe, puis tirent des roquettes/missiles sur les véhicules pour les arrêter. Cela contraint alors les soldats à débarquer, avec le risque de déclencher les mines quand ils se mettent à couvert.

Image 80 : Un élément de la 3rd Brigade, Recon Team, 3rd Infantry Division dans un dépôt d'ordures en banlieue de Bagdad, Irak, 11 août 2005. Les ordures sont un excellent moyen de cacher les EEI. Les « appâts » comme les chargeurs d'armes et les boîtes de boisson énergisante sont particulièrement attrayants. **Existe-t-il des moyens sûrs de se déplacer dans les zones où les EEI sont faciles à placer ?**

Modèle de CR EEI en 9 lignes

Si la présence d'un EEI est confirmée, rendre compte à l'échelon supérieur avec un CR 9 lignes demandant l'intervention d'une unité de déminage

1.	Groupe date-heure :	Date et heure de la découverte.
2.	Unité, lieu :	Unité et coordonnées.
3.	Moyen de contact :	Fréquence radio, indicatif d'appel, etc.
4	Type de munition :	Soyez précis ; indiquez la taille, la forme et l'état physique.
5.	Nucléaire, chimique, biologique :	Soyez aussi précis que possible.
6.	Ressources menacées:	Équipement, installations, etc.
7.	Impact sur la mission :	Brève description de la situation et de l'impact sur la mission.
8.	Mesures de protection :	Mesures prises pour protéger le personnel et les équipements.
9.	Niveau de priorité de la menace :	Immédiate, indirecte, mineure, aucune.

Si un détachement se disperse parce qu'il a avancé trop vite, l'élément avant doit faire marche arrière. L'élément arrière continue d'avancer lentement ou s'arrête complètement et attend le retour de l'élément avant. L'élément arrière n'envoie jamais d'équipe de recherche, car cela risque de créer un troisième élément susceptible de s'égarer.

Si un élément est égaré, il doit déterminer sa position et se rendre au dernier point de regroupement désigné. Si cette division de l'élément résulte d'une réaction à un contact, les deux éléments doivent rejoindre le dernier point de regroupement désigné et le premier arrivé doit attendre l'autre ; celui-ci doit s'approcher en utilisant les signaux de reconnaissance convenus. Le délai d'attente d'un élément au point de regroupement dépend de la planification et de l'analyse de la situation METE-DC (Mission, Ennemi, Terrain/Météo, Effectifs disponibles – Délais, Civils). Un élément ne doit jamais se trouver dans une situation où il est séparé, sans aucune liaison avec les autres éléments et l'échelon supérieur, et égaré et ignorant de l'emplacement du dernier point de regroupement.

15.e Réaction à partir d'une formation non standard

En général, un détachement engage l'ennemi à partir d'un petit nombre de formations standard, telles qu'une formation V pointe en avant ou une colonne double. Il arrive toutefois qu'une détachement doive engager l'ennemi à partir d'une formation non standard, voire aucune formation. Parmi les exemples de formations non standard, une section traversant une zone dangereuse linéaire ou un détachement en carapace pour assurer un portage de blessés.

Chaque fois que le détachement est engagé par l'ennemi dans une formation quelconque, les deux priorités sont **d'assurer la sûreté et de prévenir les tirs fratricides**. Tout d'abord, tout élément occupant une position permettant d'assurer la sûreté et qui n'est pas attaquée doit rester là où il se trouve. Si une position peut être abandonnée sans que cela pénalise la sûreté d'ensemble du dispositif, c'est qu'elle était mauvaise à la base.

Deuxièmement, lorsqu'un chef met en place des secteurs de tir, il doit s'assurer qu'il n'y a pas de troupes amies devant. C'est une étape particulièrement importante lorsque la formation n'est pas standard lors d'une attaque, et que des soldats peuvent se trouver devant sans que le chef le sache immédiatement. N'hésitez pas à faire manœuvrer chaque élément pour obtenir des secteurs de tir sûrs, mais avant confirmez la faisabilité de chaque mouvement !

Des soldats de différents éléments, après s'être mis rapidement à couvert, se mêlent inévitablement les uns aux autres lors des tirs de riposte. Au lieu d'essayer de réunir une équipe ou un groupe, le chef, ayant besoin de former un élément pour mieux manœuvrer rassemble les soldats avec flexibilité. Par exemple, il peut appeler l'EPG (équipe des prisonniers de guerre) ou les cinq soldats qui se trouvent les plus près de lui pour organiser une équipe de circonstance.

15.f Ennemis à divers emplacements ou changeant d'emplacement[1]

En règle générale, le mécanisme des drills de combat vise à l'élimination d'un ennemi se trouvant dans une seule zone. Toutefois, si l'ennemi est réparti dans plusieurs zones, le détachement doit s'occuper de chacune. Le problème de l'attaque en plusieurs endroits est la coordination de chaque élément pour éviter les tirs fratricides. Il est dangereux de mener simultanément plusieurs manœuvres de débordement et cela doit être évité. Si des éléments éparpillés reçoivent l'ordre de donner l'assaut, ils doivent attaquer vers l'extérieur dans différentes directions.

Si l'ennemi se retire tout en continuant à tirer sur des forces amies (le changement de position le plus fréquent), une décision doit être prise par le CDT : poursuivre l'ennemi ou rompre le contact. En règle générale, il est préférable de poursuivre l'ennemi sur une distance limitée, puis ensuite de rompre le contact. Une poursuite trop longue peut amener une situation confuse, avec des éléments dispersés et le risque d'embuscades ennemies. Si le contact n'a pas été planifié, le CDT doit tenter de minimiser le temps et les munitions gaspillés en réaction à un contact imprévu.

Phase 2

---

1   **Citation :** « L'ennemi nous ressemble. Par conséquent, il faut l'aborder non comme un ensemble de « cibles » à détruire une à une, mais plutôt comme une entité vivante et intelligente, susceptible d'agir et de réagir. » — Martin Van Creveld, historien et théoricien militaire israélien.

Phase 3 – Sommaire

Joe pose son piège (Phase 3 : occupation de l'emplacement)

Si vous vous retrouvez dans un combat équitable, c'est que vous n'avez pas bien planifié votre mission.

— *Colonel David Hackworth, U.S. Army*

Vous vous demandez sans doute pourquoi ce chapitre est si long. Pourquoi ne peut-on pas simplement arriver à l'emplacement de l'embuscade, se mettre

Vue générale de l'installation

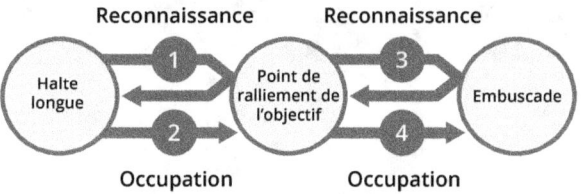

Image 81 : Cette chapitre explique comment procéder pour passer d'une halte longue à l'installation en embuscade en effectuant une reconnaissance dans les règles.

à plat ventre et ouvrir le feu sur l'ennemi ? Pour faire court, certains endroits sont beaucoup plus sûrs pour nous et plus mortels pour l'ennemi, et il faut donc déterminer quels sont les meilleurs emplacements pour une embuscade. Lors de la reconnaissance du chef, les soldats attendent à l'arrière pendant des heures, et doivent par conséquent être dissimulés. Il faut également reconnaître l'arrière de l'emplacement. L'ensemble du processus prend énormément de temps, mais une bonne reconnaissance peut faire la différence entre tuer tous les ennemis dès l'ouverture du feu et un long échange de tirs létal pouvant durer plus d'une heure.

16. Mise en place d'une halte longue

Une fois le détachement arrivé à proximité de l'emplacement prévu pour l'embuscade, la première phase consiste à installer un dispositif de halte longue (consulter l'Image 1, p. 3) (consulter l'Image 81, p. 123). Une halte longue ressemble beaucoup à une halte de courte durée (consulter « Halte de courte

123

Phase 3

Image 82 : Une recrue de la 352nd Battlefield Airman Training Squadron Combat Control School (école des forces spéciales de l'U.S. Air Force) scrute les bois lors d'une halte longue de son unité pendant un exercice tactique sur le terrain. Camp Mackall, Caroline du Nord, 03 août 2016.

durée / Tomber en garde », p. 51) et peut également être utilisée lors d'un arrêt de plus de cinq minutes, car elle est plus sûre, mais prend plus de temps. Les mesures supplémentaires à prendre sont les suivantes : contre-filature ; organisation du détachement en « cascade » afin de faciliter le commandement ; dépose des sacs à dos ; regroupement des soldats ; attribution et recouvrement des secteurs de tir avec désignation des objectifs prioritaires (consulter l'Image 83, p. 125).

Durant la halte longue effectuée près du lieu de l'embuscade, le gros du détachement est en attente, tandis que les chefs repèrent un point de regroupement avant l'objectif (consulter « Point de regroupement avant l'objectif (PRO) », p. 133). Le point de regroupement avant l'objectif (PRO), à son tour, sert d'endroit d'attente pour le gros du détachement, pendant que les chefs repèrent l'endroit de l'embuscade (consulter « La mise en place de l'embuscade », p. 144). Cette halte longue avant le PRO est planifiée approximativement dans l'ordre d'opération (OPORD), puis modifiée sur le terrain en tenant compte de l'analyse METE-DC (Mission, Ennemi, Terrain/Météo, Effectifs disponibles – Délais, Civils) et de la contre-filature. La raison pour laquelle le PRO, un lieu d'attente, doit faire l'objet de sa propre reconnaissance, tient au fait qu'il est situé à une distance relativement proche de l'emplacement prévu pour l'embuscade et que masser des dizaines de soldats à proximité immédiate d'un axe peut nuire à la discrétion et attirer une attention non souhaitée. C'est pourquoi la halte longue permet au commandement d'avoir le temps de trouver un PRO adéquat, où le

Concepts de halte longue

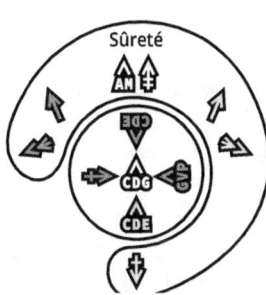

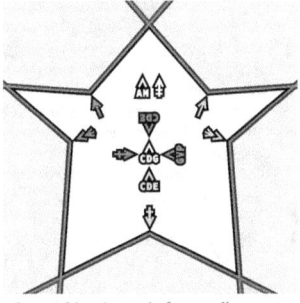

Image 83 : Les haltes longues sont divisées en deux parties, **l'une à l'intérieur et l'autre à l'extérieur,** ou encore les positions de l'élément de sûreté et de l'élément de commandement.

Image 84 : Les chefs **attribuent** et confirment des secteurs de tir avec des recouvrements permettant une couverture à **360 degrés.**

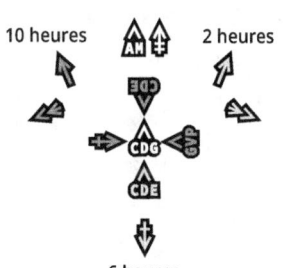

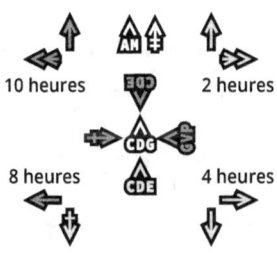

Image 85 : Si l'on connaît la direction de la menace, **il faut adapter le dispositif en conséquence**. Ce schéma montre un dispositif de halte longue avec une couverture face à trois directions dangereuses principales.

Image 86 : Si l'on ne connaît pas la direction de la menace, Il faut établir une couverture à 360 degrés homogène, face à toutes les directions.

Phase 3

125

gros du détachement sera dissimulé pendant la reconnaissance de l'emplacement de l'embuscade.[1]

16.a Prévention d'une attaque par l'arrière (contre-filature)[2]

Les techniques de contre-filature, comme marcher dans les ruisseaux ou se déplacer sous la pluie, sont efficaces pour dissimuler les mouvements. Il est toutefois irréaliste de supposer qu'un ennemi ne puisse pas suivre 50 hommes adultes lourdement chargés dans les bois. **Si l'on soupçonne que l'ennemi a pris le détachement en filature, la meilleure façon de rompre la filature consiste à tendre une embuscade surprise.**

Pour opérer une rupture de filature, deux modes d'action sont possibles, le **coude** et le **crochet**, afin de permettre au détachement de détruire l'ennemi en tendant une embuscade à un endroit favorable sur l'itinéraire suivi. Le CDT cherche d'abord une position favorable à gauche ou à droite de celui-ci et offrant des possibilités de couvert suffisantes pour dissimuler entièrement une section entière. Gardez à l'esprit qu'une section constitue un détachement important pouvant s'étaler sur plus de 50 mètres lors d'une halte (consulter l'Image 87, p. 127).

Un **coude** est effectué en quittant l'itinéraire en tournant à environ 90 degrés vers la gauche ou la droite, et en se déplaçant jusqu'à un emplacement à couvert afin que le détachement s'installe une embuscade, en mesure de détruire l'unité ennemie qui le suit en utilisant toute la puissance de feu disponible contre son flanc dans la kill box choisie (ce qui est plus efficace que de l'attaquer de front sur l'itinéraire simplement en se retournant face à lui).

Un **crochet** est effectué en quittant l'itinéraire en suivant une large boucle par la droite ou la gauche afin de revenir s'installer en embuscade à un endroit favorable pour attaquer de flanc l'unité ennemie progressant sur l'itinéraire.[3] Le crochet étant amorcé au-delà de l'emplacement de l'embuscade, il est moins repérable que le coude (car un changement brusque du cheminement risque de laisser des traces visibles), mais demande plus de temps (et par conséquent l'estimation de l'avance du détachement sur l'ennemi en filature est un facteur déterminant dans le choix du mode d'action).

Phase 3

---

1   **Situation réelle :** Faire une halte longue avant de rejoindre le point de regroupement avant l'objectif (PRO) prend du temps. Pour gagner du temps, les groupes peuvent omettre le PRO et passer directement du dispositif de halte longue à l'installation en embuscade car ce sont des éléments de taille réduite et plus discrets.

2   **Citation :** « Tu ne le chasses pas... c'est lui qui te chasse. » — Trautman dans First Blood à propos de Rambo

3   **Application des concepts :** Pour le coude et le crochet, le détachement peut utiliser des mines à effet dirigé. Vaut-il mieux les poser lorsque le détachement traverse la zone prévue pour la kill box, ou attendre que l'embuscade soit en place face à la kill box ?

Déplacements de contre-filature

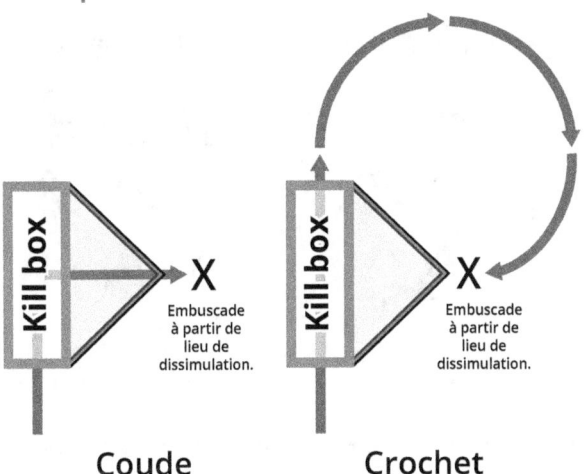

Coude

Crochet

Image 87 : Le coude et le crochet facilite l'attaque de l'ennemi par le flanc.

16.b Préparation d'une halte (organisation autour d'un point de référence)

Les deux améliorations qu'une halte longue apporte par rapport à une halte de courte durée sont un meilleur positionnement des soldats et de meilleurs secteurs de tir. En effet, un dispositif de halte longue est organisé **« en cascade »** et non en laissant les soldats s'arrêter là où ils se trouvent à ce moment-là. Après avoir ordonné une halte longue et mené un AOÉO (Arrêt, Observation, Écoute, Odeur), le CDT se rend immédiatement à l'endroit où il a décidé de placer le centre de la formation, c'est-à dire le point de référence. Les soldats vont ensuite se répartir autour du CDT, niveau par niveau.

Au sein d'un groupe, les chefs d'équipe rejoignent le chef de groupe. S'il y a une reconnaissance du chef, le GVMinimi et le GVP de l'équipe Alpha se rendent également au centre. Ces cinq soldats **déposent leurs sacs** à dos en croix, face à la direction de déplacement, ce qui oriente le reste du détachement (consulter l'Image 88, p. 128).

Un section suit le même principe. Le SOA et le CGA déposent leurs sacs à dos sous celui du CDS. Ensuite, le radio, l'AUXSAN et l'OA placent leurs sacs dans une

Centre de la halte longue

Centre de groupe   Centre de section

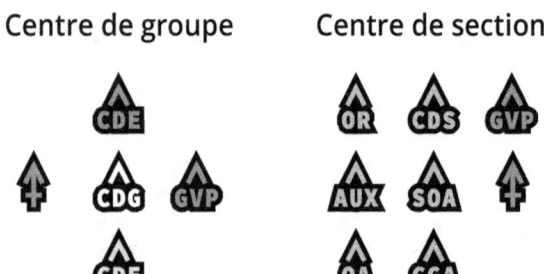

Image 88 : Lors d'une halte longue ou d'un point de regroupement, les chefs se trouvent par définition au centre. Le détachement prend comme référence l'alignement et la position de l'équipe de commandement pour s'aligner et se positionner. Voici deux méthodes pour organiser le commandement.

autre colonne à droite. Si une reconnaissance du chef est prévue, le GVP Alpha et un GVMinimi Alpha créent une autre colonne à gauche.

Lorsque le chef établit un centre, les soldats se positionnent, mais ne déposent pas encore leurs sacs à dos. Une position ne peut être finalisée que lorsqu'un chef la valide. Les équipes de mitrailleuse se dirige vers les itinéraires d'approche de l'ennemi les plus probables (par défaut, à 12 h). Par rapport au centre, les GVMinimi se positionnent sur d'autres itinéraires d'approche probables. Les GV forment un cercle approximatif, qui doit être corrigé et coordonné par les chefs d'équipe.

Les chefs doivent déposer leurs propres sacs à dos en premier, afin de pouvoir rejoindre les soldats et finaliser leurs positions le plus vite possible. Les chefs d'équipe comblent les vides, attribuent les secteurs de tir et donnent l'ordre aux soldats de déposer leur sac. Si un soldat dépose son sac à dos avant d'en avoir reçu l'ordre, il sera obligé de le remettre pour aller ailleurs. Les mitrailleurs peuvent faire exception à cette règle, car ils ne peuvent pas viser et tirer efficacement avec un sac à dos.

Lorsque le CDT ne désigne pas de point de référence précis, les échelons de commandement inférieurs doivent repositionner tout le monde et ajuster le dispositif parce que les soldats n'ont pas tous la même idée de l'endroit où se trouve le centre. Lors d'un mouvement de section, un tel repositionnement peut compromettre la sûreté pendant plus de dix minutes.[1]

---

1   **Situation réelle :** Établir un dispositif en cercle sans point de référence en pleine lumière du jour peut paraître facile, en revanche, que se passe-t-il si vous vous trouvez dans une jungle la nuit ? Et quand la tension augmente ou que le CDT est occupé ?

Image 89 : Des équipes de tireurs d'élite de la 3rd Armored Brigade, 1st Armored Division de l'U.S. Army et des forces terrestres koweïtiennes engagent une cible lors d'un exercice interarmes à tir réel. Près du camp Buehring, Koweït, 6 décembre 2016. **Notez comment les soldats de chaque poste de combat peuvent communiquer en silence.** Les deux soldats à droite sont en formation « patte de corbeau ».

Quelques lignes directrices du positionnement des soldats lors d'une halte longue peuvent être appliquées. Pour faciliter les liaisons, les soldats sont positionnés aussi près que possible les uns des autres, en étant à couvert et camouflés. Les soldats sont placés en « poste de combat » (voir à la section suivante). Les effectifs de chaque position sont proportionnels à la menace (par ex., plus importants face à un itinéraire d'approche que face à un marécage).

16.c Regroupement des soldats (poste de combat et « patte de corbeau »)

Il est généralement préférable de regrouper les soldats plutôt que de les laisser isolés : un soldat endormi a ainsi un camarade pour le réveiller ; les chefs gèrent moins de positions et perdent le contact avec moins de soldats (un gros problème dans l'obscurité) ; et les ordres peuvent être transmis deux fois plus rapidement. Un soldat qui repère un ennemi peut le garder à l'œil pendant que son camarade alerte un chef. Le regroupement des soldats n'est pas nécessaire pour une halte de courte durée de cinq minutes ou moins, mais c'est toujours une bonne pratique et il doit être appliqué pour une halte longue.

Le « **poste de combat** » est une technique qui attribue un secteur de tir à plusieurs soldats au lieu d'un seul soldat. L'utilisation de postes de combat permet à un soldat de quitter sa position sans qu'un autre soldat ne vienne le remplacer. Un chef peut également donner des secteurs doubles : chaque soldat se voit attribuer un secteur individuel et aussi le secteur du groupe. Par conséquent, les soldats peuvent eux-mêmes réattribuer leur secteur en fonction des besoins et également couvrir l'ensemble du secteur de tir si les autres soldats du poste de combat sont indisponibles pour une raison ou une autre.

Une pratique courante est que les soldats occupant un poste de combat adoptent une **formation en « patte de corbeau »**. Il s'agit pour deux ou trois soldats allongés sur le ventre d'imbriquer leurs pieds les uns dans les autres. Vu d'en haut, cela ressemble à une patte de corbeau. Chaque soldat se tourne de 15 à 90 degrés par rapport au soldat qui se trouve à côté de lui, en fonction de l'étendue du secteur de surveillance attribué au poste de combat (consulter l'Image 89, p. 129).

Les soldats utilisent leurs jambes/pieds pour signaler quelque chose en silence aux autres. Si un soldat observe un danger potentiel, il peut maintenir le contact visuel avec la cible et taper silencieusement sur le pied de l'autre soldat pour l'alerter. Le soldat alerté peut silencieusement informer un chef, fournir un appui ou effectuer toute autre tâche pendant que le premier soldat ne perd jamais de vue la cible.

16.d Sûreté à 360 degrés
(attribution des secteurs de tir)

Le terme « secteur de tir » a été défini dans l'introduction (consulter « Les choses à savoir (les concepts) », p. 18). Une erreur fréquente lors de l'attribution des secteurs de tir est de les répartir de manière égale, en attribuant par exemple à chaque soldat un secteur de surveillance de 30 degrés. Or, ceci est une erreur. Les soldats ne sont pas répartis de manière égale face aux itinéraires d'approche et aux marécages. Au contraire, **les secteurs sont ciblés** et attribués proportionnellement à la menace potentielle, et non à la superficie de la zone à couvrir.

Les secteurs doivent se recouvrir à partir de 35 mètres au maximum de la position (la portée d'une grenade à main), ou avant. La meilleure façon d'attribuer les secteurs est d'impliquer les soldats personnellement dans le processus. Agenouillez-vous à côté d'un soldat, ou allongez-vous juste à côté de lui (voire au-dessus de lui). Ensuite, au lieu d'indiquer rapidement deux arbres dans la forêt et de partir, donnez au soldat un azimut et dites-lui de choisir ses propres points de repère. Ou donnez-lui des points de repère et demandez-lui de choisir et confirmer son propre azimut.[1]

Même si plusieurs chefs peuvent attribuer des secteurs en même temps, un seul chef est responsable en dernier ressort des recouvrements (consulter « Coordination des secteurs de tir », p. 166). Dans un groupe, une fois que le chef d'équipe Bravo a terminé avec son équipe, il se concerte avec le chef d'équipe Alpha pour s'assurer qu'il n'y a pas de lacunes dans le dispositif. Dans une section, une fois que les groupes ont établis à leur niveau des secteurs qui

---

1   **Exemple** d'une distribution des secteurs de tir :

CDEA –   « Sors ta boussole. Dis-moi ce que tu vois à 300 degrés. »
GV –   « Cet arbre (il pointe). »
CDEA –   « Ok, limite gauche. Trouve un point de repère à 50 degrés. »
GV –   « Ce gros rocher. »
CDEA –   « Ok, limite droite. Direction principale du tir, cette route. »

Attribution des secteurs de tir

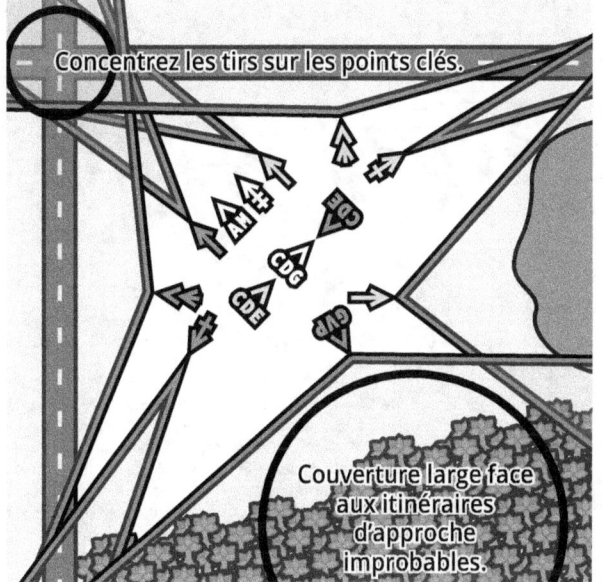

Image 90 : Les secteurs de tir n'ont pas besoin d'être, et même ne doivent pas être, uniformément répartis. **Les zones qui présentent un risque plus important exigent une couverture renforcée.**

se recouvrent les uns les autres, un chef désigné s'assure des recouvrements aux jonctions entre les groupes.

Tandis que chefs d'équipe attribuent des secteurs à leurs équipes, **la priorité des chefs de groupe et du commandement du détachement** est d'attribuer des secteurs aux mitrailleuses M240. Les équipes de mitrailleuse pointent vers les endroits par où les ennemis sont le plus susceptibles d'arriver, comme les axes ou les zones non surveillées. Les M240 ne s'imbriquent dans aucun secteur de tir, car elles doivent pouvoir changer de position sans perturber la couverture

Image 91 : Un sous-officier du 1st Battalion, 23rd Infantry Regiment, 1-2 Stryker Brigade Combat Team désigne un secteur de tir. Yakima Training Center, Washington, États-Unis, 02 novembre 2017. **Le chef se tient près du soldat afin de communiquer avec lui en préservant la discrétion.**

à 360 degrés de l'ensemble. Ainsi, si l'ennemi attaque un flanc, le CDT peut repositionner une M240 sur ce flanc, sans altérer la sûreté à 360 degrés.[1]

Un chef positionne l'équipe de mitrailleuse en se mettant à la place du mitrailleur (et en lui confiant sa propre arme le temps de le faire). Il détermine le secteur de tir en s'assurant que l'arme peut être déplacée de la limite gauche à la limite droite choisies et qu'il est possible de faire feu sans être gêné sur l'ensemble du secteur. Ensuite, le mitrailleur reprend sa place, le chef se place au-dessus de lui et déplace l'arme entre les limites, en décrivant ce vers quoi la M240 pointe afin que l'aide-mitrailleur comprenne. Toutes les instructions doivent être répétées et confirmées.

---

1 **Application des concepts :** On appelle «groupe d'appui à la manœuvre» un élément qui peut être retiré d'une partie du périmètre de sûreté et placé ailleurs, sans que cela altère la sûreté à 360 degrés. Les groupes d'appui à la manœuvre ne sont pas limités aux M240 et peuvent être composés de tout type d'éléments, par exemple un binôme de GV ou de grenadiers. Pourquoi l'équipe de mitrailleuse pourrait-elle être le groupe d'appui à la manœuvre standard ?

17. Point de regroupement avant l'objectif (PRO)[1]

Le point de regroupement avant l'objectif (PRO) est une zone dans laquelle les soldats se dissimulent pendant la reconnaissance de la zone d'embuscade par le CDT. Pour quelle raison est-il nécessaire de reconnaître une zone d'embuscade après avoir examiné une carte avant même le début de la mission ? Tout simplement parce que le terrain ne correspond jamais exactement à la carte. Dans des régions très boisées, des bûcherons peuvent déboiser une parcelle en l'espace d'une journée. Une grande zone que l'on présume densément boisée en se fiant à la carte devient alors un secteur ouvert, un endroit terrible pour une embuscade.

17.a Vérification de l'équipement (COA-A)[2]

Les contrôles et les vérifications sont des actions essentielles pour tout détachement. Le point de regroupement avant l'objectif (PRO) est un endroit approprié et le moment opportun pour procéder à une vérification car c'est le dernier point où les soldats ont encore une liberté de mouvement au sein de la formation.

Pour que les vérifications soient efficaces, elles doivent être effectuées de manière systématique et prédéterminée. Au cours d'une mission, il y a deux types principaux de vérifications du personnel et de l'équipement : **COA-A (Communications, Optiques, Armement, Attaches)** et **PAM (Personnel, Armement, Matériels)**, avec une attention particulière portée à la vérification PAM des M240. Une vérification PAM contrôle chaque pièce d'équipement avant l'embuscade. Elle dépend fortement de l'équipement spécifique que le détachement transporte. En tant que telle, elle dépasse le cadre de ce manuel.

La vérification **COA-A** est un contrôle abrégé de l'équipement effectué sur chaque soldat qui rejoint un élément de circonstance pour l'embuscade. Elle se concentre uniquement sur les équipements de communication, d'optique (matériel de vision nocturne), les armes et les attaches qui sécurisent l'équipement. La première personne qui mène une vérification COA-A est le CDT sur un autre chef. Son objectif est de montrer le niveau de vérification qu'il exige, en tenant compte du temps disponible et de la confiance qu'il accorde au détachement pour corriger ses propres lacunes. Une fois que le CDT établit la norme, il se soumet lui-même à une vérification COA-A. Ensuite, tous les chefs de détachement disponibles mènent la COA-A sur les soldats aussi vite que possible. À moins que les soldats

---

1   **Citation :** « Lors de la préparation de la bataille, j'ai toujours remarqué que les plans étaient inutiles, tandis que la planification était indispensable. » — Général Dwight D. Eisenhower (U.S. Army) Commandant suprême des forces expéditionnaires alliées en Europe du 06/12/1943 au 14/07/1945).

2   **Citation :** « La lenteur est la régularité, la régularité est la rapidité. » — Un dicton courant dans l'armée, signifiant que le moyen le plus rapide d'accomplir une tâche est d'être méthodique.

ne soient expérimentés et que l'on puisse leur faire confiance pour se vérifier les uns les autres, en général seuls les chefs vérifient l'équipement. Autrement dit : « Les chefs vérifient les chefs, les chefs vérifient les hommes ».

Le C (communications) est une vérification de tous les équipements radio du groupe et de leurs piles et batteries. Le O (Optique) sert à s'assurer que les dispositifs de vision nocturne sont opérationnels en vérifiant la capacité de vision de près et de loin, et que chaque soldat dispose d'une lampe frontale et de piles de rechange. Le A (Armement) consiste pour le chef et le soldat à échanger et à examiner leurs armes, ainsi qu'à vérifier que les chargeurs sont pleins. Le A (Attaches) consiste à vérifier que toutes les sangles et attaches de l'équipement du soldat sont correctement serrées pour s'assurer que les équipements sont solidement fixés afin d'éviter de faire du bruit.

17.b Séparation des éléments (PPHCA)

La reconnaissance d'un point de regroupement avant l'objectif (PRO) nécessite la constitution d'un élément de reconnaissance, ce qui entraîne la séparation du détachement en plusieurs éléments (consulter « Reconnaissance du PRO du chef de groupe », p. 135). Lorsque deux éléments se séparent, le chef de l'élément en reconnaissance donne un PPHCA au chef de l'élément en attente. **PPHCA** signifie : Point à atteindre, Personnel avec le chef, Heure limite, Conduite à tenir en cas de retard et Actions à entreprendre en cas de contact pour les deux éléments.

Les **PP** (Point à atteindre et Personnel avec le chef) sont simples à établir. Les trois autres points (c'est-à-dire **HCA**) sont un peu plus compliqués. Le **H** (Heure limite) n'est pas une estimation de la durée de la tâche (ici la reconnaissance du chef), mais plutôt un délai passé lequel il faudra agir. Même si l'élément en reconnaissance prévoit d'être absent pendant 15 minutes, l'heure limite peut être dans six heures. Le **H** n'est jamais une durée, mais une heure précise. (Par exemple, « Nous reviendrons à 15h00. ») .

Les deux derniers points (c'est-à-dire **CA**, Conduite à tenir en cas de retard et Actions à entreprendre au moment du contact) dépendent de l'analyse METE-DC (Mission, Ennemi, Terrain/Météo, Effectifs disponibles – Délais, Civils), mais peuvent être quelque peu normalisés pour un détachement. Un **C** standard est le suivant : « Contacte-moi par radio toutes les 5 minutes pendant 30 minutes. Si je ne réponds pas au bout de 30 minutes, rend compte au commandant de la compagnie pour avoir des instructions. Et si tu ne parviens pas à joindre le commandement, viens à notre recherche avec la totalité du détachement.».[1] Si le **H** (Heure limite) est dépassé, l'instruction **C** (Conduite à tenir en cas de retard) n'est jamais d'attendre plus longtemps avant de mettre en œuvre les instructions données, mais de toujours agir immédiatement. Et en aucun cas, le gros du détachement ne doit être divisé en plusieurs éléments, au risque de perdre non

---

1   **Application des concepts :** Si l'élément en attente contacte l'échelon supérieur, que peut-il lui demander et qu'est-ce que celui-ci peut lui fournir (le cas échéant) ?

plus seulement un élément (l'élément de reconnaissance du chef), mais deux éléments ![1]

Les Actions à entreprendre en cas de contact (le **A**) sont pour l'élément en reconnaissance (l'élément de reconnaissance du chef) de riposter et de se replier en direction de l'élément en attente. Et pour l'élément en attente de défendre la position, de contacter l'élément en reconnaissance et de rendre compte à l'échelon supérieur pour avoir des instruction. Si l'un ou l'autre des éléments ne peut rejoindre l'autre, il retourne au dernier point de regroupement.

Après qu'un chef a donné un PPHCA, ses subordonnés répètent les instructions et les montres sont synchronisées. Juste avant de se séparer, les deux éléments doivent effectuer un décompte de leurs effectifs (par exemple, en installant un passage obligé).

17.c Reconnaissance du PRO du chef de groupe

La reconnaissance du chef désigne à la fois l'action de reconnaissance et les soldats qui l'effectuent, et peut être conduite pour reconnaître tout type d'emplacement. Cette section décrit une façon courante d'effectuer la reconnaissance du chef d'un point de regroupement avant l'objectif (PRO) de groupe.[2] La reconnaissance du PRO est utile parce qu'un petit élément qui reconnaît une zone pour la première fois est moins susceptible d'être détecté (et donc plus en sûreté) qu'un détachement complet.

Pour un groupe, la reconnaissance du chef est composée de deux équipes : l'équipe du chef (par exemple, le chef de groupe, le chef d'équipe Alpha) et une

Phase 3

---

1 **Exemple** de PPHCA :

P   – Reconnaissance du chef du PRO ici. (Montrer sur la carte)

P   – CDEA, GVP Alpha et GVMinimi Alpha avec moi. (Désigner les soldats par leurs noms)

H   – Il est 19h00, retour prévu avant 21h00, dernier délai.

C   – Essaie de me contacter par radio toutes les 5 minutes pendant 30 minutes. Si je ne réponds pas au bout de 30 minutes, rend compte au commandant de compagnie pour avoir des instructions. Et si tu ne parviens pas à joindre le commandement, viens à notre recherche avec la totalité du détachement.

A   – En cas de contact avec l'ennemi, nous nous replierons pour revenir jusqu'ici et ensuite rejoindre ensemble le dernier PRER qui se trouve à 500 mètres à nos 6 heures. Si nous ne pouvons pas vous rejoindre, nous irons directement au dernier PRER et nous vous rejoindrons là-bas. Si vous êtes attaqué, défendez la position et nous reviendrons vers vous. Si vous ne pouvez pas tenir, repliez-vous vers le dernier PRER où nous vous rejoindrons.

2 **Situation réelle :** Les forces américaines emploient souvent une formation de déplacement spécifique et standardisée pour détecter l'ennemi. Les Nord-Vietnamiens connaissaient ce schéma, et quand ils entendaient les Américains se déplacer dans une formation en X, ils se faisaient discrets. Les Nord-Vietnamiens entendaient les Américains avancer à des centaines de mètres en terrains difficiles bien avant que les Américains ne les entendent. Une bonne reconnaissance du chef est-elle suffisante avec un unique AOÉO prolongé avant de rejoindre le groupe ?

Formations en losange

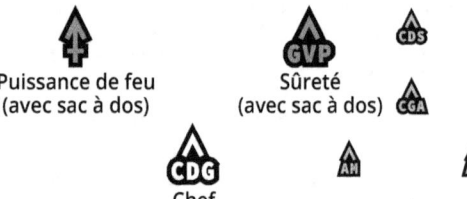

Image 92 : Formations en losange, utilisées pour la reconnaissance du chef. À gauche, exemple d'un groupe, à droite, d'une section.

équipe de surveillance et d'observation, par exemple, le GVP et le GVMinimi Alpha (consulter « Poste de surveillance et d'observation (S&O) », p. 139). Avant de partir, tous les soldats qui partent se rendent au centre du dispositif de halte longue pour la vérification COA-A. Si leur camouflage s'est dégradé, il doit être refait. Une fois prêt, le CDG donne un ordre PPHCA au plus gradé de l'élément restant en attente à portée de voix de lui). L'équipe de reconnaissance part en passant par un passage obligé où un décompte est fait.

L'emplacement de halte longue se situe à une distance de 150 à 300 mètres du PRO potentiel (en fonction de l'analyse METE-DC qui a été menée par le CDT). Pour un groupe, l'équipe de reconnaissance du chef se déplace en **formation en losange** avec le CDE Alpha (en charge de l'orientation) à l'avant et le CDG (élément de commandement) à l'arrière. Le GVMinimi est à gauche (car la bouche de la mitrailleuse est naturellement orientée vers la gauche lorsqu'elle est portée par un soldat droitier) (consulter l'Image 93, p. 137) (consulter l'Image 92, p. 136). La formation en losange est l'une des formations de déplacement les plus élémentaires, mais elle n'est souvent utilisée que pour de très petits éléments tels que les équipes de reconnaissance du chef (consulter l'Image 15, p. 38).

Une fois que l'équipe de reconnaissance du chef (ERC) a atteint le PRO envisagé, le chef de groupe procède à un AOÉO (consulter « Détection de l'ennemi – AOÉO », p. 48) et installe ensuite le poste de surveillance et d'observation (S&O) (consulter « Poste de surveillance et d'observation (S&O) », p. 139). Un bon PRO respecte l'acronyme **CHÉS-D** :

C – À couvert et camouflé

H – Hors de vue, d'écoute et des tirs d'armes légères (si vous pouvez tirer sur l'objectif, l'objectif peut vous voir)

Image 93 : Des marines de la A Company, 1st Battalion, 8th Marine Regiment, USMC, en **formation en losange**. Camp Lejeune, Caroline du Nord, 9 décembre 2019. Remarquez que le marine à l'arrière observe vers l'arrière pour assurer la sûreté sur les arrières.

É – À l'écart des cheminements (chemins que les gens suivent naturellement pour rejoindre des points d'eau, des champs ou zones de chasse)

S – Assez spacieux pour installer le détachement au complet

D – Facile à défendre pour une courte période. Le détachement doit être capable de défendre la zone pendant qu'un repli est organisé.

Une fois le poste de S&O installé, le CDG lui donne un PPHCA, et poursuit la reconnaissance. L'équipe du chef entre et sort du poste de S&O pour confirmer que la zone environnante est sûre. L'équipe du chef s'éloigne de 100 mètres (ou toute autre distance sans compromettre la sûreté), s'arrête et effectue un AOÉO, puis retourne au poste de S&O.[1] (consulter l'Image 94, p. 138).

Avant de retourner chercher le groupe, le CDG donne au poste de S&O, un **PPHCA modifié**. (Un PPHCA modifié ne contient que les changements par rapport au PPHCA initial et peut être remis après un PPHCA complet (consulter « Réarticulation des éléments (signaux de reconnaissance) », p. 141).

---

1 **Application des concepts :** Quelles sont les conditions du terrain qui peuvent exiger un seul ou au contraire plusieurs AOÉO ? Quel est le niveau de reconnaissance nécessaire pour un METE-DC (Mission, Ennemi, Terrain/Météo, Effectifs disponibles – Délais, Civils) ?

Reconnaissance du PRO

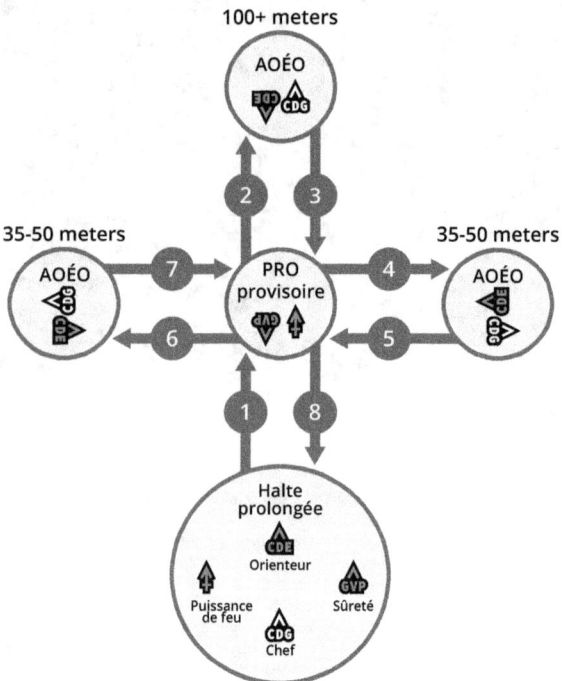

Image 94 : L'équipe de reconnaissance du chef cherche d'abord un bon point de regroupement provisoire avant la zone d'embuscade. Puis elle reconnaît le périmètre à la recherche de dangers. Dans cet exemple, la direction du déplacement est la plus dangereuse et doit faire l'objet de la première reconnaissance, de manière approfondie. **Un AOÉO (Arrêt, Observation, Écoute et Odeur) est mené à chaque étape. Les distances et les emplacements à reconnaître dépendent de la situation.**

17.d Poste de surveillance et d'observation (S&O)

Le poste de surveillance et d'observation (S&O) est une position d'observation dominante et camouflée, occupée par deux soldats qui surveillent et observent une zone pour y recueillir des renseignements importants, en particulier sur les mouvements potentiels de l'ennemi. Les deux soldats sont un GV (pour les liaisons) et un GVMinimi (pour la puissance de feu et la sûreté). Pour simplifier, les soldats de l'élément placé en S&O sont généralement le GVP et le GVMinimi Alpha (consulter l'Image 95, p. 140) du 1er groupe ou groupe de tête d'une section .

Toute opération de reconnaissance inclut un élément de S&O (reconnaissance du chef, reconnaissance avant jonction avec une autre unité). L'objectif de la S&O est (dans la mesure du possible) de surveiller 100 % de la zone cible 100 % du temps jusqu'à ce qu'elle soit occupée par le détachement. Compte tenu des arbres, des accidents du terrain, des masques divers, etc., les soldats en S&O doivent pouvoir au minimum voir 75 % de la zone cible, 95 % du temps **afin de pouvoir observer tous les mouvements dans la zone.**

Pour assurer une surveillance à 360 degrés, les deux soldats font face à des directions opposées et sont en contact physique pour permettre une communication non verbale. Si le poste de S&O est pris à partie par l'ennemi, ce sera très probablement à partir de la zone observée, de sorte que le GVMinimi fait face à 12h00 – la direction dangereuse la plus probable –, et le GV vers l'arrière à 6h00. Le GV doit obligatoirement être doté d'un système de communication (radio) en état de marche ! Un poste de S&O ne doit jamais être laissé sans moyen de liaison ! Enfin, à chaque installation d'un poste de S&O, le chef donne un PPHCA au chef d'élément (comme à chaque fois qu'un détachement se divise).

Phase 3

Image 95 : Deux sergents de la 82nd Airborne Division en poste de S&O assurent la sûreté. Fort Benning, Géorgie, 20 juillet 2016. **Notez que les deux hommes font face à des directions différentes et qu'ils peuvent communiquer silencieusement.** Ils portent des tenues de camouflage. Est-ce qu'elles correspondent bien à l'environnement ?

17.e Actions de l'élément en attente pendant la reconnaissance du chef

Pendant que la reconnaissance du chef est en cours, les chefs restants au niveau de l'élément en halte longue donnent leurs instructions. Ils diffusent aux soldats le PPHCA du CDT, s'assurent qu'ils sont éveillés et affinent les secteurs de tir. Lorsque le chef de l'élément en attente reçoit un message de retour de l'équipe du chef, il met l'élément en attente en ordre de marche en vue du déplacement vers le PRO. Les soldats remettent leurs sacs en binôme : l'un assure la sûreté pendant que l'autre enfile son sac à dos, chacun son tour.

Dès l'apparition de l'équipe du chef, les signaux de reconnaissance sont échangés (consulter « Réarticulation des éléments (signaux de reconnaissance) », p. 141). Une fois l'équipe de pointe contrôlée, le responsable du gros du détachement l'inclut dans les effectifs de la halte longue. Le responsable du gros reste à l'avant de la formation, pour former un passage obligé et décompter le détachement au départ du PRO.

L'équipe du chef guide le groupe au PRO. Les soldats restent en position un genou au sol en assurant la sûreté jusqu'à ce que vienne leur moment de se lever et de partir.

17.f Réarticulation des éléments (signaux de reconnaissance)[1]

Une « sûreté » à 360 degrés ne sert à rien si n'importe qui peut s'approcher du détachement. Le détachement doit s'assurer de la nature de toutes les « ombres » dans la nuit avant qu'elle n'approchent, sinon il doit ouvrir le feu. Les détachements utilisent des signaux de reconnaissance préétablis pour identifier les autres personnes. Ces signaux sont employés chaque fois que deux éléments entrent en contact l'un avec l'autre (par exemple, le retour d'une équipe de reconnaissance du chef ou d'une équipe de ravitaillement en eau).

Les signaux de reconnaissance sont complexes et incluent en général deux niveaux de reconnaissance : la reconnaissance à proximité et la reconnaissance à distance. En zone sûre, le détachement peut se contenter de recourir à un unique niveau fiable par échange radio FM (modulation de fréquence) avec un plan PACU prévoyant différentes options face aux événements inopinés. Dans une zone dangereuse, il peut aussi utiliser un système à trois niveaux (consulter « Communications et liaisons », p. 242).

À mesure que l'élément de reconnaissance se rapproche de l'élément en attente, le chef de l'élément en attente doit être prêt à recevoir les signaux. Par conséquent, le détachement doit également disposer d'un plan de réception. Cela signifie qu'il faut allumer les radios et peut-être aussi désigner une période seulement pendant laquelle les activités de communication sont autorisées. Pour les signaux visuels, il faut également s'assurer que quelqu'un les observe.

On entend par **signaux de reconnaissance à distance** les communications qui ne précisent pas l'emplacement de l'émetteur ou du récepteur. Par exemple, l'utilisation d'une radio FM ne révèle pas l'emplacement des interlocuteurs, tandis que le fait de crier dans un champ laisse deviner l'emplacement de celui qui crie. Toutefois, si l'ennemi parvient à déterminer l'origine des émissions FM, la radio FM cesse d'être un signal de reconnaissance à distance efficace (consulter l'Image 96, p. 142).

Le moyen pour effectuer une reconnaissance à distance le plus courant est la radio FM, bien qu'il existe une infinité d'options. Par exemple, les « boîtes aux lettres mortes » sont utilisées pour la reconnaissance à distance dans des contextes où les délais ne sont pas contraints. Pour créer une boîte aux lettres morte, un élément peut vérifier à distance, par exemple, un arbre (la boîte aux lettres morte) toutes les heures. Un autre élément peut placer un signal visible (la lettre) sur l'arbre correspondant à un message préalablement convenu.

Les **signaux de reconnaissance à proximité** révèlent les emplacements de ceux qui les échangent (consulter l'Image 97, p. 142). Par conséquent, la reconnaissance à proximité est dangereuse et doit être codée pour éviter que quelqu'un puisse découvrir le sens d'un signal par hasard. Par ailleurs, les signaux de reconnaissance à proximité sont évités la nuit, lorsque deux éléments doivent beaucoup trop se rapprocher l'un de l'autre pour distinguer un ami d'un ennemi

Phase 3

---

1 **Citation** : « Pour réveiller un tigre, utilisez un long bâton. » — Mao Zedong, père fondateur de la République populaire de Chine.

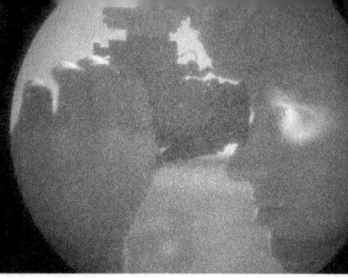

Image 96 : Un caporal du 1st Light Armored Reconnaissance Battalion, 1st Marine Division fait un contrôle radio lors d'une patrouille de reconnaissance. Base Arnaud, Nouvelle-Zélande, 27 octobre 2017. Les radios et les téléphones satellites sont des moyens de communication à distance courants.

Image 97 : Un marine américain du Force Reconnaissance Platoon, Maritime Raid Force, 26th Marine Expeditionary Unit règle un appareil de vision nocturne. 23 janvier 2016. **Les confirmations visuelles et sonores sont des signaux de reconnaissance à proximité.**

s'ils utilisent des moyens de communication tels que la vue ou la reconnaissance vocale (consulter l'Image 99, p. 143).

Un exemple de réarticulation d'éléments serait le suivant. Lorsque l'élément en mouvement (ÉM) se rapproche à portée d'audition de l'élément en attente (ÉA), le chef de l'ÉA donne l'ordre à l'élément « inconnu » de faire halte en utilisant la radio FM pour une reconnaissance à distance. L'ÉM s'arrête. Ensuite, le chef de l'ÉA donne à l'ÉM un ordre codé et préétabli (par exemple, « Déplacement rouge » pour un déplacement vers la droite). Si l'ÉM réagit correctement au code, il peut alors être considéré comme ami par l'ÉA et peut donc le rejoindre.

Autre scénario possible : quand l'ÉM entre dans le champ de vision de l'ÉA, le chef de l'ÉA lui donne l'ordre de s'arrêter. L'ÉM s'arrête et fait immédiatement un signal d'arrêt pour une reconnaissance à proximité (p. ex., l'ÉM montre un panneau VS17 - panneau air-sol orange/rose utilisé dans les armées américaines). L'ÉA confirme qu'il a reçu le signal approprié et indique à l'ÉM de continuer son chemin. Étant donné que les deux éléments sont à vue l'un de l'autre, il est possible d'utiliser les signaux de reconnaissance à proximité même si les radios ne fonctionnent pas. Une détachement peut utiliser une infinité de signaux (consulter « Options de communication PACU », p. 242).

Des échanges de mots de passe sont nécessaires si deux éléments doivent se rejoindre très rapidement, par exemple lors d'un contact avec l'ennemi. Une combinaison de mots de passe célèbre employée lors du jour du débarquement en Normandie (Jour J) lors de la Deuxième Guerre mondiale était la suivante : le premier soldat disait « Flash » (éclair) et le second répondait par « Thunder » (tonnerre). De même, un **mot de passe « en courant »** (c'est-à-dire crié en courant) est utile lorsque l'ÉM est poursuivi par un ennemi et n'a pas le temps d'envoyer des signaux. Faute de mot de passe, tout élément qui s'approche pourrait être pris pour un ennemi et être abattu ; assurez-vous par conséquent d'utiliser des signaux de reconnaissance.

Image 98 : Des parachutistes de la 82nd Airborne Division fournissent un appui lors d'un exercice de tir réel. Fort Bragg, Caroline du Nord, 28 mars 2017. La nuit, ils sont hors de vue, cachés par l'obscurité.

Image 99: Les mêmes parachutistes que sur l'image de gauche, sous une fusée éclairante. L'obscurité de la nuit offre-t-elle une couverture fiable ? Même les ennemis les plus pauvres se procurent des appareils de vision nocturne sur internet.

17.g Occupation du point de regroupement avant l'objectif (PRO)

Pour occuper un PRO, la première étape consiste à quitter la halte longue. Au moment où le détachement quitte les lieux, le chef d'équipe Bravo ou le SOA établit un passage obligé et vérifie la présence de tous les soldats ; en effet, des soldats endormis peuvent être accidentellement oubliés.

Au moment de quitter la halte longue, tous les soldats ne se relèvent pas en même temps ; un soldat ne se relève que lorsque c'est son tour de se déplacer. Il arrive souvent que la sûreté à 360 degrés ne soit pas assurée parce que les soldats ont les yeux rivés sur le passage obligé et qu'ils sont tous tournés vers celui-ci. Le CDT peut également décider de l'ordre des départs et demander à des éléments spécifiques de partir, l'un après l'autre.

Il existe des dizaines de méthodes possibles pour occuper un PRO selon les détachements et les circonstances. La méthode la plus simple consiste à occuper le PRO selon les mêmes modalités que la halte longue, à quelques différences près. La M240 est positionnée sur son trépied (affût léger M192). Une vérification beaucoup plus approfondie des soldats, des armes et de l'équipement est menée au lieu d'un simple COA-A. Les chefs d'équipe établissent ensuite des secteurs de tir et interrogent les soldats sur leurs tâches pendant que le CDT effectue une reconnaissance de l'objectif. Le détachement rend compte à l'échelon supérieur : « PRO en place ».

Dispositif d'embuscade linéaire

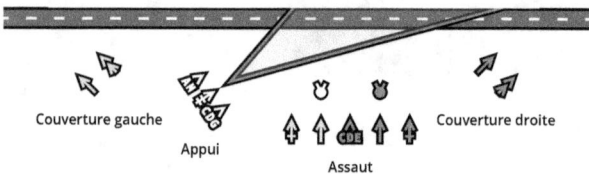

Couverture gauche

Appui

Assaut

Couverture droite

Image 100 : Le but est de mettre en place une embuscade linéaire de base. Celle-ci inclut trois emplacements (deux de sûreté et un d'embuscade) et six positions (chaque sûreté a une position principale et secondaire, et les assauts et le soutien par le feu ont chacun une position).

18. La mise en place
de l'embuscade

La mise en place d'une embuscade qui a été préparée avec une reconnaissance exhaustive garantit un plus grand nombre d'ennemis tués et le moins de pertes du côté ami. La première étape consiste à reconnaître le terrain en menant une reconnaissance du chef, suivie du placement et des instructions aux soldats. Ce chapitre aborde des points précis, mais n'oubliez jamais qu'il existe une infinité d'imprévus et de scénarios, dont seulement quelques-uns sont mentionnés ici. Il ne faut pas croire que l'ennemi se laissera piéger deux fois par le même type d'embuscade ![1]

La reconnaissance du chef de la zone de l'embuscade est un processus complexe qui inclut une douzaine d'emplacements et de déplacements. Pour commencer, la reconnaissance du chef de la zone de l'embuscade est semblable à la reconnaissance du chef du PRO jusqu'à ce que l'équipe de reconnaissance du chef (ERC) quitte le groupe (consulter « Reconnaissance du PRO du chef de groupe », p. 135).

Un contact avec l'ennemi est plus probable dans la zone de l'embuscade qu'au niveau du PRO puisque l'objectif (c.-à-d. l'axe objet de l'embuscade) est, par nature, un lieu de circulation. Par conséquent, les mouvements doivent être extrêmement lents et prudents. Les déplacements à proximité de l'objectif sont à éviter absolument. Si l'équipe de reconnaissance du chef est repérée, l'embuscade deviendra une embuscade improvisée ou échouera complètement.

---

1 **Citation :** « Il y a un vieux dicton dans le Tennessee , je sais que ça se dit au Texas, probablement dans le Tennessee, qui dit : « Trompe-moi une fois, honte sur... honte sur toi. Trompe-moi... on ne peut pas se laisser tromper encore une fois. » — George W. Bush, Président des États-Unis et Commandant en chef des forces armées américaines

Reconnaissance de l'objectif

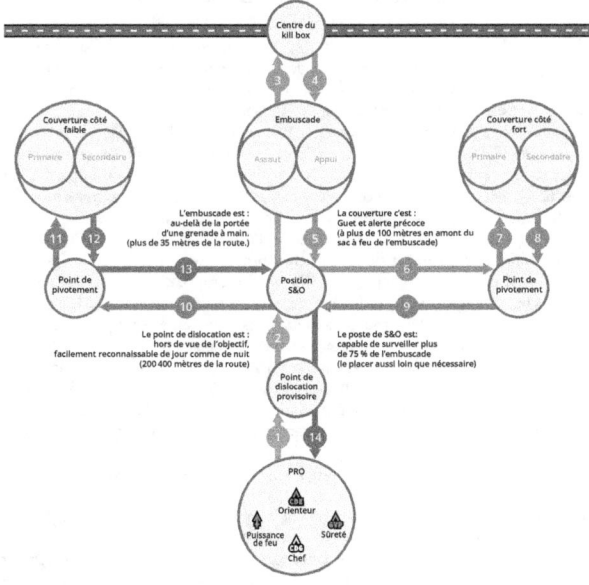

Image 101 : La reconnaissance du chef de la zone d'embuscade (qui comprend les emplacements du point de dislocation, du poste de S&O, de la kill box, de l'appui, de la base d'assaut et de la couverture) est un processus complexe qui comprend 14 mouvements différents (présentés ici dans l'ordre numérique) et 11 à 15 emplacements, selon la manière de compter. **Cette image sert de référence globale pour les trois phases de la reconnaissance du chef (consulter « Reco du point de dislocation, du poste de S&O et de la kill box », p. 146) (consulter « Reco du chef des emplacements des éléments d'appui et d'assaut », p. 148) (consulter « Reco du chef des emplacements des éléments de couverture », p. 153).** Pendant la lecture, reportez-vous à cette image pour avoir une vue d'ensemble des lieux, des mouvements et de la séquence des événements dans l'ordre où ils sont présentés dans ce manuel.

18.a Reco du point de dislocation, du poste de S&O et de la kill box

Pour mieux suivre, utilisez le schéma de la reconnaissance du chef de la zone d'embuscade (consulter l'Image 101, p. 145). La reconnaissance du chef est appropriée pour la zone d'embuscade, de la même manière que pour le PRO, car un petit élément qui reconnaît une zone pour la première fois risque moins d'être détecté (et est donc plus en sûreté) qu'un détachement complet.

Avant de partir en reconnaissance, le CDT demande au chef de l'élément restant en attente de vérifier les soldats et leurs équipements, et de leur relayer les informations sur la situation. Le chef de l'élément en attente doit en particulier s'assurer que chaque homme connaît le dernier PRER (point de regroupement en route) en cas d'événement imprévu remettant en cause l'embuscade.

En se dirigeant vers la zone d'embuscade, l'équipe de reconnaissance du chef (ERC) détermine un **point de dislocation provisoire**. (Provisoire, car le point de dislocation est proposé au début de la reconnaissance du chef et confirmé à la fin). Le point de dislocation (P DIS) se situe à mi-chemin entre le PRO et l'endroit de l'embuscade. C'est l'endroit où le détachement est en attente pendant que le CDT met successivement les différents éléments en place pour l'embuscade. Bien qu'il ne soit pas strictement nécessaire, le P DIS est utile, car il permet d'accélérer l'exécution de l'embuscade. Le PRO est relativement éloigné de l'objectif, et la mise en place se fait en trois vagues (couverture, appui et assaut), de sorte qu'il est plus rapide pour le CDT de récupérer les différents groupes au P DIS afin de les déployer aux emplacements choisis.

Lorsque que le CDT identifie un P DIS provisoire, il doit veiller à ce que celui-ci soit :

Hors de vue – mais pas forcément hors de portée du son de l'objectif ; et,
Facilement reconnaissable – de jour comme de nuit.

Par ailleurs, dans l'idéal, le P DIS est sur une ligne droite entre le PRO et l'objectif, afin de faciliter l'orientation. C'est pourquoi le P DIS est provisoire ; si le P DIS n'est pas sur une ligne droite, le CDT peut en choisir un autre.

Après avoir déterminé un P DIS provisoire, le CDT place l'élément de S&O dans une position bien abritée et camouflée et lui donne un PPHCA. L'élément de S&O est placé entre le P DIS provisoire et l'objectif, et doit être en mesure d'observer au minimum 75 % des positions d'appui et d'assaut, plus si possible. Il doit en particulier assurer la couverture de l'ERC lorsqu'elle confirme l'objectif (consulter « Poste de surveillance et d'observation (S&O) », p. 139).

En arrivant à l'objectif, le CDT doit s'assurer qu'il s'agit de l'endroit prévu. Le CDT et son équipier marchent prudemment (ou rampent si nécessaire) près de l'axe, font face à des directions opposées et utilisent leurs boussoles. Chacun confirme l'azimut de l'axe et les caractéristiques du terrain. Même avec les cartes et les GPS modernes, deux axes semblables proches l'un de l'autre peuvent facilement être confondus s'ils ne sont pas vérifiés.

Au-delà de la confirmation de l'exactitude de la zone de l'embuscade, c'est le moment d'analyser si l'emplacement est adéquat. Une fois l'objectif confirmé, le CDT reconnaît l'emplacement de l'embuscade et les emplacements des éléments de couverture. Celui qui conditionne les autres est reconnu en premier. Par exemple,

Image 102 : Des soldats du 166th Civil Engineer Squadron, Delaware Air National Guard réagissent à une embuscade. Redden State Forest, Georgetown, Delaware, 15 juillet 2017. **Notez comment le lieu de l'embuscade applique le cadre ZASAT-CPLA, et à quel point ces soldats sont exposés.**

Image 103 : Un sergent technicien du 166th Civil Engineer Squadron, Delaware Air National Guard attend de tendre une embuscade à un convoi lors d'un entraînement aux déplacements en convoi. Redden State Forest, Delaware, 15 juillet 2017. Notez comment le lieu de l'embuscade applique le cadre ZASAT-CPLA

imaginons que l'embuscade se déroule le long d'un axe long d'un kilomètre et qu'il n'y ait que quelques bons endroits pour tendre une embuscade. Dans ce cas, la kill box dicte l'emplacement des éléments de couverture et l'emplacement de l'embuscade est reconnu en premier. Il se peut aussi que l'axe soit sinueux et vallonné et que l'élément de couverture en amont de l'embuscade ne puisse alerter de l'approche de l'ennemi qu'à partir de quelques endroits seulement. Dans ce cas, l'emplacement exact de l'embuscade dépend des emplacements des éléments de couverture et ceux-ci sont reconnus en premier. Dans le cadre de ce manuel, l'emplacement de l'embuscade est reconnu en premier.

Pour ce faire, le CDT recherche le long de l'axe l'emplacement idéal pour l'embuscade. Un bon emplacement peut déterminer le succès ou l'échec d'une embuscade ; c'est pourquoi la reconnaissance prend autant de temps qu'il est raisonnable pour observer autour de soi. Une kill box idéale répond au cadre **ZASAT-CPLA** :

ZA – aucune Zone Aveugle entre la lisière et l'axe (pas de talus, fossés, etc., que l'ennemi pourrait utiliser pour se couvrir.

SAT – Secteur d'Assaut et de Tir dégagés entre la base d'assaut et la limite d'avance (LDA).

C – Camouflage (par ex., végétation épaisse) et couverture

P – terrain Plat (pour permettre aux mitrailleuses de balayer à hausse constante et minimiser les zones aveugles).

L – cinquante mètres de Large.

A – Arbres de quarante-cinq centimètres de diamètre pour placer les mines à effet dirigé afin éviter que leur souffle arrière ne projettent vers l'arrière (c.-à-d. en direction de la base d'assaut) des « shrapnels » de bois arrachés à des arbres plus jeunes.

Les facteurs sont illimités, y compris la fréquentation de l'axe, les itinéraires de repli ou les lieux d'arrivée prévus des renforts ennemis. Toutefois, l'endroit idéal pour monter une embuscade n'existe pas dans la réalité. Même le meilleur emplacement ne répond pas à toutes les exigences, et un compromis est nécessaire. Par exemple, il se peut qu'un emplacement ne soit pas recouvert d'arbres pour les mines à effet dirigé, tandis qu'un autre n'offre pas de couverture suffisante pour se dissimuler.

18.b Reco du chef des emplacements des éléments d'appui et d'assaut

Pour mieux suivre, utilisez le schéma de la reconnaissance du chef de la zone d'embuscade (consulter l'Image 101, p. 145). Le but de la reconnaissance du chef des emplacements des éléments d'appui et d'assaut est de trouver les meilleures positions afin que l'efficacité de l'embuscade soit maximale.

Une fois que le CDT a repéré le meilleur emplacement pour la kill box, il choisit un repère pour le désigner. Le marqueur doit être quelque chose de facilement reconnaissable, à la fois fixe et ordinaire, et que l'ennemi ne pourra pas distinguer : par exemple une grosse branche ou un panneau. Les meilleurs marqueurs existent souvent déjà sur le bord d'une route, comme un poteau téléphonique, une barrière....

Ensuite, le CDT revient sur ses pas et recherche les meilleures positions à partir desquelles attaquer la kill box. Quatre systèmes d'armes sont utilisés : **M240, Minimi, M4 et mines à effet dirigé (type Claymore ou MAPED)**. Pour éviter que les feux sur un seul secteur ne relèvent que d'un seul système d'armes, chacun d'eux couvre 100 % de la kill box, permettant ainsi une couverture redondante (consulter l'Image 104, p. 149).

La première position à reconnaître est celle des éléments d'appui, car en fonction des possibilités offertes par le terrain, il sera peut-être nécessaire de déplacer la kill box. Il est impératif que pour l'embuscade la puissance de feu de la (ou des) mitrailleuse(s) M240 calibre 7,62 mm soit utilisable à 100 %. L'emplacement choisi doit permettre de tirer directement sur l'avant des véhicules se présentant sur l'axe, de l'autre côté de la base d'assaut (consulter l'Image 105, p. 150). Par conséquent, lorsque l'ennemi arrive, la M240 tire sur le moteur du véhicule juste devant la base d'assaut. Il faut aussi veiller à ce que la M240 installée sur son trépied puisse couvrir la totalité de la kill box, l'équipe de mitrailleur étant en position allongée (consulter l'Image 106, p. 150). À cet effet, quand il choisit l'emplacement, le CDT se met en position allongée pour le confirmer. Il marque ensuite la position avec un repère, en veillant à ce qu'il ne soit pas visible depuis la route.

Pour reconnaître la base d'assaut (Minimi et M4), le CDT revient au point central de la kill box. À partir de là, il suit une direction perpendiculaire à la kill box jusqu'à la lisière des couverts (consulter l'Image 107, p. 151) (consulter l'Image 108, p. 151). Il décide de l'emplacement de la base d'assaut selon deux critères : suffisamment à couvert pour éviter une détection par l'ennemi, mais à une distance telle qu'elle permette à l'élément d'assaut d'attaquer rapidement

Recouvrement des secteurs de tir

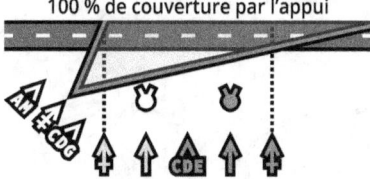

100 % de couverture par l'appui

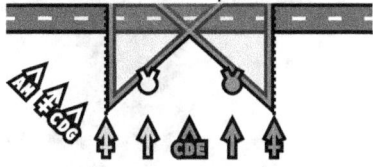

100 % de couverture par les Minimis

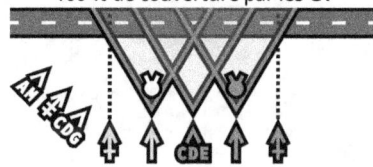

100 % de couverture par les GV

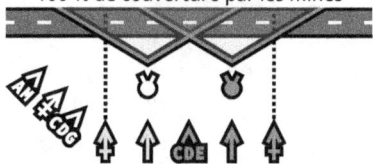

100 % de couverture par les mines

Image 104 : Lors d'une embuscade, les redondances sont essentielles ; **aucun secteur de la zone de tir n'est attribué à une seule arme au cas où celle-ci ne pourrait pas faire feu**. En général, chaque système d'arme couvre 100 % de la kill box pour que chaque partie de la zone soit couverte plus d'une fois. Dans notre exemple, l'embuscade occupe une couverture de 400 % de la kill box.

Phase 3

Image 105 : Un mitrailleur de la A Company, 4th Battalion, The Royal Regiment of Scotland se prépare à ouvrir le feu sur des insurgés à 600 mètres de distance. Nahr-e-Saraj, Afghanistan, 2 juillet 2011. **La portée effective maximale d'une M240 est de 1100 mètres. À quelle distance de la kill box l'élément d'appui peut-il être positionné ?**

Image 106 : Des soldats slovènes effectuent un exercice à tir réel avec une mitrailleuse FN MAG. Postonja, Slovénie, 15 octobre 2015. Ils sont dissimulés grâce à la distance qui les sépare de la kill box. Comment les éléments d'appui et d'assaut se coordonnent-ils à distance ? Où devrait se situer le CDT ?

Image 107 : Une équipe de la E Company, Battalion Landing Team, 2nd Battalion, 1st Marine Regiment, 11th Marine Expeditionary Unit dirige un exercice d'embuscade avec une équipe de soldats malaisiens. 29 août 2014. **La protection est insuffisante pour la base d'assaut. Quelle solution ont les soldats pour y remédier ? Peuvent-ils déplacer l'embuscade ?**

Image 108 : Des marines de la L Company, 3rd Battalion, 25th Marine Regiment, 4th Marine Division, Marine Forces Reserve. Air Ground Combat Center (centre de combat aéroterrestre) Twentynine Palms, Californie, 14 juin 2015. **Ce groupe de combat en embuscade rencontre un problème inverse : il est protégé, mais est insuffisamment camouflé. Que peut-il faire pour améliorer cela ?**

la kill box.[1] Le chef de l'élément d'assaut (C.ASS) sera positionné à cet endroit, directement face au centre de la kill box. Quand il s'agit d'une embuscade linéaire, le CDT pivote ensuite de 90 degrés et marche parallèlement à la route, sur une longueur égale à la moitié de la base d'assaut afin de déterminer l'une des extrémités de la kill box. Soyez précis ; servez-vous d'une boussole ! D'autres formes d'embuscade sont décrites ci-dessous (consulter « Situations imprévues », p. 183).

Chaque extrémité de la base d'assaut sera occupée par une Minimi. Les GVMinimi se trouvent généralement aux extrémités pour fournir la puissance de feu requise pour s'opposer à un débordement éventuel de l'ennemi et couvrir le périmètre de la kill box lors de la phase de sécurisation après l'assaut, et pour ouvrir le feu sur l'ennemi sous plusieurs angles différents.[2]

Quand il repère la position d'une Minimi, le CDT prend également la visée avec son fusil pour s'assurer que le GVMinimi aura une bonne vue sur la kill box. Il marque la position puis fait demi-tour pour répéter l'opération à l'autre

---

1   **Situation réelle :** La distance standard est 35 mètres. Cette distance est utile car une M240 sur trépied et une base d'assaut de groupe standard conviennent parfaitement pour avoir une couverture à 100 % de la kill box. De plus, la longueur des fils des mines à effet dirigé Claymore est également d'environ 35 m. Cependant, imaginez un désert tout à fait plat, sans aucun couvert, à quelle distance de la kill box doit-on placer la base d'assaut ?

2   **Situation réelle :** Une embuscade avec des troupes étrangères a été menée par un soldat des forces spéciales américaines. Il s'est placé au centre de la base d'assaut en tant que chef de l'élément d'assaut et GVMinimi parce que les troupes étrangères ne maîtrisaient pas la M249.

Organisation de la base d'assaut

Mauvaise : rigidement géométrique

Mauvaise : trop resserré

Bonne : couverture et espacement

Image 109 : En recherchant et en organisant une base d'assaut, **n'adoptez pas un espacement fixe entre les éléments**. Exploitez le terrain. Les soldats peuvent s'espacer davantage lorsqu'ils donnent l'assaut.

extrémité de la base d'assaut. Le CDT peut également confier à son équipier la tâche de repérer l'autre Minimi simultanément.

Ensuite, le CDT repère les positions des GV qui sont, en gros, espacées de manière uniforme sur la ligne entre les deux GVMinimi. Le CDT recherche des emplacements offrant un bon couvert et une bonne protection, un secteur de tir et un couloir d'assaut dégagés. Servez-vous d'une boussole pour vous assurer que les tirs seront perpendiculaires à la kill box (consulter l'Image 107, p. 151) (consulter l'Image 108, p. 151) !

La base d'assaut est adaptée au terrain, ce qui signifie que le placement des soldats ne doit pas être guidé par la géométrie avec un alignement et des espacements réguliers (consulter l'Image 109, p. 152). Tant que les risques de tirs fratricides sont éliminés et qu'un alignement approximatif est maintenu, les soldats peuvent ajuster leurs positions afin d'être à couvert et protégés. S'il y a des arbres ou des fossés à proximité, la ligne doit être ajustée pour tenir compte des meilleurs positionnements possibles. Une fois les reconnaissances des emplacements des éléments d'appui et d'assaut achevées, le CDT et son équipier retournent au poste de S&O.

18.c Reco du chef des emplacements des éléments de couverture

Pour mieux suivre, utilisez le schéma de la reconnaissance du chef de la zone d'embuscade (voir Image(consulter l'Image 101, p. 145). Le but de la reconnaissance du chef des emplacements des éléments de couverture est de trouver des endroits qui permettront à ceux-ci d'assurer une couverture efficace du dispositif de l'embuscade.

Chaque emplacement de couverture comprend deux postes : un poste primaire et un poste secondaire. Le poste primaire est occupé avant le déclenchement de l'embuscade et le poste secondaire est occupé après le déclenchement. Ces deux postes sont proches l'un de l'autre, mais ont des caractéristiques différentes.

La mission du **poste primaire** est le guet et l'alerte, c'est à dire alerter sur le trafic sur l'axe en provenance de la direction de l'ennemi, et d'identifier les éléments ennemis en approche (IDP – IDentification Positive). À cet effet, le poste primaire doit normalement avoir une visibilité d'au moins 100 à 200 mètres en amont de la route/du chemin.[1] Il faut donc essayer d'établir le poste primaire sur un point haut ou en retrait d'une courbe, avec un couvert suffisant et des vues au plus loin. Le camouflage prime sur la protection car si l'ennemi repère l'élément, l'embuscade entière sera compromise.

À partir du **poste secondaire**, et dès le déclenchement de l'embuscade, l'élément de couverture doit neutraliser tout élément ennemi entrant ou sortant de la zone d'embuscade. Par conséquent, un bon poste secondaire doit offrir des

---

1   **Situation réelle :** Un véhicule roulant à 60 km/h parcourt 100 m en 6 secondes : est-ce un délai acceptable pour une alerte précoce ? Un élément d'alerte sans une vue lointaine est inutile.

secteurs de tir dégagés permettant un emploi efficace de toutes les armes.[1] En règle générale, un poste secondaire est donc beaucoup plus proche de la route que le poste primaire (consulter l'Image 110, 1 et 2, p. 155).

Le poste secondaire doit également offrir une bonne protection. Durant une embuscade, les balles perdues amies comme ennemies sont susceptibles de toucher l'élément de couverture. Par conséquent, le couvert par rapport à l'objectif de l'embuscade (la kill box) est prioritaire au couvert par rapport à l'axe lui-même. Un excellent poste secondaire est un fossé sur le bord de la route avec des broussailles permettant de se camoufler. Si le poste secondaire est à couvert des tirs de l'élément d'assaut, celui-ci peut ouvrir le feu avec ses M4 sur un ennemi en direction de l'élément de couverture, en dernier recours ; par exemple, si l'ennemi déborde et se retrouve entre l'élément d'assaut et celui de couverture.

Bien qu'il soit nécessaire de tenir compte de ces facteurs, il existe un nombre pratiquement illimité de facteurs lors du placement des éléments de couverture, par exemple :

- La vitesse de déplacement habituelle de l'ennemi (c.-à-d., réagit-il lentement ou rapidement quand il est pris à partie).
- La densité et la fréquence des déplacements sur l'axe.
- La durée requise pour la mise en place d'une embuscade improvisée.
- La difficulté à trouver des emplacements de couverture, et ensuite à les quitter.
- Le manque de radios et de solutions de secours en cas de défaillance des équipements.
- Les lignes de tir et les zones de souffle arrière pour les AT4 (LRAC à usage unique).
- La vitesse à laquelle les soldats peuvent se déplacer d'un endroit à l'autre, etc.

Pour la reconnaissance des emplacements des éléments de couverture, le CDT commence et termine son parcours au poste de S&O auquel il fournit un autre PPHCA modifié.[2] Ensuite, le CDT et son équipier (ensemble, l'équipe du chef) reconnaissent les emplacements du côté où l'ennemi est censé surgir, appelé « côté fort ».[3] Le côté opposé est appelé « côté faible », l'ennemi ne devant pas normalement arriver de cette direction. L'équipe du chef progresse à l'azimut le long de l'axe jusqu'à ce qu'elle trouve un endroit pour tourner à 90 degrés vers l'axe. Cet endroit est appelé le « point de pivotement ».

---

1 **Application des concepts :** Quels sont les avantages de donner à l'élément de couverture une mine à effet dirigé Claymore ou un LRAC AT4 ? Comment les armes supplémentaires servent-elle à isoler l'objectif ? Pourquoi les donner à l'élément de couverture au lieu de les employer directement au profit de l'embuscade ?

2 **Exemple** d'une modification du PPHCA :
CDS –   « Je vais reconnaître les emplacements de la couverture. Retour avant 17h30. Aucun autre changement. »

3 **Application des concepts :** Certains estiment que le chef de groupe et le chef d'équipe Alpha, s'ils sont expérimentés, peuvent se séparer et reconnaître simultanément chacun un des emplacements de la couverture. Quelles situations peuvent, d'il y en a, justifier un tel mode d'action ?

Image 110, 1 et 2 : Des parachutistes du 1st Squadron, 91st Cavalry Regiment, 173rd Airborne Brigade de l'U.S. Army en couverture. Champ de tir de Pocek en Slovénie, 2 décembre 2016. À gauche, **un emplacement de couverture primaire** sur une colline. Le terrain et la végétation offrent un camouflage suffisant, et le soldat dispose de ligne vues lointaines. À droite, **un emplacement de couverture secondaire**. Il est bien protégé de toutes les directions et est rapidement accessible à partir de l'emplacement primaire.

Le **point de pivotement** est similaire au P DIS, facilement identifiable de jour comme de nuit, et hors de vue de l'ennemi. Il doit être suffisamment identifiable pour que le CDT puisse donner des indications précises et une description claire à l'élément de couverture.

Depuis le point de pivotement, l'équipe du chef tourne à 90 degrés et se dirige vers l'axe pour trouver une bonne position de couverture. La raison de ce déplacement en forme de L est qu'il faut éviter de marcher en diagonale entre le poste de S&O et l'emplacement de la couverture afin de rester au plus loin de la route, afin de rester en sûreté lors de la mise en place. Une fois arrivé à l'emplacement provisoire du côté fort, le CDT effectue un AOÉO et reconnaît deux emplacements, primaire et secondaire. Une fois que le côté fort a été reconnu, l'équipe du chef retourne au poste de S&O, donne un autre PPHCA et reconnaît le côté faible. Si le détachement manque de temps et que le CDT fait confiance à la capacité de l'élément de couverture pour trouver un emplacement adéquat, il peut laisser celle-ci s'installer sans reconnaissance préalable, car il s'agit de l'itinéraire d'approche le moins probable de l'ennemi.

Une fois que tous les emplacements ont été reconnus, le CDT redonne un PPHCA au poste de S&O (qui continue à surveiller l'objectif) lui indiquant que le détachement va se déplacer vers le P DIS. Sur le cheminement qu'il suit pour revenir au PRO, le CDT finalise le P DIS, et soit marque l'emplacement provisoire repéré à l'aller comme définitif, soit en trouve un meilleur. L'équipe du chef utilise les signaux de reconnaissance pour rejoindre le gros du détachement en attente au PRO.

18.d Attribution des postes de commandement

Certains postes lors d'une embuscade exigent une réflexion critique et des qualités de chef. Toutefois, un détachement ne dispose que d'un nombre limité de chefs aux qualifications diverses, et ceux-ci doivent donc être placés avec soin afin d'exploiter au mieux leur potentiel. En règle générale, le CDT est avec l'arme la plus létale, la M240. Il s'agit non seulement de contrôler l'arme, mais aussi de s'assurer que l'équipe de mitrailleuse déplace son tir sur l'ennemi le plus menaçant, et de permettre au chef d'avoir une bonne vue sur la zone d'embuscade afin d'être en mesure de réagir.

Le poste de chef de l'élément d'assaut (C.ASS) est plus variable. En 2016, une école de l'U.S Army enseignait que ce devait être le chef d'équipe Alpha. Toutefois, en 2018, ce poste a été attribué au chef d'équipe Bravo. Cela a libéré le chef d'équipe Alpha (normalement le plus expérimenté des deux) pour diriger l'élément de couverture. (Théoriquement, ce changement apporte un plus « qualitatif » à l'élément de couverture, mais alourdit la charge sur le chef d'équipe Bravo).

18.e Occupation du point de dislocation

Le point de dislocation (P DIS) est le dernier lieu de regroupement avant l'arrivée dans la zone de l'embuscade, où les soldats attendent que les chefs viennent les chercher pour les amener aux emplacements qui ont été reconnus. C'est à cet endroit que les derniers détails doivent être finalisés. Par exemple, si le nombre de radios est limité, elles sont redistribuées en amont (par exemple, du poste de S&O à l'élément de couverture). Le gros du détachement rejoint le P DIS après que l'ERC est revenue au PRO pour le guider vers le P DIS.

Au P DIS, le détachement est divisé en trois éléments dans l'ordre de leur mise en place : Couverture, Appui et Assaut. L'élément de couverture est toujours placé en premier parce qu'il pourra détecter au plus tôt l'arrivée d'un ennemi ; sinon, les éléments d'appui et d'assaut seraient pris au dépourvu.

Lors de la mise en place de la couverture, les éléments d'appui et d'assaut assurent une **sûreté à 360 degrés** au P DIS. (Notez toutefois que la zone environnante est normalement sûre. Derrière le P DIS, le PRO a été occupé pendant une période prolongée ; et à l'avant, la reconnaissance du chef a exploré la zone et laissé un poste de S&O en place).

Les sacs à dos peuvent être laissés au PRO ou amenés jusqu'au P DIS.[1] Dans tous les cas, la répartition des sacs selon trois colonnes Couverture, Appui et Assaut permettra de faciliter le repli, les soldats sachant où se trouvent leurs sacs (consulter l'Image 113, p. 158). Si les sacs à dos sont regroupés au P DIS, les sacs à dos de l'élément en poste de S&O doivent y avoir être amenés et être

---

1   **Situation réelle :** Normalement, en situation opérationnelle, les sacs à dos sont laissés au PRO. (Ils sont amenés au point de dislocation lors des exercices uniquement pour éviter les vols.)

Attribution des postes de chefs

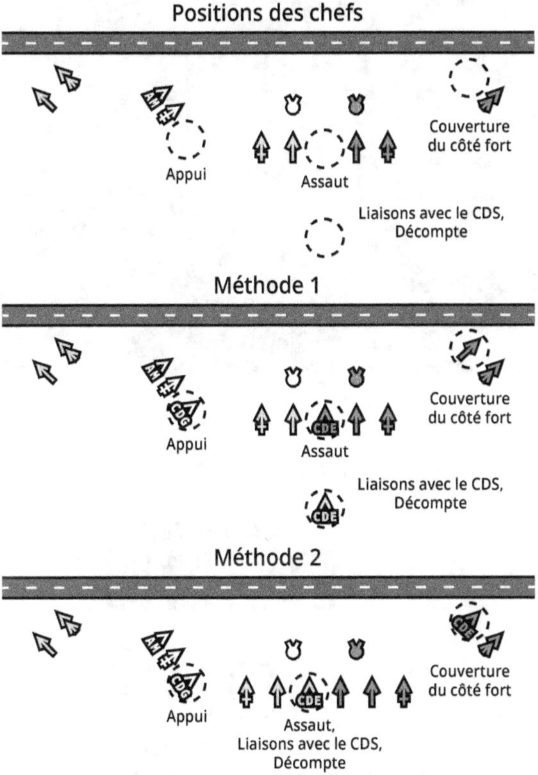

Positions des chefs

Méthode 1

Méthode 2

Image 111 : Lors d'une embuscade, un chef est à la tête de chaque élément pour le commander (ou plutôt hurler des ordres). Le premier schéma indique les quatre positions de chef pour cette embuscade de groupe : appui, assaut, couverture côté fort et liaison avec le chef de section. De nombreux facteurs déterminent l'attribution des postes de chef. **Toutefois les deux facteurs principaux sont le degré d'importance du poste pour l'embuscade et l'expérience des soldats** (c'est-à-dire le niveau d'encadrement dont ils ont besoin). Par exemple, l'élément de couverture côté faible a toujours moins d'importance que l'élément d'appui, raison pour laquelle celui-ci est le premier à se voir attribuer un chef.

Phase 3

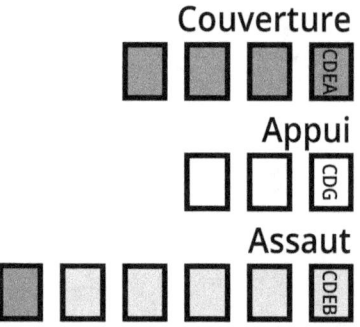

Image 112 : Des soldats du 1st Battalion, 30th Infantry Regiment, 2nd Infantry Brigade Combat Team, 3rd Infantry Division préparent leurs sacs à dos pour une mission d'entraînement au Sénégal. Fort Stewart, Géorgie, 07 juillet 2016.

Organisation des sacs à dos

Couverture

```
[ ] [ ] [ ] [CDEA]
```

Appui

```
[ ] [ ] [CDG]
```

Assaut

```
[ ] [ ] [ ] [ ] [ ] [CDEB]
```

Image 113 : Organisation possible des sacs à dos au PRO ou au point de dislocation. **Laisser les sacs à dos de manière organisée permet un repli rapide, chaque soldat sachant où récupérer son propre équipement après l'embuscade.** Les soldats sont également répartis selon les trois éléments (couverture, appui, assaut) pour assurer la sûreté, et un tel rangement des sacs accélère la mise en place.

placés dans le dispositif, étant donné que cet élément est déjà sur la zone de l'embuscade.

18.f Mise en place des éléments de couverture et cadre d'ordre ERAC

Le CDT peut mettre en place lui-même les éléments de couverture ou, s'il fait confiance à ses soldats, il peut leur décrire les points de repère des emplacements et les points de pivotement qu'il a repérés et les laisser aller se mettre en place. Quoi qu'il en soit, avant de partir, le CDT leur donne un ordre ERAC et les fait répéter. **Le cadre d'ordre ERAC**[1] constitue un mini-plan d'action pour l'élément de couverture :

Ennemi – Caractéristiques de l'ennemi qui vont déterminer si l'élément de couverture va : 1) prendre à partie l'ennemi ; 2) laisser passer l'ennemi ; et/ou 3) rendre compte au CDT. L'objectif principal des éléments de couverture est d'identifier l'ennemi, et c'est à ce moment que lui sont rappelés les critères à identifier et la conduite à tenir ; ces éléments sont aussi appelés « critères d'engagement » (consulter l'Image 114, p. 160).

Repli – Circonstances et critères qui font que l'élément doit retourner au P DIS. Ces critères doivent tenir compte de tous les scénarios, ce qui signifie souvent qu'il faut les assortir d'un délai.

Abandon – Les facteurs qui déclencheront l'abandon de la mission.

Compromission – Que faire si la couverture est compromise ? Il existe deux types de compromission : les compromissions « certaines » et les « possibles ». Les « certaines » sont celles où l'ennemi sait que vous êtes là (par exemple, lorsqu'un éclaireur ennemi vous a repéré). Les « possibles » sont celles où l'ennemi pourrait savoir que vous êtes là (par exemple, un tir d'artillerie au loin). La limite qui sépare la compromission « certaine » de la « possible » est un sujet de discussion régulier car c'est une question d'appréciation. Chaque compromission nécessite un plan d'action différent.

Phase 3

---

1   **Exemple** d'ordre ERAC du CDT :

Ennemi – 20 PAX en uniforme à pied ou cinq véhicules blindés légers au maximum. Tout élément supérieur ne sera pas attaqué. Déclenchement de l'embuscade uniquement sur mon ordre.

Repli – Repli 20 minutes après le premier tir indiquant le début de l'embuscade ; deux minutes après avoir entendu l'explosion de la démolition ; quand vous entendez «Mise à feu 3 » ; ou à 23h00 au plus tard.

Abandon – Abandon en cas 1/ de compromission par un ennemi supérieur, 2/ de tirs d'artillerie sur l'objectif ou autour, 3/ d'arrivée d'une force de réaction ennemie, 4/ sur ordre, ou 5/ 23h00 au plus tard.

Compromission – En cas de compromission certaine, tenter d'intercepter l'individu. Après interception ou si interception impossible, rendre compte. En cas de compromission certaine, rester à couvert tant qu'il n'y a pas d'engagement direct et rendre compte. En cas de prise à partie par l'ennemi, tirer les AT4, deux chargeurs, lancer des fumigènes et rompre le contact en se dirigeant vers le point de dislocation.

Image 114 : Des troupes serbes traversent une embuscade dans le cadre d'un scénario d'escorte de convoi lors de l'exercice Platinum Wolf 15. Base sud, Serbie, 26 novembre 2014. Les assaillants ne devraient pas engager un véhicule blindé avec seulement des fusils. **Cet exemple montre la nécessité de critères d'engagement adéquats.**

Une fois que les deux éléments de couverture ont répété l'ERAC au CDT, celui-ci donne un PPHCA au chef du P DIS et au poste de S&O pour leur signaler qu'il va mettre en place l'élément de couverture du côté fort. Le CDT et un équipier (par exemple, le chef d'équipe qui a initialement reconnu les emplacements) guident l'élément de couverture côté fort jusqu'à son emplacement et procèdent de nouveau à un AOÉO (Arrêt, Observation, Écoute, Odeur). Le CDT place l'élément de couverture à son emplacement primaire et lui indique son emplacement secondaire.

    Le CDT effectue ensuite un contrôle radio avec l'élément de couverture et le poste de S&O pour vérifier les liaisons, puis informe le poste de S&O et le chef du P DIS de son retour. Lorsqu'il retourne au P DIS, le CDT échange des signaux de reconnaissance avec le chef du P DIS. Le CDT répète les mêmes étapes que ci-dessus pour mettre en place l'élément de couverture du côté faible.

18.g Méthodes de mise en place des éléments d'appui et d'assaut

Après avoir mis en place la couverture, le CDT doit guider les éléments d'appui et d'assaut du P DIS jusqu'à la zone d'embuscade, tout en récupérant l'élément en poste de S&O en mi-chemin. Pour cela, plusieurs méthodes sont possibles, dont les deux suivantes : la Méthode 1 divise les soldats entre élément d'appui et élément d'assaut ; la Méthode 2 divise les soldats entre élément de gauche et élément de

Méthodes de mise en place

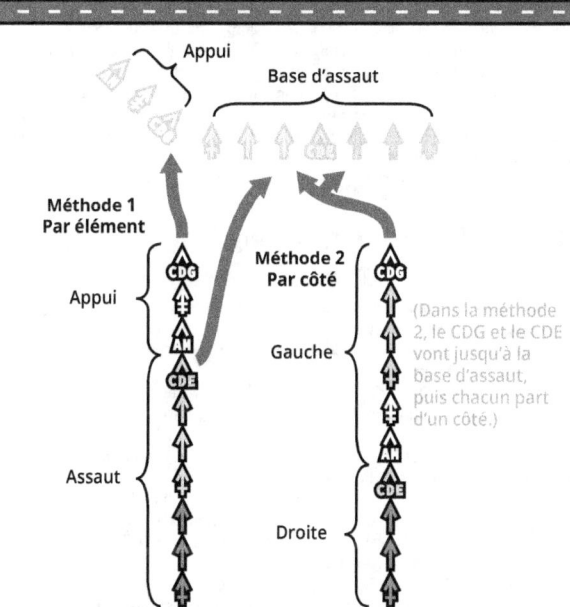

Image 115 : Différentes méthodes de mise en place des éléments d'appui et d'assaut. Les avantages de chaque méthode sont en réalité minimes, mais il est nécessaire d'en adopter une car **n'importe quelle méthode vaut mieux qu'une absence de méthode**. Remarquez que les deux derniers soldats de chaque colonne sont ceux du poste de S&O, qui ont été récupérés au passage du détachement.

droite. Les deux soldats de l'équipe du CDT qui ont effectué la reconnaissance du chef (le CDT et un équipier) peuvent placer des soldats simultanément (consulter l'Image 115, p. 161).

Méthode 1 : le CDT met en place l'élément d'appui en premier, pendant que son équipier met en place l'élément d'assaut. Cette méthode offre l'avantage de pouvoir réagir immédiatement en installant une embuscade dans la foulée en cas d'arrivée prématurée de l'ennemi. De plus, la mise en place d'un élément à la fois est simple. Cette simplicité est d'autant plus importante que l'embuscade est menée sur un front plus large, passant d'une embuscade de groupe à une embuscade de section pour laquelle le chef de section (CDS) dispose de trois équipes de mitrailleuse et ne peut donc pas s'occuper de la base d'assaut. L'inconvénient est que l'élément d'assaut n'est pas complètement mis en place tant que le CDT n'est pas revenu et n'a pas vérifié la mise en place de l'élément d'assaut (ce qui prend globalement plus de temps).

Méthode 2 : les deux soldats de l'équipe du CDT qui ont effectué la reconnaissance du chef se placent au centre de la base d'assaut et partent chacun dans une direction (à droite et à gauche), plaçant chaque soldat au fur et à mesure. Quand les soldats sont en colonne, ils se placent sur la base d'assaut, du plus près au plus loin de son centre. De cette manière, le soldat suivant à placer se retrouve juste derrière le chef qui le met en place. Cette deuxième méthode a pour avantage d'accélérer la mise en place, car le CDT et son équipier, chacun de son côté, placent d'emblée chaque soldat au bon emplacement (les emplacements ont été marqués au préalable durant la reconnaissance du chef).

18.h Mise en place de l'élément d'appui[1]

Le CDT repère le marqueur (posé pendant la reconnaissance du chef) de l'emplacement de l'élément d'appui et ordonne à l'aide-mitrailleur (AM) de poser le trépied (l'affût léger M192). Le mitrailleur installe et verrouille discrètement la M240 sur le trépied.

Le CDT remet son fusil au mitrailleur et se met derrière la M240. Il règle la hausse de l'arme afin d'obtenir un tir rasant (à environ un mètre de hauteur afin de tirer sur les moteurs et au niveau des hanches). Le secteur de tir de la M240 couvre 100 % de la kill box et la limite droite fait un angle de 15 degrés minimum par rapport à la base d'assaut. Afin de garantir cet angle, l'arme est réglée de sorte que la mitrailleuse viennent en butée (« métal contre métal ») sur le trépied, et ne puisse pivoter au-delà de la limité fixée. Pour la limite de tir opposée, un ruban adhésif est posé sur la platine de réglage de hausse et de dérive pour empêcher la M240 de pivoter.

Après avoir déterminé les limites droite et gauche et réglé la butée « métal contre métal », le CDT rend sa place au mitrailleur et récupère son fusil. Il s'allonge ensuite sur le mitrailleur et déplace physiquement la mitrailleuse jusqu'aux limites gauche et droite, jusqu'en butée, et donne un SPC–DC (voir ci-après) au mitrailleur et à l'aide-mitrailleur.

---

1 **Citation :** « Quand on veut tirer dans l'obscurité, mieux vaut avoir une mitrailleuse. » — Craig Reucassel, humoriste australien de télévision et de radio

Image 116 : Des soldats de la C Company, 1st Battalion, 157th Infantry Regiment, 86th Infantry Brigade, Garde nationale du Colorado se mettent en place pour une embuscade. Camp Ethan Allen, Jéricho, Vermont, 23 janvier 2017. La dissimulation est fournie par le léger relief devant la base d'assaut, insuffisant pour dissimuler un homme debout, ce qui explique que la mise en place est **effectuée en rampant pour éviter d'alerter l'ennemi**, comme cela est couramment le cas. Si les délais le permet, le ramper peut être utilisé à chaque emplacement et durant la reconnaissance du chef afin de favoriser la discrétion.

Image 117 : Exercice à tir réel du Palehorse Troop (peloton Palehorse), 4th Squadron, 2nd Cavalry Regiment. Zone d'entraînement de Grafenwoehr, Allemagne, 24 février 2016. **Le C (Camouflage) du cadre d'ordre SPC–DC est-il bien appliqué ?** La couleur des branches de pin correspond-elle aux broussailles environnantes ? Chaque fois que ce soldat bouge la tête, il crée des mouvements de végétation non naturels. Le camouflage ne doit jamais sembler « sortir de la tête ».

18.i Mise en place de l'élément d'assaut et SPC–DC

L'emplacement de chaque soldat a été marqué au sol durant la reconnaissance du chef.[1] (Si les repères ne sont plus très visibles, effectuer une nouvelle reconnaissance). Les GVMinimi sont généralement placés à chaque extrémité de la base d'assaut afin de fournir une puissance de feu suffisante en cas de tentative de débordement de l'ennemi, de maintenir la largeur de la kill box lors de la sécurisation après l'assaut, et de faire feu sur l'ennemi à partir de plusieurs angles.

Une fois la base d'assaut mise en place, l'équipier du CDT vérifie (au besoin à la boussole) que la base d'assaut est globalement parallèle à l'objectif (c.-à-d. l'axe) afin d'éviter de donner l'assaut en diagonale. Au besoin il réaligne et réoriente les soldats avec des ordres simples comme « Recule d'un mètre ».

Chaque GVMinimi doit disposer de deux tambours de munitions pleins. Le tambour alimentant la Minimi peut être enfoncé à moitié dans le sol pour

---

[1] **Situation réelle :** Le CDT peut charger un ou deux soldats de la sûreté arrière afin de prévenir une contre-attaque ennemie. Si l'ennemi connaît les tactiques des forces américaines, il sait probablement que les arrières d'une embuscade linéaire sont généralement peu protégés puisque chaque soldat fait face à la kill box et que le bruit des armes masque les tirs ennemis. Si un seul ennemi arrive sur les arrières du dispositif, il peut neutraliser l'ensemble des soldats du détachement, un à un.

stabiliser l'arme. Le second tambour est attaché à la Minimi afin de permettre un changement le plus rapide possible juste avant l'assaut, à la fin de la phase initiale de l'embuscade (l'assaut doit être donné avec un tambour plein, même si le précédent n'a pas été entièrement consommé). Chaque GV dispose également de deux chargeurs pleins à côté de lui pour un remplacement rapide.

Une fois prêts, le CDT et son équipier donnent les SPC–DC, en commençant par les GVMinimi. Si c'est le CDT qui est responsable du placement et des ordres à chaque élément, il peut déléguer ou partager la responsabilité avec son équipier puisque celui-ci commande l'assaut. Les **SPC–DC** dépendent de l'analyse METE-DC (Mission, Ennemi, Terrain/Météo, Effectifs disponibles – Délais, Civils),[1] mais il y a toujours certains concepts généraux à prendre en compte :

Secteurs de tir – La priorité est de donner des secteurs de tir aux GVMinimi et aux M240 (consulter « Coordination des secteurs de tir », p. 166). Donnez à chaque GV (doté du fusil M4) un secteur approximatif avec une limité gauche à ses 10h00 et une droite à ses 02h00. Le chef se tient derrière le GV et déplace son fusil de la limite gauche à la limite droite pour lui indiquer son secteur.

Priorité de cibles – Des cibles prioritaires sont attribuées à chaque arme. Les priorités sont déterminées par les capacités de chaque arme. Idéales pour immobiliser les véhicules ennemis, les M240 doivent tirer en priorité sur le compartiment moteur, puis sur la cabine du véhicule, et enfin sur les soldats débarqués. Dans les embuscades de section, chaque M240, de gauche à droite, vise respectivement l'avant, le milieu et l'arrière des véhicules. Les GVMinimi visent le compartiment de l'équipage ou l'arrière des véhicules, ensuite les cabines des véhicules, et enfin les personnels qui ont débarqués des véhicules. Chaque GVMinimi prend d'abord pour cible les véhicules les plus proches. Les M4 sont des armes précises, et les GV visent donc d'abord les soldats débarqués, puis les cabines des véhicules. Lorsqu'il n'y a plus de cibles, les armes alimentées par bandes (M240 et Minimi) commencent à balayer leurs secteurs pour maintenir la brutalité et la violence de l'action.

Couloir d'assaut – Lors d'une embuscade linéaire, les couloirs d'assaut de chaque soldat vont droit devant eux. Le CDT informe chaque soldat de sa direction. Pour les embuscades non linéaires, les couloirs d'assaut sont plus complexes (consulter « Situations imprévues », p. 183).

Cadence de tir – Trois cadences de tir : maximale, rapide et modérée. « Maximale » signifie que l'on tire avec une arme automatique aussi vite que possible ; « rapide » est plus lent que « maximale » ; et « modérée » est encore plus lent (consulter « Cadence de tir », p. 237). La cadence de tir des mitrailleuses est généralement maximale pendant les 15 premières

Phase 3

---

1   **Exemple** de SPC–DC :

Secteur de tir – « Limite gauche 10h00, limite droite 2h00. Couverture en place à 9h00 et 3h00. »

Priorité des cibles – « Priorité no 1, les personnels débarqués, ensuite la cabine. »

Couloir d'assaut – « Droit devant. »

Débit – « Rapide, mais maximal si les tirs de mitrailleuse diminuent. »

Camouflage – « Reste camouflé pendant que je continue à donner mes ordres. »

Image 118: Un soldat de la Force d'autodéfense terrestre japonaise rampe haut tout en effectuant un exercice de mise en place discrète au centre d'instruction (Division Schools) de la 1st Marine Division lors de l'exercice Iron Fist 2014. Camp Pendleton, Californie, 11 février 2014. **Remarquez à quel point ce soldat se fond dans son environnement.**

secondes de l'embuscade (la majorité des ennemis sont tués lors des premiers tirs). Ensuite, la cadence peut ralentir à la cadence rapide pendant les 15 secondes suivantes. Le chef peut ordonner une cadence de tir plus faible si l'unité est à court de munitions.

La cadence de tir des M4 est modérée, car leur but premier est de viser et éliminer des cibles spécifiques et non de créer de la violence. Pour éviter que tous les M4 ne manquent de munitions en même temps, certains M4 tirent à une cadence rapide. De plus, lorsque les mitrailleuses ne peuvent pas tirer, certains M4 peuvent passer à la cadence maximale pour augmenter la puissance de feu globale de l'embuscade.

Camouflage – Tout soldat doit se camoufler et tout chef doit camoufler ses soldats. Le camouflage n'entre pas dans le cadre de ce manuel, mais il y a quelques règles de base à retenir. Prenez toujours les matériaux servant au camouflage (branches, terre...) à l'arrière du dispositif afin de ne pas dénuder la végétation ou le sol entre le dispositif de l'embuscade et l'objectif. Il faut adapter le camouflage à la position spécifique et non à la zone générale. (Par exemple, un tas de branches ne semblera pas naturel si l'arbre le plus proche se trouve à 15 mètres). Ne placez jamais rien au-dessus de la tête. Les têtes bougent et amplifient les mouvements des branches placées dessus. Les yeux humains détectent dans l'ordre le mouvement, les contours et enfin la couleur (consulter l'Image 117, p. 164) (consulter l'Image 118, p. 166).

18.j Coordination des secteurs de tir [1]

Le CDT attribue à chacune des armes un secteur de tir pour l'embuscade pour trois raisons :

▸   Pour éviter les tirs fratricides. Un secteur de tir évite toutes les positions amies, positions dont le soldat risque de ne plus se souvenir en plein combat.

---

1   **Citation :** « Les bombardements en grappes des B-52 sont très, très précis. Les bombes touchent toujours le sol. » — U.S Air Force, inconnu

Points de repère pour la coordination

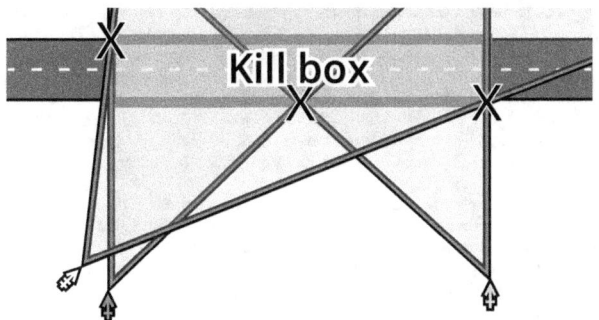

Image 119 : La reconnaissance du chef permet d'organiser le plan de feu (voir Image 104, p. 149) (voir « Reconnaissance du chef des emplacements des éléments d'appui et d'assaut », p. 146). Ce schéma montre comment mettre ce plan en pratique. Une bonne coordination des feux pour une M240 et deux Minimis ne nécessite que trois points de repère. **Notez que les points de repère gauche et droit se trouvent chacun d'un côté de l'axe.** Ne traversez pas l'axe car il est facile d'être repéré sur l'axe, ce qui risque de compromettre la mission.

Phase 3

▸ Pour recouvrir les secteurs de tir afin de garantir une couverture complète. Si tous les soldats concentrent leurs tirs sur un ennemi, un deuxième ennemi peut apparaître dans une zone non surveillée. Par conséquent, le fait d'attribuer à chaque soldat un secteur qui recouvre partiellement ceux à sa droite et à sa gauche permet de battre la zone entière et d'éviter les zones aveugles.

▸ Pour superposer les secteurs de tir d'armes différentes afin d'avoir une couverture redondante. Une couverture complète ne repose jamais sur un unique système d'armes.

La coordination et le recouvrement des feux s'effectuent généralement à l'aide de limites de tir standard.[1] Les limites de tir sont comme les secteurs de tir, mais plus spécifiques, les secteurs de tir sont chacun constitués de deux limites de tir (consulter « Sûreté à 360 degrés (attribution des secteurs de tir) », p. 130).

Pour les GVMinimi dans une embuscade linéaire, la limite gauche du GVMinimi gauche est à 90 degrés par rapport à l'axe, et sa limite droite est le centre de la kill box ; la limite droite du GVMinimi droit est à 90 degrés par rapport à l'axe, et sa limite gauche est le centre de la kill box. Ceci est le principe, mais tant que les deux Minimis se recouvrent pour couvrir 100 % de la kill box, les limites de tir peuvent se situer n'importe où (consulter l'Image 119, p. 167).

---

1 **Application des concepts :** Comment un SOA peut-il coordonner les tirs lors d'une réaction à un contact ?

Lorsque les limites gauche et droite des GVMinimi ont été déterminées, elles peuvent être données directement aux mitrailleurs des M240. En utilisant les mêmes limites (avec les ajustements appropriés), cela garantit une couverture de la kill box identique pour les deux systèmes d'arme, et donc une couverture à 200 % de la kill box. Les GV M4 peuvent se voir attribuer des secteurs plus larges et approximatifs (par exemple, « Tes limites gauche et droite sont 10h00 et 2h00 ») pour une couverture de 300 % de la kill box.

On ne doit pas sous-estimer l'importance de s'assurer que les soldats se souviennent parfaitement de leurs limites de tir et les comprennent bien. Voici cinq **exemples de communication des limites de tir** (l'idéal étant d'utiliser plusieurs méthodes à la fois) :

▸ S'allonger sur le soldat ou à côté de lui, saisir son arme et l'orienter vers un élément reconnaissable (visible de jour comme de nuit) : plus l'élément est « remarquable », meilleur sera le souvenir.

▸ Marcher jusqu'à l'élément près de la route et faire un signal.

▸ Utiliser un laser infrarouge (par exemple, un AN/PEQ-15) pour désigner la limite.

▸ Placer des piquets (butées) de chaque côté de l'arme pour limiter physiquement les mouvements à gauche et à droite.

▸ Demander au soldat de se servir de sa boussole et de choisir ses propres repères selon l'azimut que vous lui indiquez.

Au moment de choisir un repère à proximité ou éloigné, sur ou en dehors de la route, n'oubliez pas de tenir compte de l'influence des angles. Si un même repère situé à proximité est utilisé pour désigner la limite de tir de deux armes, chaque arme aura un secteur de tir légèrement différent de l'autre, car elles utilisent chacune le même marqueur mais le voient sous un angle différent.

Le fait de marcher jusqu'à l'objectif (l'axe) et de faire des signaux est le moyen le plus efficace d'attribuer les secteurs de tir, mais c'est aussi le plus dangereux, car le chef est alors repérable. Il ne faut aller sur l'axe que si c'est nécessaire et relativement sûr, par exemple dans l'obscurité avec les éléments de couverture en place. Si vous le faites, ne faites que trois déplacements pour indiquer leurs limites gauche et droite et le centre de leur secteur de tir aux deux GVMinimi et à la M240 tour à tour. Si vous allez sur la route, donnez toujours un PPHCA aux soldats, afin qu'un soldat endormi ne se réveille pas et ne commence pas à vous tirer dessus. Devant la base d'assaut, ne marchez qu'en direction et en provenance de l'axe, jamais parallèlement à celui-ci.

18.k Pose des mines à effet dirigé et dernières étapes [1]

Dès que la base d'assaut a été mise en place, le CDT et son équipier coordonnent la mise en place des mines à effet dirigé. Dans une embuscade, l'objectif principal des mines à effet dirigé est d'attaquer les « **zones aveugles** ». Les zones aveugles sont des zones abritées qu'une arme à tir direct ne peut pas atteindre. Par exemple, dans la kill box les ennemis peuvent se mettre à l'abri derrière un talus

---

1   **Citation :** FRONT TOWARD ENEMY (FACE AVANT VERS L'ENNEMI) — Inscription sur le corps d'une d'une mine à effet dirigé Claymore

Image 120 : Un soldat du génie pose une mine Claymore. Centre d'entraînement Est, Hawaï, 09 septembre 2014. **Il place la mine pour attaquer droit devant, tandis que le soldat à droite couvre la zone aveugle.**

Image 121 : Un sergent du Iron Troop, 3rd Squadron, 2nd Cavalry Regiment arme une mine improvisée lors d'un exercice à tir réel avec l'armée estonienne. Zone d'entraînement de Tapa, Estonie, 15 mars 2015.

ou un gros rocher pour se mettre hors des lignes de visée des fusils. (Une M240 peut tirer à travers la plupart des arbres, donc les zones situées derrière les arbres moyens ne sont pas des zones aveugles.) S'il n'y a pas de zone aveugle, des mines à effet dirigé peuvent être placées sur la route avec des secteurs de tir qui se recouvrent.[1] La zone de projection des éclats d'une mine Claymore couvre un angle 60 degrés pour une portée de 50 mètres. Des fragments mortels peuvent être projetés jusqu'à 250 mètres avec un angle de 180 degrés.

Avant de poser une mine, effectuez un test de son circuit électrique Testez séparément le fil et l'allumeur à l'aide de l'ensemble de tests M40. Veillez toujours à garder l'allumeur M57 à l'écart du fil et en votre possession afin d'éviter tout déclenchement accidentel. Brancher l'allumeur revient à mettre le doigt sur une queue de détente.

Les mines sont installées en attachant le fil à l'endroit où l'allumeur sera utilisé (c'est-à-dire à l'endroit où se trouvent le CDT et son équipier). Les fils des mines doivent être attachés à un objet solide (et non une jambe de mitrailleuse). Le fil doit être déroulé jusqu'à la position de pose de la mine. Les fils des différentes mines Claymores qui sont posées ne doivent pas se croiser, car le fil de l'une peut perturber l'utilisation de l'autre. Une bonne position de Claymore est **16, 35, 45** :

16, 35 – Entre 16 et 35 mètres de la position de tir. (16 m est la zone de souffle arrière, et 35 m est la longueur du fil).

45 – Si la mine n'est pas posée dans une zone aveugle, placez-la devant un arbre d'au moins 45 centimètres de diamètre pour absorber le souffle arrière. Tout arbre mesurant moins de 45 centimètres enverra des éclats de bois (comparables à des shrapnels d'obus) au moment de l'explosion, une situation pire que de ne pas avoir d'arbre du tout.

Pour poser la mine, suivez l'acronyme **VA-AC-C** :

---

[1]   **Application des concepts :** Si l'équipe de reconnaissance du chef trouve un lieu d'embuscade sans aucune zone aveugle, doit-on placer les mines Claymores avec la couverture ?

Viser – Enfoncer les pattes d'un tiers de leur longueur dans le sol. Choisir une cible au niveau du sol à environ 50 mètres. Viser en regardant depuis l'arrière de la mine. Mettre un couteau ou un stylo sur la mine pour faciliter l'alignement.

Attacher – Attacher le fil à environ un mètre derrière la mine, de manière que la mine ne bouge pas si l'on tire sur le fil.

Armer – Visser le capuchon en plastique dans la mine.

Confirmer – Procéder de la même manière que durant la première visée afin de vérifier la ligne de tir.

Camoufler – Camoufler la mine à l'aide de matériaux disponibles à proximité, en veillant à ne pas laisser de traces visibles. Enterrer ou camoufler le fil jusqu'à la position de déclenchement. Si le fil est recouvert de feuilles, rappelez-vous qu'une ligne droite de feuilles sera plus repérable qu'aucune feuille du tout !

Après avoir coordonné les feux et placé les mines, le CDT rejoint l'emplacement de l'élément d'appui et effectue un contrôle radio avec tous les éléments pour vérifier les liaisons. Il rend ensuite compte à l'échelon supérieur que l'embuscade est prête, et prend position à droite du mitrailleur. Puis il branche lui-même (ou le soldat qu'il a désigné) les fils des mines aux allumeurs et s'assure de son propre camouflage.

18.1 Embuscade de zone de section[1]

Une embuscade de zone de section est composée de plusieurs embuscades de groupe. Une embuscade de zone est utile si plusieurs cibles doivent être prises en embuscade, simultanément ou successivement, par exemple contre un premier convoi puis des éléments de renfort arrivant à sa rescousse. Les seuls aspects uniques d'une embuscade de zone de section sont la séparation et la réarticulation des différents éléments de la section. La séparation est décrite dans le paragraphe suivant. La réarticulation est une procédure compliquée que l'on appelle « regroupement » et est décrite dans la phase « regroupement » (consulter « Jonction et regroupement en ZRT », p. 220).

Il existe deux options pour séparer les éléments d'une section : en cours de déplacement, ou pendant une halte longue. Une séparation en cours de déplacement se produit lorsqu'un groupe suit une direction différente après que le section a dépassé un point de contrôle planifié, sans marquer aucun arrêt. Faire une halte longue offre l'avantage au chef de s'assurer que le groupe part bien dans la bonne direction. Juste avant une séparation, l'équipe de mitrailleuse et les éléments de l'équipe de commandement de la section affectés au groupe doivent également se préparer à se séparer.

---

1   **Citation :** « Le Pape ! Combien de divisions ? » — Joseph Staline, dirigeant de l'URSS répondant en 1935 à la suggestion de Pierre Laval, président du Conseil des ministres français, de cesser les persécutions du régime soviétique à l'égard des catholiques, notamment en Ukraine, afin de se réconcilier avec le pape Pie XI.

Embuscade ponctuelle de section

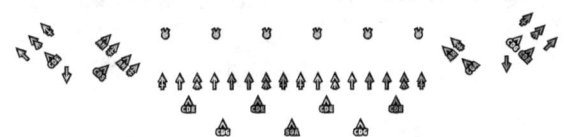

Image 122 : Exemple d'**embuscade linéaire de ponctuelle de section**. Les distances ne sont pas mesurées à l'échelle.

19. Embuscade ponctuelle de section

Une embuscade ponctuelle de section est une embuscade dans laquelle une section attaque un endroit unique (tandis que dans une embuscade de zone de section, une section se sépare en plusieurs groupes et attaque plusieurs endroits en même temps). Le dispositif et les emplacements d'une embuscade ponctuelle de section sont généralement les mêmes que ceux d'une embuscade ponctuelle de groupe (consulter « Mise en place d'une halte longue », p. 123) (consulter « Point de regroupement avant l'objectif (PRO) », p. 133) (consulter « La mise en place de l'embuscade », p. 144).

Tout comme pour une embuscade ponctuelle de groupe, la première étape est la mise en place d'un dispositif de halte longue, la deuxième étape celle d'un PRO. Compte tenu du volume en personnel, des « formations de section » sont utilisées pour la mise en place de chaque dispositif. Ces formations de section sont l'objet de ce chapitre car elles comportent des différences majeures par rapport aux formations de groupe pour une embuscade ponctuelle. D'autres différences, comme l'emplacement du commandement, sont abordées à la fin du chapitre.

Remarque : bien que ce manuel donne une explication détaillée des formations de section, ce ne sont pas les seules solutions possibles. Une formation de section n'est qu'une formation à usage général utilisée chaque fois qu'une section établit un dispositif pour faire halte dans une zone dangereuse ou pour une longue période. (Cela inclut les PRO, les zones de regroupement et même certaines embuscades.) Il est tout simplement plus facile d'apprendre à partir d'un exemple spécifique de ce qui fonctionne pour une section, plutôt qu'à partir de nombreux exemples et de concepts abstraits.

Phase 3

Halte longue de section

1er groupe et 1ère équipe de mitrailleuse

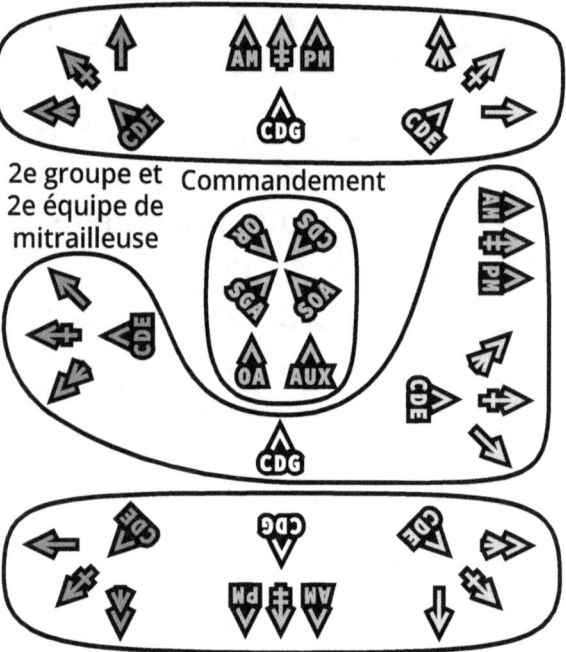

Image 123 : Dans cet exemple, les équipes du 2e groupe sont divisées parce que la halte longue a été faite à partir d'une formation de déplacement où le 2e groupe était placé au milieu. Il y a aussi un flanc moins robuste (le côté des « rouges »), sans M240. Mais tant que la sûreté à 360 degrés est assurée, n'importe quel dispositif est acceptable.

19.a Reco du chef de l'emplacement du dispositif d'attente

Avant qu'une section n'installe un dispositif d'attente à un endroit, la première étape est la reconnaissance du chef de l'emplacement. L'adoption d'un dispositif d'attente de section organisé selon une formation structurée permet un arrêt en sûreté dans une zone relativement dangereuse, et il doit aussi être tenu du fait qu'il est beaucoup plus difficile de camoufler une section qu'un groupe.

Pour commencer, la section doit s'arrêter en dispositif de halte longue de section. Une halte longue de section utilise les mêmes principes qu'une halte longue de groupe (consulter « Mise en place d'une halte longue », p. 123). La différence réside dans les niveaux de commandement supplémentaires. Dans une halte longue de section, les chefs d'équipe restent généralement avec leur équipe tandis que les chefs de groupe circulent entre leurs différents éléments. Il y a toujours deux points essentiels : le commandement et la sûreté à 360 degrés (ici, les trois groupes) (consulter l'Image 123, p. 172).

En général, la reconnaissance du chef de section est similaire à celle d'un chef de groupe, sauf qu'il y a plus de soldats (consulter « Reconnaissance du PRO du chef de groupe », p. 135). Dans une section, l'équipe de reconnaissance du chef (ERC) est composée de huit soldats : une équipe de commandement (CDS, radio, CGA), une équipe S&O (GVMinimi et GVP Alpha du premier groupe) et les trois aides-mitrailleurs (AM).

La formation de déplacement de l'ERC peut prendre la forme d'un double losange : le premier losange est composé du CDS, du radio, du GVMinimi et du GVP Alpha ; le deuxième est constitué du CGA et des trois AM (consulter l'Image 92, p. 136). Avant de partir en reconnaissance, le CDS donne un PPHCA à son SOA qui reste avec le gros de la section.

Cette reconnaissance s'effectue en deux étapes : reconnaissance en ligne de la zone choisie pour détecter les pièges, puis reconnaissance de la zone environnante pour détecter les menaces. Une fois arrivée sur place, l'ERC **reconnaît la zone** par étapes (consulter l'Image 124, p. 174) :

1) Approche en formation en double losange et exécution d'un AOÉO (Arrêt, Observation, Écoute, Odeur).
2) Tous les soldats se mettent en ligne, à l'exception de l'équipe S&O et de l'AM du 2e groupe. L'AM du 1er groupe se place à l'extrémité droite et l'AM du 3e groupe à l'extrémité gauche.
3) L'équipe S&O s'installe en poste d'observation, surveillant l'ensemble de la zone. L'AM du 2e groupe est placé en position provisoire à 6h00, en sûreté arrière.
4) La ligne avance de 50 mètres pour rechercher d'éventuels pièges.

Une fois la zone parcourue, une reconnaissance des alentours doit être menée pour détecter les menaces extérieures. Mais d'abord, le squelette du dispositif de section doit être mis en place. La base du dispositif de section sera constituée d'un triangle base en avant de 35 mètres de côté (plus pour une zone de

Phase 3

Reconnaissance en ligne

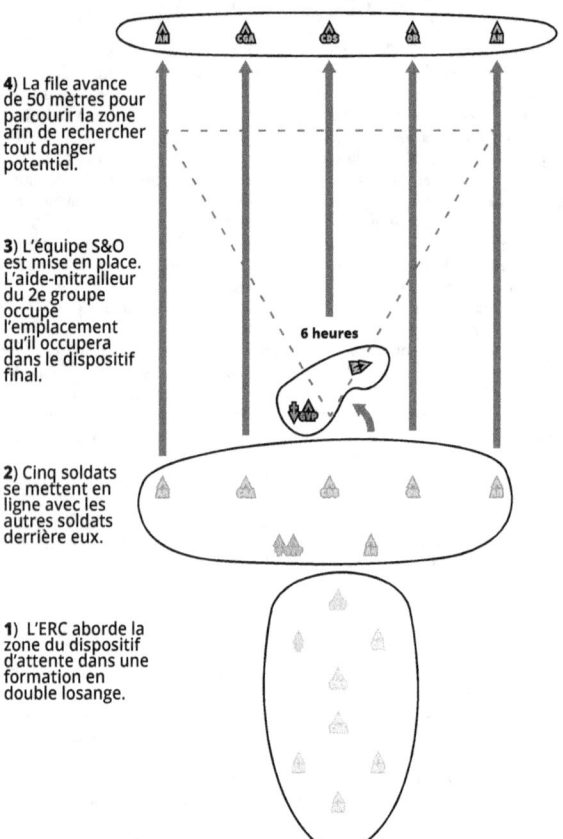

4) La file avance de 50 mètres pour parcourir la zone afin de rechercher tout danger potentiel.

3) L'équipe S&O est mise en place. L'aide-mitrailleur du 2e groupe occupe l'emplacement qu'il occupera dans le dispositif final.

6 heures

2) Cinq soldats se mettent en ligne avec les autres soldats derrière eux.

1) L'ERC aborde la zone du dispositif d'attente dans une formation en double losange.

Image 124 : **La reconnaissance du chef de la zone du dispositif d'attente de la section commence par une reconnaissance en ligne de la zone.** Le contour en triangle représente l'emplacement prévu pour le dispositif d'attente. L'aide-mitrailleur est placé à l'emplacement de l'angle inférieur – qui sera aussi son emplacement dans le dispositif final.

Reconnaissance du dispositif

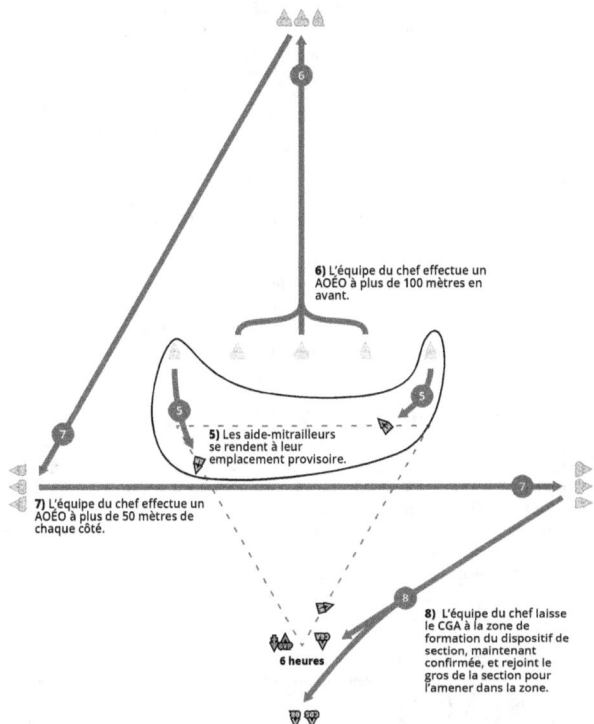

6) L'équipe du chef effectue un AOÉO à plus de 100 mètres en avant.

5) Les aide-mitrailleurs se rendent à leur emplacement provisoire.

7) L'équipe du chef effectue un AOÉO à plus de 50 mètres de chaque côté.

8) L'équipe du chef laisse le CGA à la zone de formation du dispositif de section, maintenant confirmée, et rejoint le gros de la section pour l'amener dans la zone.

6 heures

Image 125 : Après la reconnaissance de l'emplacement du dispositif de section, les aides-mitrailleurs sont positionnés comme marqueurs des emplacements. **La reconnaissance du chef se termine par la recherche des menaces dans la zone environnante.** Il est rappelé à chaque soldat de rester silencieux pendant que l'équipe du chef mène les AOÉO.

regroupement tactique afin d'inclure une zone pour la planification) (consulter l'Image 128, p. 178).

5) Lors de la reconnaissance de la zone, l'AM du 2e groupe a déjà été laissé à l'arrière pour marquer l'angle inférieur du triangle. Les deux autres AM qui sont aux extrémités de la ligne formée pour la reconnaissance vont par conséquent marquer les deux autres angles aux emplacements que désigne le CDS. Une fois que les trois AM ont été placés, ils ne seront plus déplacés (normalement). (Le CGA participe à la reconnaissance du chef afin de superviser les AM quand le CDS retournera chercher le gros de la section.)

L'étape suivante, la **reconnaissance de la zone environnante** à la recherche de menaces (consulter l'Image 125, p. 175) peut maintenant démarrer.

6) L'ERC résiduelle (CDS, CGA et radio) avance de 100 mètres ou plus au-delà de la zone et mène un AOÉO.

7) Elle se déplace ensuite de 50 mètres ou plus vers la gauche et ensuite vers la droite, et mène un AOÉO à chaque fois.

8) L'ERC, désormais réduite au CDS et au radio, retourne ensuite chercher le gros de la section en laissant le CGA, les trois AM et l'équipe S&O dans la zone maintenant confirmée pour l'installation de la section. Ces derniers restent à vue les uns des autres.

19.b Dispositif d'attente de section

Le section présentée ici est composé de trois groupes et de trois équipes de mitrailleuse. Chaque groupe occupe un côté du triangle. Chaque équipe de mitrailleuse occupe un angle. Pour l'occupation de la zone, le SOA établit d'abord un passage obligé au niveau de l'angle inférieur du triangle (à 6h00) pour compter les soldats. Tous les groupes entrent (et sortent) toujours du dispositif de section par ce point. Avoir un point unique permet de faciliter les décomptes de l'effectif, mais évite également des tirs fratricides en cas d'approche d'un élément ami dans de mauvaises conditions de visibilité sur les côtés du triangle. (consulter l'Image 127, p. 177).

1er groupe – Se dirige vers la droite et tourne à gauche à l'emplacement de l'AM qui occupe la position à 2h00. Le groupe se met en place le long de la base du triangle. La 1ère équipe de mitrailleuse suit le 1er groupe et se met en place dans l'angle à 2 heures.

2e groupe – Se dirige vers la droite et se met en place le long du côté droit du triangle. La 2e équipe de mitrailleuse se met en place dans l'angle à 6 heures.

3e groupe – Se dirige vers la gauche et se met en place le long du côté gauche du triangle. La 3e équipe de mitrailleuse se met en place dans l'angle à 10 heures.

Le dispositif final est le suivant (consulter l'Image 128, p. 178). **Chaque côté** du triangle ne compte que des GV et des GVMinimi. Une ligne est composée de deux ou trois groupes de soldats «en patte de corbeau», de sorte que chaque soldat a toujours au moins un équipier avec lequel échanger, (consulter « Regroupement des soldats (poste de combat et « patte de corbeau ») », p. 129). Si possible,

Occupation du dispositif de section

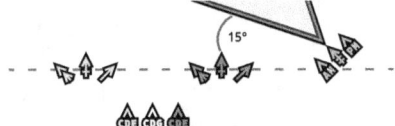

Image 126 : Un côté d'un dispositif en triangle. Avant de franchir le passage obligé, chaque groupe se met en colonne dans l'ordre dans lequel il va occuper son côté. Dans le cas du 1er groupe, le premier élément sont les GV de l'équipe Bravo (en bleu).

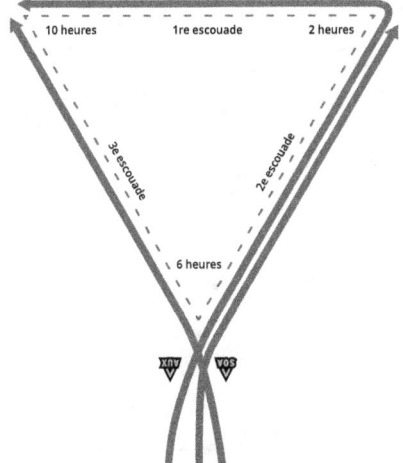

1er groupe, équipe de mitrailleuse derrière

2e groupe, équipe de mitrailleuse derrière

3e groupe, équipe de mitrailleuse devant

Image 127 : Lorsque le gros de la section arrive dans la zone d'installation du dispositif en triangle, il franchit le passage obligé en colonne simple ou double. Chaque groupe entre dans l'ordre. **Au sein de leur colonne, les soldats sont également dans l'ordre dans lequel ils vont occuper les côtés du triangle.** Par exemple, dans l'image du haut pour le 1er groupe, les soldats bleus entrent en premier, puis l'équipe de mitrailleuse en deuxième. Le dispositif présenté ici exige que l'équipe de mitrailleuse affectée au 3e groupe entre avant lui.

Dispositif d'attente de section

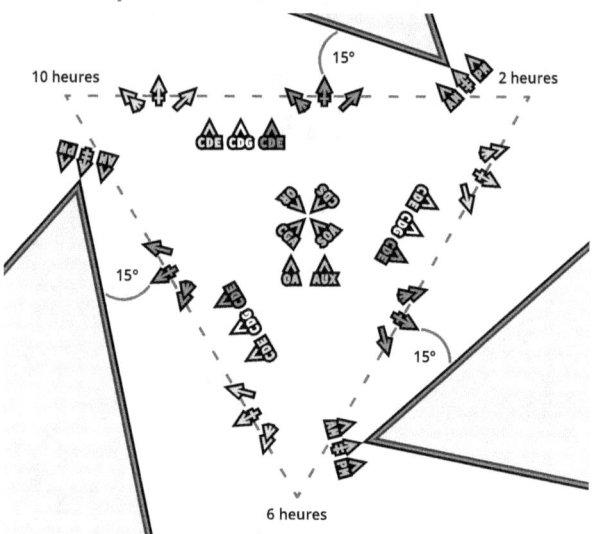

Image 128 : Les soldats de l'équipe de commandement sont placés au centre, tandis que les autres défendent le dispositif. **Il s'agit d'un dispositif polyvalent pour une halte de section.** Bien qu'elle paraisse compliquée, la symétrie de la rotation s'explique facilement lorsqu'elle est décomposée. Les secteurs de tir des équipes de mitrailleuse sont mis en évidence pour montrer à quoi ressemble une ligne d'arrêt finale. En plus des tirs provenant de chaque côté, si un ennemi s'approche, une équipe de mitrailleuse peut tirer en enfilade devant le côté du triangle, créant ainsi un rideau de balles.

chaque poste de combat dispose d'une mitrailleuse M249 (Minimi) qui est toujours armée par un servant.

Chaque angle du triangle est occupé par équipe de mitrailleuse M240. Chaque mitrailleuse a un secteur de tir qui est défini comme une ligne d'arrêt (L.ARR). Une L.ARR consiste à définir la limite gauche de chaque M240 au plus près possible de la ligne de soldats, mais au minimum avec un angle de 15 degrés sur chaque côté du triangle. La théorie est que si trop d'ennemis arrivent, les balles de 7,62 forment un rideau qui arrêtera tout ennemi qui tente de passer. (C'est pourquoi le tir le long de la L.ARR sera rasant, avec un minimum de zones aveugles.)

Il faut souligner la difficulté d'établir des secteurs de tir corrects aux angles d'un dispositif de section (consulter l'Image 129, p. 179). À chaque angle, deux lignes de groupe doivent maintenir un décalage de 15 degrés par rapport

Secteurs de tir dans les angles

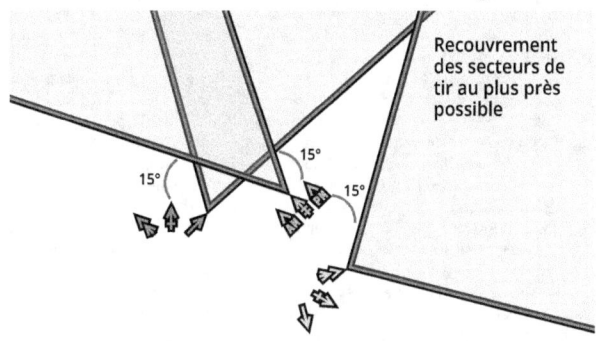

Image 129 : Les M240 sont exclues de la couverture à 360 degrés requise par le dispositif. Il peut donc être difficile d'obtenir à la fois une couverture et un décalage de 15 degrés pour tous les emplacements. **Pour cette raison, n'alignez pas les M240 exactement avec le dispositif de la section, mais légèrement en retrait à l'intérieur du dispositif et avec une légère rotation vers la droite afin de maintenir le décalage de 15 degrés par rapport au groupe aligné sur leur gauche.**

à l'équipe de mitrailleuse dans l'angle, tout en se croisant pour assurer la sûreté à 360 degrés. En même temps, les équipes de mitrailleuse ont leur limite gauche décalée de 15 degrés par rapport à la ligne du groupe à leur gauche (l'arme est réglée de sorte que la mitrailleuse sur le trépied ne puisse pivoter en dépassant la limite gauche – butée « métal contre métal »).

Au milieu du dispositif prennent place les différents éléments de commandement. Les chefs de groupe et d'équipe se trouvent derrière leurs groupes et équipes respectifs. L'équipe de commandement de la section se trouve au centre et coordonne l'ensemble du dispositif.

Pour terminer, en ce qui concerne l'occupation, les M240 sont toujours dotées d'au moins 300 cartouches. Les postes de combat et les équipes de mitrailleuse placent leurs sacs à dos derrière eux de la manière la plus pratique possible afin qu'ils ne les gênent pas.

19.c Reco du chef de l'objectif

La reconnaissance du chef de l'objectif de la section se fait de la même manière que celle menée par le chef groupe pour un objectif de groupe, mais avec un plus grand nombre de personnels (consulter « La mise en place de l'embuscade », p. 144). Tous les chefs des éléments d'appui et d'assaut participent à la reconnaissance du chef pour se faire une idée du terrain sur lequel ils auront à commander. La liste des participants à l'équipe de reconnaissance du chef (ERC) est généralement la suivante : CDS, radio, CGA, CDG1, CDG2, GVP et GVMinimi

Phase 3

Alpha du 1er groupe, les trois AM. Avant de partir, l'ERC effectue une vérification COA-A, le CDS donne un PPHCA au SOA et un décompte est mené. La formation de déplacement vers l'objectif est déterminée après une analyse METE-DC (Mission, Ennemi, Terrain/Météo, Effectifs disponibles – Délais, Civils) – si tant est qu'une formation spécifique est utilisée.

Une reconnaissance du chef de section suit les mêmes directives que la reconnaissance du chef de groupe (consulter « Reco du point de dislocation, du poste de S&O et de la kill box », p. 146). Il y a plus de personnels dans une reconnaissance de section, donc au point de dislocation provisoire, le CDS et le radio quittent le reste de l'ERC pendant qu'ils mettent en place le poste de S&O et vérifient l'objectif de l'embuscade (ceci afin de maintenir la plus grande discrétion possible). Après avoir vérifié l'objectif de l'embuscade, le CDS guide le reste de l'ERC au P DIS vers l'objectif. Sur l'objectif, l'ERC reconnaît le lieu d'embuscade selon les mêmes procédures que pour la reconnaissance d'un chef de groupe.

Quand il s'agit d'une embuscade ponctuelle de section, l'organisation de l'appui est plus compliqué car il y a plus d'équipes de mitrailleuse et donc plus de façons de répartir leur puissance de feu. Les équipes de mitrailleuse (et leurs chefs) peuvent être réparties selon trois emplacements : à gauche, au milieu et à droite de la base d'assaut. La meilleure méthode pour tendre une embuscade contre des véhicules est de placer deux équipes de mitrailleuse ensemble, face à l'itinéraire d'approche prévu de l'ennemi, comme pour une embuscade de groupe. Cela maximise les vues sur la route. En revanche, lors d'une embuscade contre un ennemi à pied, il peut être préférable de répartir les équipes de mitrailleuse de façon égale afin de maximiser les vues derrière les obstacles tels que des arbres. Avec plus de M240, chaque élément d'appui peut couvrir 51 % de la kill box plutôt que 100 % (consulter l'Image 130, p. 181).

Le CDS place les AM aux emplacements d'appui comme marqueurs afin d'accélérer la mise en place (de manière identique à la phase précédente). S'il y a plusieurs positions d'appui, le CDT peut indiquer au CGA où il souhaite placer ses AM pour marquer l'emplacement des équipes de mitrailleuse.

Pendant que le CDS cherche et marque les emplacements des éléments d'appui, le(s) chef(s) des éléments d'assaut commence(nt) à marquer les emplacements pour la base d'assaut. Le CDS est responsable de la vérification de chaque emplacement. Lorsque la reconnaissance du chef est terminée, les trois AM, le CGA et l'équipe S&O restent sur l'objectif, tandis que le CDS, le radio et les CDG1 et 2 retournent au gros de la section pour commencer à placer les soldats des éléments d'assaut, d'appui et de couverture.

Positionnement des mitrailleuses

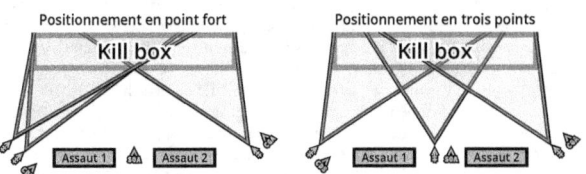

Positionnement en point fort **Positionnement en trois points**

Kill box Kill box

Assaut 1 Assaut 2 Assaut 1 Assaut 2

Image 130 : Le positionnement des trois équipes de mitrailleuse dépend en grande partie de la cible attendue. Le positionnement 2+1 est idéal avec un point fort pour arrêter les véhicules ennemis qui se présentent, tandis que le positionnement en trois points (1+1+1) distribue la puissance de feu pour attaquer les éléments ennemis à pied. **La position du CDS dépend en grande partie de l'emplacement retenu pour les armes les plus létales, les mitrailleuses M240.** Cependant, le CDS peut aller là où il estime que l'on a le plus besoin de lui. Pourquoi un CDS peut-il décider de diriger l'élément d'assaut au lieu des équipes de mitrailleuse ?

19.d Occupation de l'objectif [1]

La plus simple des embuscades de section consiste à placer deux embuscades linéaires de groupe l'une à côté de l'autre, ce qui donne une embuscade linéaire de section d'environ 100 mètres de long (consulter l'Image 122, p. 171). Même si ce chapitre ne décrit que ce type d'embuscade, les mêmes conseils s'appliquent à beaucoup d'autres types d'embuscade.

Depuis le P DIS de section, les éléments de couverture sont placés de part et d'autre de la kill box, comme pour une embuscade de groupe. Comme la taille de la kill box et le nombre de soldats sont beaucoup plus importants que pour une embuscade de groupe, la distance entre la couverture et l'embuscade peut être plus grande, ce qui doit être pris en compte. Un groupe entier peut être divisé en deux équipes pour prendre en charge la couverture : une équipe s'occupe du côté fort et l'autre du côté faible. Comme un chef de groupe est responsable de la couverture, la couverture au niveau section peut se mettre en place de manière autonome (c.-à-d. sans l'intervention du CDS).

L'élément d'appui s'installe ensuite. Un aide-mitrailleur est déjà en place à chaque emplacement, positionné lors de la reconnaissance du chef. Le déroulement de la mise en place des M240 au niveau section est identique à celui suivi au niveau groupe (consulter « Mise en place de l'élément d'appui », p. 162).

Phase 3

---

1 **Application des concepts :** Pour se montrer très agressive dans une zone dangereuse, une section peut établir une embuscade défensive. Une embuscade défensive se sert d'une formation de section comme dispositif d'embuscade. Cela assure une sûreté à 360 degrés, avec un seul côté menant l'embuscade. Ce côté peut être renforcé par des éléments provenant des deux autres côtés. Lorsque l'embuscade défensive se trouve à une intersection de routes, deux côtés du triangle peuvent être chacun le long d'un axe et tendre chacun une embuscade.

Les groupes d'assaut sont guidés jusqu'à la base d'assaut en utilisant les mêmes méthodes que pour une embuscade ponctuelle de groupe, à une exception notable près : il y a plus de chefs d'équipe et de chefs de groupe sur la base d'assaut qu'avec un seul groupe, ce qui ajoute un deuxième niveau de commandement. L'une des procédures standard (SOP) consiste à donner au CDG1 le commandement de l'élément d'assaut après que le CDS a donné l'ordre de lever les tirs ou une fois que l'assaut est terminé. (Dans ce schéma, le CDS et le CDG1 sont respectivement l'équivalent du chef de groupe et du chef d'équipe dans une embuscade ponctuelle de groupe) Le CDG2 avance derrière son propre groupe et aide au commandement de l'assaut. Mais le plus souvent, le CDG2 est en réserve au cas où le CDG1 serait neutralisé. Le CDG2 dirige également les équipes spécialisées comme les équipes EPG (traitement des prisonniers de guerre) et EPSB (premiers secours et brancardiers).

Une embuscade de zone de section dispose de beaucoup plus de mines à effet dirigé et d'AT4. La distribution de ces armes est faite après une analyse METE-DC. Les AT4 sont utiles pour arrêter les véhicules, donc placez-les là où les véhicules doivent être arrêtés. Les mines à effet dirigé sont utiles pour neutraliser les troupes à pied ; elles permettent de couvrir les zones aveugles de la kill box et d'éliminer les ennemis qui réussissent à sortir de la kill box. S'il en a le temps, le CDS vérifie tous les emplacements de mine à effet dirigé.

19.e Emplacement de l'équipe de commandement de la section

La position exacte de l'équipe de commandement de la section dépend de l'analyse METE-DC. Cela dit, le CDS et le CGA sont toujours présents sur la zone de l'objectif, le CDS étant responsable de l'embuscade et le CGA des équipes de mitrailleuse.

Le SOA quant à lui peut être sur la zone de l'objectif ou au point de regroupement des blessés (PRB). Placer le SOA sur la zone de l'objectif fait que l'ensemble de l'équipe de commandement de la section est à proximité de la kill box – avec le risque qu'en cas de problème, tous les membres de l'équipe se retrouvent dans l'incapacité d'agir. Cependant, placer le SOA en retrait prive l'embuscade du soldat le plus expérimenté de la section. Il peut aussi être placé avec la troisième M240 afin que toutes les M240 aient à proximité d'elles un chef de l'équipe de commandement.

Sur la zone de l'objectif lui-même, l'emplacement du CDS peut varier. L'emplacement des équipes de mitrailleuse joue un rôle important dans l'emplacement du CDS, car il est important qu'il puisse coordonner et commander les armes les plus létales de la section (consulter l'Image 130, p. 181). Le CDS peut rester avec l'un des emplacements d'appui ou déléguer les responsabilités au CGA et au SOA (consulter l'Image 131, p. 183).

Si le CDS reste avec une équipe de mitrailleuse, celle-ci étant relativement autonome, il pourra accorder toute son attention à l'ensemble de la situation. Toutefois, le CDS peut souhaiter contrôler et diriger lui-même l'assaut, car il s'agit de la partie la plus difficile à exécuter d'une embuscade. Il peut aussi déléguer cette tâche au SOA – qui est le soldat le plus expérimenté de la section. Cependant, en général l'assaut est mené par un CDG, ce qui permet au SOA de

superviser l'ensemble du dispositif, en soutien du CDS, et de prendre en charge rapidement la gestion et l'évacuation des blessés éventuels.

20. Situations imprévues[1]

Il est impossible de prévoir tous les imprévus. Toutefois, voici quelques-uns des scénarios les plus courants qui méritent d'être planifiés.

20.a Manque de temps (mise en place accélérée)

Un détachement qui manque de temps pour se mettre en place se trouve contraint d'agir dans la précipitation. Une mise en place en embuscade accélérée omet de nombreuses étapes afin de gagner du temps, mais ce faisant sacrifie la précision. Ce chapitre décrit la mise en place la plus rapide possible à partir du point de regroupement avant l'objectif (PRO) ; toutefois, il existe de nombreuses solutions

---

1   Citation : « Je ne sous-estime pas la valeur des connaissances militaires, mais si les hommes mènent la guerre en obéissant aveuglément à des règles, ils échoueront. » — Général Ulysses S. Grant, sixième commandant de l'U.S. Army

intermédiaires et des étapes peuvent être exécutées ou supprimées en fonction du temps dont dispose le détachement.

Suppression de la reconnaissance du chef. À partir du PRO, chaque soldat continue jusqu'à ce que le CDT désigne un P DIS. Au P DIS, les éléments de couverture, d'appui et d'assaut déposent leurs sacs à dos et tombent en garde selon un schéma standard. Le CDT donne à l'élément de couverture ses consignes pour s'installer en couverture et un ERAC (Ennemi, Repli, Abandon, Compromission). Ensuite, l'équipier du CDS compte toutes les équipes en même temps. Les équipes de couverture reconnaissent et occupent leurs positions pendant que les équipes d'appui et d'assaut se dirigent vers l'objectif. N'oubliez pas, comme il n'y a pas eu de reconnaissance du chef, de mener des AOÉO (Arrêt, Observation, Écoute, Odeur) qui sont d'autant plus importants, et de veiller à ce que les déplacements soient effectués avec prudence et discrétion !

Lorsque l'élément d'assaut s'approche de la zone de l'objectif en formation en colonne, il se met en ligne, les soldats étant régulièrement espacés de cinq mètres les uns des autres. Les GVMinimi se trouvent à chaque extrémité de la ligne et le(s) chef(s) de l'élément d'assaut se trouve(nt) au milieu de la ligne. La CDT et la ou les équipes de mitrailleuse se placent du côté de la ligne d'embuscade opposée à la direction d'arrivée de l'ennemi. **L'idée est de positionner les éléments d'appui et d'assaut en se déplaçant vers la zone de l'objectif, plutôt que sur la zone de l'objectif directement.** Dans l'idéal, lorsque les éléments d'appui et d'assaut arrivent à 35 mètres de la kill box, chaque soldat peut se poster lui-même en position couchée et à couvert.

20.b Compromission lors de la mise en place

À tout moment et depuis n'importe quelle direction, le détachement peut être repéré et la mission être compromise. Des plans de circonstance doivent être préparés pour de nombreux scénarios. Que se passe-t-il si un civil voit le détachement ? La solution consiste souvent à emporter un kit de détention et à retenir le civil jusqu'à la fin de la mission.

Si l'ennemi s'approche du détachement, mais ne détecte rien, la mise en place s'arrête. Le CDT peut soit choisir de laisser passer l'ennemi, ou de mener l'embuscade en mode « mise en place accélérée ». Si l'ennemi détecte le détachement, l'embuscade prend la forme d'une réaction à un contact. Il faut noter qu'une réaction à un contact est compliquée si le détachement est déjà divisé en éléments de couverture, d'appui et d'assaut. **Dans tous les cas, le CDT doit rendre compte et demander des instructions à l'échelon supérieur s'il y a un risque de compromettre la mission.**

La couverture est placée avant l'appui et l'assaut, spécifiquement pour réduire le risque de détection prématurée pouvant compromettre la mission. Si l'élément de couverture peut donner l'alerter, les éléments d'appui et d'assaut doivent immédiatement se jeter au sol et se préparer à attaquer à partir de là où ils se trouvent. Le CDT doit alors décider si le dispositif jeté en l'état peut mener une attaque viable ou s'il est plus prudent de laisser passer l'ennemi.

Toutefois, si l'élément de couverture ne peut pas donner d'alerte précoce pour une raison quelconque, il n'y a pas grand-chose à faire pour mener à bien

Image 132 : Mise en place accélérée d'une embuscade par un marine américain des Forces de rotation en mer Noire et un soldat moldave. Zone d'entraînement de Novo Selo, Bulgarie, 6 août 2017. Ces soldats n'ont pas eu le temps d'appliquer un camouflage conformément au cadre d'ordre SPC–DC, mais ils utilisent le talus pour se dissimuler afin de compenser.

la mission. Un détachement surpris alors qu'il se mettait en place aura du mal à tendre une embuscade à un véhicule qui se déplace rapidement – et peut uniquement espérer ne pas se faire repérer !

Image 133 : Des élément de la ForAd (force adverse dans un exercice) en embuscade selon un dispositif en L contre un véhicule logistique, exercice Beverly Herd 16-2, Base aérienne d'Osan, République de Corée, 24 août 2016. Contrairement à une embuscade linéaire où les soldats ne peuvent voir que de l'autre côté de l'axe, **ceux-ci ont une vue lointaine sur l'axe.**

20.c Embuscade dans un virage

Une embuscade en forme de « L » peut être montée lorsque l'axe fait un virage serré à 90 degrés, dessinant ainsi un « L ». En général, une embuscade en L est supérieure à une embuscade linéaire car elle permet à la mitrailleuse M240 de prendre l'axe en enfilade, tandis que les véhicules ennemis ralentissent avant et dans le virage. Les embuscades en L sont rarement possibles car 1) le terrain dicte les possibilités et 2) l'ennemi redouble généralement de prudence à l'abord de ce type de virage.

La M240 est placée de manière à faire face directement au détachement ennemi en approche, en mesure de prendre l'axe en **enfilade**, en tirant parallèlement à la base d'assaut (au lieu d'être placée sur la même ligne que la base d'assaut, ce qui permettrait des tirs de flanc). Cela impose un respect sans failles de la limite de tir, et du décalage obligatoire de 15 degrés ; l'arme doit être réglée de sorte que la mitrailleuse sur son trépied ne puisse pivoter au-delà (butée « métal contre métal »). En pratique, cela signifie que le bord de l'axe côté base d'assaut est une limite de tir. Afin d'être encore plus prudent, le détachement peut monter une **embuscade en forme de Z** : l'élément de couverture du côté fort devient l'élément en flanc-garde et de sûreté à l'arrière du dispositif du détachement pour réagir à une tentative de débordement du dispositif de l'embuscade par l'ennemi. (consulter l'Image 134, p. 187).

Comme l'arrière du groupe est maintenant exposé à deux directions plutôt qu'une, et que l'élément d'appui est plus éloigné, la sûreté face à l'arrière devient plus importante pour chaque élément. Il peut être judicieux d'affecter un GV

Embuscade dans un virage

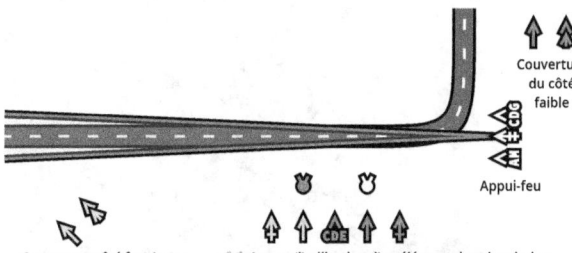

Couverture
du côté
faible

Appui-feu

Couverture côté fort (cette
position est limitée compte
tenu de la proximité de la limite
de tir de l'élément d'appui-feu).

Assaut (l'utilisation d'un élément dont la mission
est d'arrêter un débordement ennemi à la place
d'un élément en couverture plus éloigné
transforme la forme du dispositif de L en Z).

Image 134 : Les virages fournissent des emplacements favorables pour les embuscades. L'élément d'appui peut acquérir plus de cibles, avec une puissance d'arrêt plus importante. **Les véhicules ennemis sont également contraints de ralentir dans les virages.** L'inconvénient majeur est que l'ennemi sait que cette configuration de l'axe présente plus de risques et peut organiser sa manœuvre en conséquence.

supplémentaire à l'équipe de mitrailleuse afin qu'il assure la sûreté face à ses arrières. De plus, chaque soldat doit connaître l'emplacement de chaque élément de couverture, car le côté faible est en diagonale devant la base d'assaut, et le côté fort près du secteur de tir de la M240.

Phase 3

Image 135 : Un soldat du 1st Battalion, 12th Cavalry Regiment, un élément de la 1st Cavalry Division basée à Fort Hood, en embuscade face à un véhicule. Camp Shelby, près de Hattiesburg, Mississippi, 28 juillet 2015. **Notez l'avantage que procure le virage pour exécuter des tirs en enfilade alors que les véhicules ralentissent. Toujours rechercher une bonne position de tir en enfilade quand cela est possible.**

20.d Embuscade unidirectionnelle (T et V)

Si l'on connaît avec certitude la direction d'où peut arriver l'ennemi, on peut se concentrer sur cette direction et tourner le dos à l'autre direction. Cependant, dans une embuscade linéaire, une des raisons pour lesquelles les M240 sont placées avec un décalage par rapport à l'axe est qu'elles doivent pouvoir pivoter facilement et ouvrir le feu sur un ennemi arrivant de la direction opposée à celle prévue.

Dans une embuscade unidirectionnelle, les M240 peuvent tirer en enfilade en étant alignées sur l'axe et plus proches (consulter l'Image 135, p. 188). **Le tir en enfilade** signifie que dans le cas d'un ennemi en colonne, les balles traversant une cible ont la capacité de toucher celles alignées derrière. Cela permet une visée rapide et précise. Une M240 peut tirer à travers la plupart des matériaux avec un débit élevé, et est donc particulièrement létale face à un ennemi en colonne serrée.

Les tirs en enfilade sont particulièrement efficaces lorsque l'ennemi se déplace en convoi. En effet, une colonne de véhicules est moins vulnérable à des tirs perpendiculaires à son axe de progression qu'à des tirs de face (parallèles à son axe de progression).

Comme l'embuscade est orientée face à la direction de l'axe et non parallèlement à celui-ci, le détachement peut installer une deuxième base

Embuscade unidirectionnelle

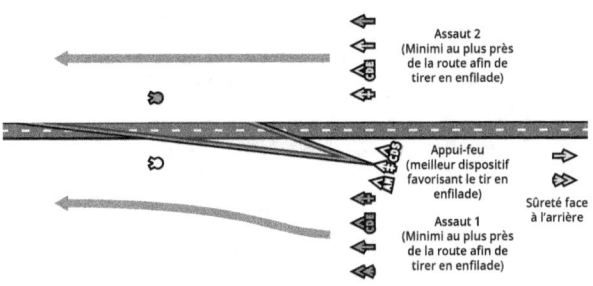

Image 136 : Une **embuscade en T** permet d'effectuer des tirs en enfilade et de se couvrir face à un débordement provenant d'une direction. Il est plus difficile de coordonner les embuscades unidirectionnelles du fait de l'axe coupant l'unité en deux parties. Ces embuscades sont également plus risquées, car un véhicule peut s'avancer au milieu du dispositif. Toutefois, **elles permettent des tirs en enfilade sur l'axe.**

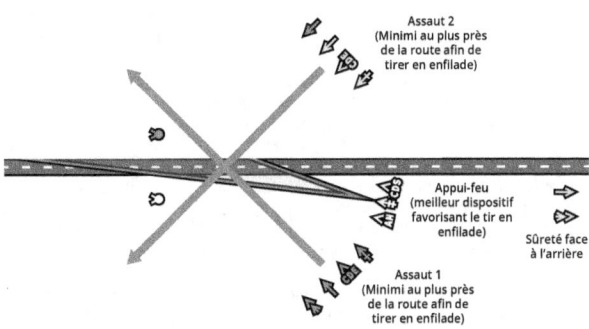

Image 137 : Une **embuscade en V** est identique à une embuscade en T, mais **comprend deux éléments d'assaut distincts**. De la même façon que pour un débordement, l'élément d'assaut 1 traverse et sécurise la kill box, puis l'élément d'assaut 2 effectue un second passage. Le fait de traverser plusieurs fois la kill box garantit une plus grande efficacité mais exige une étroite coordination des différents éléments du dispositif.

d'assaut de l'autre côté de l'axe. Cela réduit la capacité de l'ennemi à déborder le détachement avant l'embuscade, et sa capacité à se dissimuler de l'autre côté de l'axe après l'embuscade.

Cependant, en cas d'utilisation des deux côtés de l'axe pour une embuscade, le point faible est que les possibilités de tir sont réduites si l'ennemi s'arrête sur l'axe au milieu de la ligne sur laquelle sont répartis les éléments d'appui et d'assaut. Dans une telle situation, ceux-ci ne peuvent pas tirer compte tenu des risques de tirs fratricides. Cette possibilité doit être prise en compte et prévue de la même manière que lorsqu'un ennemi s'arrête au milieu lors d'une traversée de ZDL (zone dangereuse linéaire) (consulter « Attaque ennemie lors d'une traversée de ZDL », p. 64).

20.e Embuscade contre des détachements « anti-embuscade » (K et X)

Il peut arriver que l'ennemi fasse précéder un détachement sur un axe par une avant-garde progressant sur l'axe lui-même ou le long de celui-ci. Cette mission de reconnaissance a pour objectif de détecter et éventuellement d'engager un élément adverse placé en couverture d'une embuscade (Votre embuscade !). L'ennemi peut agir de la sorte parce que 1) il estime la zone favorable à une embuscade ; 2) il a des renseignements sur la présence d'unités ennemies (Vous !).

Si ce détachement de reconnaissance repère votre élément placé en couverture de votre embuscade, l'ennemi risque de lancer une manœuvre de débordement susceptible de submerger votre élément de couverture ; puis d'attaquer votre élément d'assaut qui compte tenu de son déploiement en ligne est très vulnérable car les soldats sont alignés perpendiculairement au débordement de l'ennemi. Ce dernier peut prendre l'élément d'assaut en enfilade, tandis que celui-ci n'est pas en mesure de riposter, les combattants ennemis pouvant être masqués par des soldats amis (consulter « Élément de couverture non-opérationnel », p. 214).

Afin de contrer l'action d'un détachement de reconnaissance, envisagez de ne pas mettre en place l'élément de couverture. Une méthode consiste à placer vos éléments échelonnés sur une ligne en diagonale par rapport à l'axe, de sorte que si le dispositif d'embuscade est débordé par le flanc, les soldats peuvent riposter sans craindre des tirs fratricides. Lorsque les deux côtés par rapport au centre de la ligne d'embuscade sont en diagonale, l'embuscade et la route forment un **K** (consulter l'Image 138, p. 191).

Si l'on s'attend à ce que l'ennemi mène une reconnaissance et si la direction qu'il suit est connue, une **embuscade en V** est idéale (consulter l'Image 137, p. 189).

L'embuscade en V est dénommée de la sorte parce que la base d'assaut est en forme de « V » couché, répartie par moitié sur les deux branches du V. L'axe passe directement au milieu, de sorte que chaque moitié de la base d'assaut forme un angle de 45 degrés par rapport à l'axe.

Cette formation d'embuscade en V permet au détachement de prendre à partie tout élément ennemi progressant de chaque côté de la route. L'élément d'appui est placé en bordure de l'axe afin de le prendre en enfilade. Les mines

Contrer un débordement ennemi

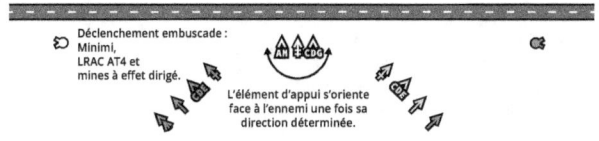

Image 138 : Embuscade en K. L'intention de manœuvre de l'ennemi est de déborder le dispositif d'embuscade en passant par les couverts le long de l'axe. Un dispositif d'embuscade destiné à contrer cette manœuvre ne comporte plus d'éléments de couverture et est orienté en biais par rapport à l'axe, face aux deux directions. La couverture est assurée par des mines à effet dirigé.

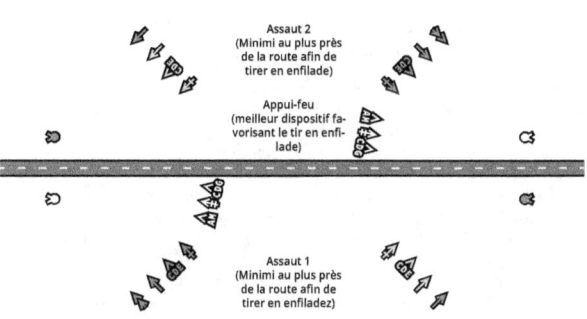

Image 139 : Une embuscade en X est identique à deux embuscades en V ou en K. Elle nécessite plus de personnels, mais elle permet aux mitrailleuses M240 de tirer en enfilade, et également d'assurer la couverture du dispositif dans les deux directions. Cette embuscade est radicalement différente en termes de dispositif et d'utilisation par rapport à une embuscade linéaire standard de section. **Elle est présentée dans ce manuel principalement pour montrer que les embuscades ne sont pas limitées à un simple dispositif linéaire, tant que les principes pour ce type de mission sont appliqués.**

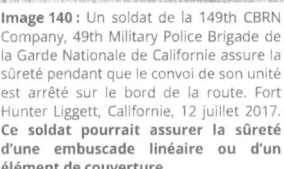

Image 140 : Un soldat de la 149th CBRN Company, 49th Military Police Brigade de la Garde Nationale de Californie assure la sûreté pendant que le convoi de son unité est arrêté sur le bord de la route. Fort Hunter Liggett, Californie, 12 juillet 2017. **Ce soldat pourrait assurer la sûreté d'une embuscade linéaire ou d'un élément de couverture.**

Image 141 : Un élément du 1st Platoon, 216th Mobile Augmentation Company de la Garde Nationale de Californie marchent le long de l'autoroute 1, à la recherche d'indices d'engins explosifs improvisés, 22 janvier 2014. **Les patrouilles de recherche d'EEI peuvent également permettre de détecter des embuscades.**

à effet dirigé sont orientées parallèlement à la direction de l'axe, et non perpendiculairement afin de pas être dirigées vers des éléments amis. Comme le dispositif d'embuscade en V ne comporte pas d'élément de couverture sur le côté fort, le CDT assure lui-même l'alerte précoce en se plaçant près de la route avec l'équipe de mitrailleuse.

20.f Aucune liaison radio avec l'élément de couverture

Sans moyen de liaison, l'élément de couverture n'est pas en mesure de transmettre l'alerte précoce, et est donc dans l'incapacité de remplir sa mission première. En cas de rupture de la liaison radio, il faut soit adopter une autre méthode de communication, soit retirer l'élément de couverture et l'intégrer à l'élément d'assaut.

Une méthode de communication possible est l'emploi d'**équipes relais**. Une équipe relais est placée entre deux éléments qui ne sont pas à vue directe l'un de l'autre. L'équipe relais assure la transmission des signaux entre les deux éléments qui, sans cela, ne pourraient pas entrer en liaison l'un avec l'autre. Cette technique nécessite deux hommes supplémentaires, ou quatre si deux équipes relais sont nécessaires, une pour chaque élément de couverture et peut donc convenir pour une section. Cela est trop lourd lorsqu'il s'agit d'un groupe ; celui-ci peut uniquement sacrifier l'élément de couverture du côté faible pour l'utiliser comme équipe relais pour assurer la liaison avec l'élément de couverture côté fort.

20.g Autres types d'embuscades

Le modèle d'embuscade simple et linéaire présenté dans ce manuel est l'embuscade-type enseignée dans les écoles militaires américaines. Toutefois, il

Phase 3

Image 142 : **Sur un terrain de ce type, une vallée surplombée par deux hauteurs**, il est possible d'utiliser des tirs plongeants en installant deux éléments d'appui afin d'interdire tout repli à l'ennemi.

existe d'innombrables façons d'organiser une embuscade, qui varient en fonction des ressources disponibles et des objectifs de la mission. Comment intégreriez-vous ou utiliseriez-vous uniquement des **tireurs de précision** dans votre embuscade ?

L'un des moyens les plus efficaces consiste à rendre l'embuscade tridimensionnelle en **se positionnant sur deux collines et en attaquant la vallée** passant entre elles (avec un décalage vertical minimum des limites de tir de 15 degrés en-dessous des positions des éléments placés sur les hauteurs). Dans les zones urbaines, un détachement peut même occuper plusieurs niveaux d'un bâtiment. En prenant l'ennemi en embuscade des deux côtés et sous plusieurs angles, celui-ci perd toute possibilité de repli.

Il existe une autre tactique courante d'embuscade : **l'embuscade à distance**. Le détachement tire sur l'ennemi et se retire immédiatement (sans mener d'assaut contre la kill box). Bien que les pertes de l'ennemi ne puissent être garanties ou vérifiées, cette embuscade présente moins de risques, car le détachement est à distance de la kill box. L'embuscade à distance est utilisée pour causer des pertes et harceler l'ennemi afin de le dissuader, de le ralentir et de le détruire progressivement, tandis qu'une embuscade rapprochée est utilisée pour détruire complètement l'ennemi.

Pour finir, il est également possible de constituer un **élément de réserve**, une quatrième équipe, pour remplir des fonctions secondaires. Cette équipe peut couper les itinéraires de repli les plus courants pour tuer tout ennemi qui chercherait à s'échapper, ou servir d'élément de couverture supplémentaire en cas de contre-attaque ennemie. L'utilisation d'un quatrième élément est réservée aux unités expérimentées, car elle ajoute de la complexité à la coordination et oblige à retirer des soldats de l'élément d'assaut.

Phase 3

Phase 4 – Sommaire

Joe attaque l'ennemi (Phase 4 : actions sur l'objectif)

La mort résout tous les problèmes. Plus d'hommes, plus de problèmes.
— *Joseph Staline, Secrétaire général de l'Union soviétique*

La brutalité de l'action est l'addition du choc et de la vitesse pour agresser l'ennemi afin d'obtenir une domination totale. Elle peut parfois pallier un mauvais dispositif d'embuscade, mais le meilleur dispositif ne compensera jamais la faiblesse des actions. Ce chapitre décrit comment mener correctement les différentes actions sur l'objectif (pour un type d'embuscade), comme attaquer et sécuriser des véhicules. Mais plus important, il décrit les réactions à avoir lorsque l'ennemi s'écarte du scénario que vous avez prévu.

21. Embuscade de groupe

Une embuscade de groupe (comme toutes les embuscades) comprend trois phases distinctes. Premièrement, le déclenchement, c'est à dire l'ouverture du feu sur l'ennemi ; deuxièmement, l'assaut et la sécurisation de l'objectif ; troisièmement, le repli une fois que toutes les tâches post-embuscade ont été accomplies.

21.a Déclenchement de l'embuscade[1]

L'équipe de couverture rend compte par radio de l'approche de l'ennemi et communique les renseignements suivants : couverture gauche ou droite, volume et attitude de l'ennemi (effectifs, en véhicule ou à pied, action) et position.[2] Le chef de groupe a sa main gauche sur le bras du mitrailleur et sa main droite sur l'allumeur de la mine Claymore.

Phase 4

---

1   **Citation :** « Mon principe est le suivant : si vous rencontrez un bâtiment plus faible que le vôtre, attaquez. Si c'est un bâtiment équivalent au vôtre, attaquez. Et s'il est plus puissant que le vôtre, attaquez aussi. » — Vice-amiral russe Stepan Makarov

2   **Exemple** de compte rendu sur l'ennemi :
« Couverture gauche, quatre hommes à pied, défilant devant ma position. »

Image 143 : Des parachutistes du 1st Squadron, 91st Cavalry Regiment, 173rd Airborne Brigade se préparent à déclencher une embuscade. Champ de tir de Pocek, Slovénie, 2 décembre 2016. Avant l'embuscade, le calme règne...

L'ouverture du feu est déclenchée par le chef de groupe (CDG) en utilisant toutes les méthodes possibles simultanément.[1] Par exemple, il peut presser le bras du mitrailleur pour qu'il commence à tirer, crier des ordres et appuyer sur l'allumeur de la mine Claymore. S'il y a une zone aveugle couverte par les mines Claymore, le CDG attend que l'ennemi y pénètre (consulter l'Image 144, p. 197). En cas d'échec de la méthode de déclenchement de l'embuscade utilisée, utilisez la suivante prévue dans le plan PACU. L'aide-mitrailleur ou l'opérateur-radio commencent à décompter le temps et l'élément de couverture isole l'objectif en passant de sa position primaire à sa position secondaire.

La déclenchement de l'embuscade ouvre une phase connue sous le nom de « minute folle » (mad minute). Pendant cette phase, les soldats cherchent à tuer autant d'ennemis que possible en utilisant toute la puissance de feu disponible. Les mitrailleuses tirent à la cadence maximale et les fusils M4 à la cadence rapide pendant 15 à 30 secondes (consulter « Cadence de tir », p. 237). Si les mitrailleuses s'arrêtent de tirer, les soldats dotés de M4 prennent le relais et augmentent leur cadence. Ensuite, la cadence passe à rapide puis modérée pendant 15 à 30 secondes supplémentaires. Même sans ennemis dans leur secteur de tir, les soldats continuent de tirer pour élever le niveau de violence et désorienter l'ennemi. Les mitrailleuses effectuent également des tirs de balayage pour chercher à toucher des ennemis par hasard.

Au bout de 30 à 60 secondes, le chef de groupe crie : « Levez le tir ! » (chaque soldat doit être dans l'attente de cet ordre). Une fois les tirs arrêtés, le groupe fait une pause de trois à cinq secondes pour détecter tout mouvement ou signe de vie de l'ennemi. Si un soldat détecte quelque chose, une nouvelle ouverture

---

1   **Situation réelle :** « Le plan PACU (Principal, Alternatif, Circonstance, Urgence) utilisé pour le déclenchement varie selon les systèmes d'armes déployés, et très souvent un compromis doit être fait entre la fiabilité et la destruction maximale. Une arme telle que la mitrailleuse M240 sont hautement létales mais quand elles s'enrayent, elle produise un « clang » caractéristique, ce qui peut alerter l'ennemi sur son incapacité momentanée. De même, les mines à effet dirigé sont peu efficaces contre les véhicules blindés. Les plans PACU doivent avoir été répétés au préalable, comme tout le reste.

Image 144 : Des marines américains du Battalion Landing Team 2/6, 26th Marine Expeditionary Unit (26th MEU) tirent à la M240 pendant un exercice de tir réel dans la zone d'opérations de la 5e flotte de l'U.S. Navy. 30 novembre 2015. Avant une embuscade, l'unité fait silence (voir Image 143, p. 196). **Une fois l'embuscade déclenchée, toute discrétion est abandonnée.** Criez le plus fort possible et utilisez la brutalité de l'action pour confondre et désorienter l'ennemi.

du feu est déclenchée, avec une deuxième « minute folle », plus courte, pendant 15 secondes. Une fois cette durée écoulée, le chef de groupe crie « Levez le tir ! » .

Immédiatement après une pause suffisante ou une deuxième « minute folle », le chef de groupe ordonne : « **Préparez-vous à l'assaut !** ». Le chef de l'élément d'assaut (C.ASS) lance le réapprovisionnement des armes en accusant réception en répondant « Tambours ! ». Chaque GVMinimi remplace alors son tambour par celui qu'il a préparé avant l'embuscade. Une fois prêt, il se met en position un genou au sol et annonce « Minimi gauche (ou droite), prêt » (consulter l'Image 145, p. 198).

Une fois que les deux GVMinimi sont prêts (ou sans attendre, s'ils sont trop lents), le C.ASS crie « Chargeurs ! » et les GV remplacent leurs chargeurs. Les commandements « Tambours » et « Chargeurs » sont séparés afin que toutes les armes ne soient en train d'être réapprovisionnée en même temps. Lorsqu'il a terminé, chaque GV se met en position un genou au sol. Lorsque tous les soldats sont en position, l'élément d'assaut est prêt à pénétrer dans la kill box.[1]

21.b Assaut[2]

L'assaut lors d'une embuscade est semblable à l'assaut lors d'une réaction à un contact. **Le but premier de l'assaut est de tirer sur les ennemis et d'écarter leurs armes** (consulter « Assaut d'un emplacement (Drill de combat 4) »,

---

1   **Exemple** d'une préparation à l'assaut :
CS –   « Levez le tir ! »
             « Préparez l'assaut ! »
CDEA –   « Tambour ! ... Chargeurs ! »

2   **Citation :** « L'essence de la guerre est la violence. La modération en guerre est une imbécillité. » — Amiral britannique John Fisher

Déclenchement de l'assaut

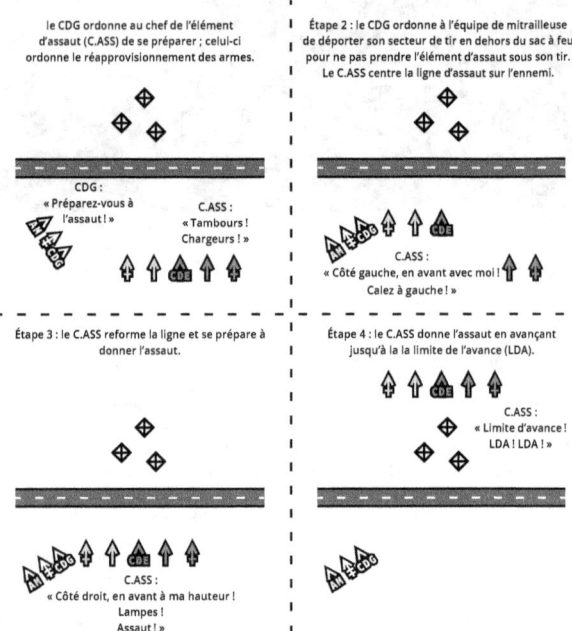

le CDG ordonne au chef de l'élément d'assaut (C.ASS) de se préparer ; celui-ci ordonne le réapprovisionnement des armes.

CDG :
« Préparez-vous à l'assaut ! »

C.ASS :
« Tambours !
Chargeurs ! »

Étape 2 : le CDG ordonne à l'équipe de mitrailleuse de déporter son secteur de tir en dehors du sac à feu pour ne pas prendre l'élément d'assaut sous son tir.
Le C.ASS centre la ligne d'assaut sur l'ennemi.

C.ASS :
« Côté gauche, en avant avec moi !
Calez à gauche ! »

Étape 3 : le C.ASS reforme la ligne et se prépare à donner l'assaut.

C.ASS :
« Côté droit, en avant à ma hauteur !
Lampes !
Assaut ! »

Étape 4 : le C.ASS donne l'assaut en avançant jusqu'à la limite de l'avance (LDA).

C.ASS :
« Limite d'avance !
LDA ! LDA ! »

Image 145 : Du déclenchement de l'assaut jusqu'à la fin en quatre phases : le moment au cours duquel le seul objectif des soldats est de tuer tout ennemi encore en vie. L'Image 146 page suivante illustre la phase 3.

Image 146 : Des parachutistes du 1st Battalion, 503rd Infantry Regiment, 173rd Airborne Brigade s'approchent des « ennemis » abattus lors d'un exercice d'embuscade. Champ de tir de Dandolo, Pordenone, Italie, 18 janvier, 2018. Les soldats montent à l'assaut depuis la base d'assaut de l'embuscade et avancent jusqu'à la limite d'avance (LDA). **Lors d'un assaut, le plus important est de ne pas avoir une vision en tunnel !** Ici, les ennemis sont visibles depuis la ligne d'embuscade et ont dû être déjà touchés plusieurs fois. Il ne faut pas se focaliser sur les cadavres au premier plan et perdre de vue l'horizon. En progressant, les soldats écartent les armes des corps au sol.

p. 80). Le C.ASS veille à l'alignement de ses soldats afin de maximiser la sûreté et la létalité.[1]

La second but est de centrer et d'élargir la ligne d'assaut sur l'ensemble du groupe de soldats et de cadavres ennemis. Le centrage permet à la ligne d'assaut de ne manquer aucun ennemi pendant l'assaut. Le C.ASS ordonne à un des côtés de la ligne d'assaut d'avancer en criant (par exemple) : « Côté gauche, en avant avec moi ! » (consulter l'Image 145, p. 198).[2] Avant de se déplacer, les soldats récupèrent les chargeurs ou les tambours au sol (consulter l'Image 146, p. 199).

Lorsque l'équipe de mitrailleuse M240 entend le premier commandement « Côté gauche, en avant avec moi ! », elle **reporte immédiatement le secteur de tir de l'arme** pour éviter qu'en cas d'auto-allumage de l'amorce de la cartouche dans la chambre et de tir inopiné, la balle ne touche un membre de l'élément d'assaut.

Dès que le C.ASS est à mi-chemin de l'axe ou atteint un bon abri, il s'arrête et ordonne à l'autre côté de la ligne d'assaut d'avancer afin de réaligner son élément complet : « Côté droit, en avant à ma hauteur ! » (consulter l'Image 145, p. 198). Une fois que la ligne d'assaut est réalignée et centrée, le chef crie « Lumières ! » et chaque soldat allume la lampe de son fusil (s'il fait noir) puis il ordonne « En avant jusqu'au bord de l'axe ! » et la ligne d'assaut se met en mouvement.

À mesure que l'élément d'assaut progresse, l'équipe de mitrailleuse se déplace face à l'itinéraire le plus probable d'approche de l'ennemi pour assurer la couverture. En général, cela signifie que l'équipe de mitrailleuse se déplace derrière la ligne d'assaut jusqu'à l'autre côté de l'embuscade et fait face à la route par laquelle l'ennemi est arrivé. Attention, elle ne doit pas tirer sur la position de l'élément de couverture ! L'équipe de mitrailleuse doit avoir un secteur de tir qui exclue toute possibilité de viser l'emplacement de l'élément de couverture. (Un exemple de limite de tir est le bord le plus proche de l'axe, mais cela ne fonctionne que sur les axes rectilignes.)

Dès que l'élément d'assaut a atteint le bord de l'axe, le C.ASS ordonne de sécuriser les véhicules (consulter « Sécurisation des véhicules », p. 204), s'il y en a. Une fois les véhicules sécurisés, ou s'il n'y a pas de véhicules, le C.ASS ordonne « En avant de l'autre côté de l'axe ! » La ligne d'assaut traverse l'axe.

Sauf si le C.ASS rencontre une raison de s'arrêter (par exemple, un talus le long de l'axe susceptible de dissimuler un ennemi ou un dispositif explosif, il crie : « En avant jusqu'à la LDA ! ». Lorsque les GVMinimi traversent l'axe, ils jettent des bâtons lumineux pour signaler à l'équipe EPG (Équipe de traitement des prisonniers de guerre) les limites de la kill box. En règle générale, la distance jusqu'à la LDA est de 35 mètres (portée d'une grenade à main) après l'axe ou le

Phase 4

---

1   **Situation réelle :** Les ordres donnés doivent indiquer quels ennemis seront tués et lesquels ne le seront pas. Dans une embuscade, tout combattant ennemi dans la kill box doit être tué. Par ailleurs, les actes comptent plus que les mots : lorsqu'une personne crie « je me rends ! » et qu'en même temps elle tente de saisir une arme ou un otage, cela n'a pas de valeur...

2   **Exemple** de positionnement. Pour en savoir plus sur le positionnement : (consulter « Assaut d'un emplacement (Drill de combat 4) », p. 80) (consulter l'Image 51, p. 83). Les chefs doivent être précis et donner des ordres clairs.

Image 147 : Sous-officiers de l'armée afghane à l'exercice. Kaboul, Afghanistan, 25 octobre 2010. **La période qui suit immédiatement une embuscade est celle où un détachement est le plus vulnérable.** Si « l'ennemi » au premier plan n'était pas mort, quels dommages pourrait-il causer ?

Image 148 : Parachutistes de la C Company, 1st Battalion, 503rd Infantry Regiment, 173rd Airborne Brigade postés sur la LDA (limite d'avance). Drawsko-Pomorskie, Pologne, 17 juin 2014. Les soldats sont à couvert et en alerte comme s'ils étaient activement engagés par l'ennemi.

dernier cadavre. Toutefois, il faut avancer jusqu'à atteindre un couvert offrant protection et camouflage suffisants (consulter l'Image 147, p. 201).

Arrivé à la LDA, le C.ASS annonce LDA et les soldats répondent en écho en criant « LDA ! LDA ! LDA ! » Le C.ASS ordonne immédiatement un SLM–CC (consulter « Assaut d'un emplacement (Drill de combat 4) », p. 80). Les équipes spécialisées sont ensuite envoyées sur place (consulter « Sécurisation après l'assaut (équipes spécialisées) », p. 99). La seule différence est que l'équipe PG ramasse les bâtons lumineux sur les bords de la kill box.

21.c Repli de la zone de l'objectif[1]

La procédure de repli est identique à la procédure de réaction à un contact, avec quelques différences (consulter « Repli de la zone après l'assaut », p. 104). Étant donné qu'un chef d'équipe se trouve à l'arrière avec les sacs à dos et une radio, le C.ASS crie « Passage obligé sur moi ! » et donne un décompte au CDG sur l'objectif. Un soldat doit rester en arrière avec le CDG comme binôme et

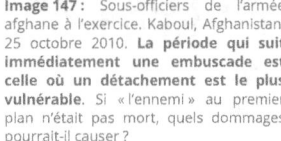

Phase 4

---

1   **Citation :** « Veni, vidi, vici » (Je suis venu, j'ai vu, j'ai vaincu) Mots par lesquels Jules César, général de la République romaine, aurait décrit la rapidité de sa victoire sur Pharnace, roi du Pont (47 avant J.-C.).

l'aider pour les opérations de démolition qui cadencent le départ des éléments de la zone.[1]

Un chef compte tout le monde au P DIS ou au point de regroupement avant l'objectif (PRO). L'élément de couverture applique le cadre d'ordre ERAC (Ennemi, Repli, Abandon, Compromission) qui lui a été donné auparavant pour se replier également. Quand l'ensemble du groupe a récupéré les sacs et matériels, il entame son déplacement pour rejoindre la zone de regroupement tactique. Ne perdez pas de temps si les sacs ne sont pas organisés ; chacun en prend un et le tri sera fait plus tard. Après **une embuscade, l'ennemi sera sur ses gardes, il faudra donc renforcer les mesures de sûreté et accélérer l'exécution**. Enfin, un chef rend compte à l'échelon supérieur de l'exécution de la mission et transmet un compte rendu VALU-HE sur l'ennemi engagé (Volume Attitude Localisation Unités/uniformes – Horaire Équipement).

22. Embuscade ponctuelle de section[2]

Une embuscade ponctuelle de section est similaire à une embuscade ponctuelle de groupe (consulter « Embuscade de groupe », p. 195). Elle commence par une séquence de déclenchement planifiée, suivie de l'assaut. Ensuite, les équipes spécialisées interviennent, avant le repli. Ce chapitre se concentre sur les différences entre embuscade de groupe et embuscade de section.

22.a Groupe appui

De la même manière que le groupe de combat emploie l'équipe de mitrailleuse pour déclencher l'embuscade, **le section emploie l'ensemble du groupe appui**. Un groupe appui compte trois équipes de mitrailleuse M240 aux ordres du chef de groupe appui (CGA). Selon le dispositif pour l'embuscade, les équipes de mitrailleuse peuvent être réparties sur un, deux ou trois emplacements : leur coordination est par conséquent essentielle.

La technique de coordination principale, pour le CDT et le CGA, est le « tir en alternance ». Il s'agit de faire tirer les armes l'une après l'autre, une à la fois, sans discontinuité. Le fait d'alterner les tirs permet une consommation de munitions à un rythme semblable et modéré pour chaque mitrailleuse, et empêche l'ennemi de remarquer des intervalles dans le tir (consulter « Drills de tir », p. 237).

---

1   **Exemple** de retrait :

CDG	– Démolition phase 1 !
C.ASS	– Passage obligé sur moi ! Assaut, 9 PAX, tous présents.
CDG	– Démolition phase 2 !
AM	– Équipe de mitrailleuse, 3 PAX, tous présents.
CDG	– Démolition phase 3 ! Mise à feu ! Mise à feu ! Mise à feu !

2   **Citation** : « Dieu n'est pas du côté des gros bataillons, mais du côté de ceux qui tirent le mieux. » ; et « Un bon mot ne prouve rien. » — Voltaire, philosophe français du 18e siècle

Lorsque le CDS ordonne la levée du tir à la fin de l'embuscade, toutes les équipes de mitrailleuse se déplacent et s'approchent de la route. Pendant que le chef du 1er groupe d'assaut recueille les comptes rendus MPE des soldats de la ligne d'assaut, le CGA recueille les comptes rendus MPE de chaque équipe de mitrailleuse et les retransmet au CDT. Lorsque le CDT crie « Démolition phase 2 ! », le CGA établit son propre passage obligé et compte chaque équipe de mitrailleuse.

22.b Assaut[1]

La ligne d'assaut au niveau section comprend un niveau hiérarchique supplémentaire. Dans un assaut de groupe, un chef d'équipe contrôle chaque soldat sur la ligne. Toutefois, lorsqu'il s'agit d'un assaut de section, le C.ASS (généralement un chef de groupe) contrôle les chefs d'équipe, et les chefs d'équipe contrôlent à leur tour les soldats. Un CDS peut même commander les chefs de groupe durant l'assaut, en tant que troisième niveau.

Plusieurs chefs de groupe sont disponibles lors d'une embuscade de section, mais l'assaut n'a besoin que d'un seul C.ASS. Les chefs de groupe restants sont présents derrière leur propre groupe en réserve, prêts à prendre le commandement et à répercuter les ordres. Un autre CDG dirige également les équipes EPG et EPSB.

Pour le repli, chaque CDG compte son propre groupe uniquement pour faciliter le décompte. Ils se placent de part et d'autre de la kill box, avec des lampes ou des signaux différents, et crient qu'ils constituent un passage obligé. Chaque CDG rend compte de son propre décompte, lui-même compris, au CDS.

Durant le repli de la section, le CDS ne fait pas la démolition lui-même ; il coordonne les équipes de démolition. Le CDS observe chaque poseur de charge et attend que chacun annonce « Prêt » pour lancer la séquence de démolition (consulter « Équipe de démolition (ED) », p. 103).

1   **Citation :** « Au-delà des mots compliqués et des discours académiques, la principale raison d'être d'une armée est d'accomplir deux tâches : tuer des gens et détruire. » — Général Thomas Sarsfield Power, Commandant en chef du Strategic Air Command, U.S. Air Force (1905 - 1970)

Phase 4

Image 149 : Un soldat américain des forces spéciales observe des soldats burkinabés sécuriser un véhicule pendant un entraînement de tenue d'un check-point, exercice Flintlock 17. Camp Zagre, Burkina Faso, 13 mars 2017. Un soldat ouvre la porte, tandis qu'un autre est en couverture, prêt à tirer. **Le soldat en couverture se tient en retrait, de manière qu'un ennemi dissimulé ne puisse pas saisir son arme.**

23. Sécurisation des véhicules

La sécurisation des véhicules est d'abord un acte élémentaire technique qui doit être décliné en fonction des différents types de véhicule dans une kill box. Des véhicules différents sur des routes différentes et dans des orientations différentes nécessitent tous des ajustements. Parfois, des unités se procurent un véhicule identique à celui qu'elles prendront en embuscade pour se préparer ! Quelle que soit la situation, dans toute sécurisation de véhicule, l'objectif final doit être que tous les ennemis soient tués et leurs corps retirés du véhicule.

23.a Un seul véhicule

Lorsque l'élément d'assaut atteint le bord de la route, deux soldats sécurisent le véhicule (généralement un chef d'équipe et un GV). Les autres soldats assurent la sûreté dans leurs couloirs de tir au-delà du véhicule.

Si, à un moment donné, l'ennemi ouvre le feu depuis l'arrière du véhicule, le chef d'équipe doit décider si les deux soldats doivent se jeter au sol et riposter en tandem avec le reste de l'élément d'assaut ou avancer en direction de l'ennemi à couvert.

Les deux soldats s'approchent du véhicule à un angle de 45 degrés depuis l'avant (par exemple, l'avant gauche du véhicule), ce qui permet d'avoir la vue la plus large possible sur l'intérieur à travers le pare-brise et les fenêtres. Si un ennemi apparaît, ouvrez le feu. (N'oubliez pas que dans une embuscade, généralement, tout le monde est un ennemi).

Lors de la sécurisation, les soldats doivent maintenir une distance de sûreté par rapport au véhicule en se tenant à un ou deux mètres jusqu'à ce qu'ils aient besoin de toucher quoi que ce soit. Quand ils approchent du véhicule, un soldat couvre vers le haut (fenêtres et toit) et l'autre vers le bas (sous le véhicule). Celui

Phase 4

Sécurisation d'un seul véhicule

Étape 1 : Sécuriser en haut et en bas, en surveillant la cabine.

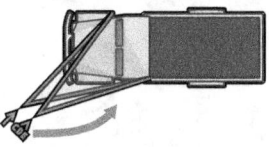

Étape 2 : Sécuriser l'habitacle en ouvrant toutes les portes.

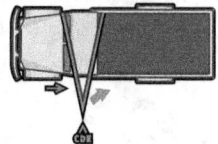

Étape 3 : Sécuriser le plateau où la caisse tout en se déplaçant.

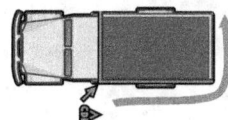

Étape 4 : Sécuriser le côté opposé (droit ici) en effectuant une ouverture d'angle.

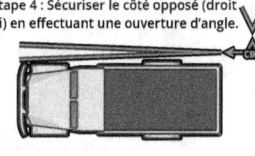

Image 150 : La sécurisation d'un véhicule se fait sans précipitation. Par exemple **ici, les soldats se déplacent toujours dans le sens inverse des aiguilles d'une montre autour du véhicule.** Ce cheminement favorise la rapidité et l'exhaustivité et doit être mis en pratique.

qui couvre vers le haut contrôle aussi les mouvements de celui couvre vers le bas et est donc généralement un chef d'équipe. L'autre soldat observe l'autre côté du véhicule par en-dessous et ouvre le feu s'il détecte des ennemis (morts ou vivants) (consulter l'Image 150, p. 205).

Aussitôt que le soldat a fini de sécuriser le dessous du véhicule, les deux soldats sécurisent au fur et à mesure la cabine du véhicule, une porte à la fois. En approchant d'une porte, un soldat se positionne pour ouvrir la porte en se déplaçant du côté de la charnière. Le deuxième soldat pointe son fusil vers la porte, de sorte que lorsque la porte s'ouvre, il peut immédiatement tirer. En outre, **il se positionne à distance suffisante de la porte afin qu'un ennemi se trouvant dans le véhicule ne puisse pas s'emparer de son fusil.**

Quand il est en position, le soldat qui pointe son fusil vers la porte relève et abaisse l'extrémité de son canon pour faire signe à son partenaire d'ouvrir la porte. Une fois la porte ouverte, le soldat tire sur tous les corps (qu'ils soient déjà morts ou non). Ils sécurisent tous deux la ou les portes suivantes de la même manière. Une fois toutes les portes sécurisées de ce côté, les soldats retirent tous les corps du véhicule et éteignent son moteur et ses éclairages. Pour finir, les soldats examinent l'intérieur du véhicule pour s'assurer qu'il n'y a plus personne en vie à l'intérieur. L'intérieur du véhicule est désormais sécurisé.

Les deux soldats se dirigent vers l'arrière du véhicule. Dès qu'ils le peuvent, en progressant ils sécurisent le plateau ou la caisse. L'un des soldats assure la

Phase 4

Image 151 : Des soldats de l'armée américaine **sécurisent un véhicule dans le cadre d'une embuscade simulée** sur un convoi. Champ de tir de Pocek, Slovénie 02 décembre 2016. Le soldat au premier plan assure la sûreté face à un ennemi au sol – probablement déjà neutralisé. Où devrait-il chercher des ennemis potentiels ? Les trois soldats au premier plan sont regroupés dans une kill box « active », sans aucun abri ni camouflage. Où devraient-ils se trouver ? Sur six soldats, quatre ont les yeux rivés sur le véhicule. Où leur attention devrait-elle être dirigée pour maximiser la sûreté ? Quels autres problèmes sont visibles sur cette photo ?

couverture de l'autre, qui utilise la lampe de son fusil pour regarder à l'arrière du véhicule et tirer sur toute menace.

Il reste alors à sécuriser le côté opposé du véhicule (ici, son côté droit). Comme pour toutes les techniques décrites dans ce manuel, il existe plusieurs façons de procéder. La première méthode consiste à le faire avec un seul homme. Les deux soldats s'alignent épaule contre épaule, perpendiculairement à l'arrière du véhicule. Le soldat le plus éloigné du véhicule initie le mouvement en se décalant vers l'avant pour assurer la couverture à distance, et touche de son épaule le soldat le plus près du véhicule. Ce soldat s'avance et tourne à 90 degrés, prêt à abattre tout ennemi le long du véhicule.

Deuxième méthode, la sécurisation « bas » et « haut » à deux hommes. Dans ce cas, les deux soldats s'alignent épaule contre épaule, perpendiculairement à l'arrière du véhicule, s'avancent en se tournant de 90 degrés vers le côté du véhicule en même temps. Celui qui est devant s'agenouille (sécurisation du « bas ») et celui qui est derrière se tient debout (sécurisation du « haut »). Une fois que le véhicule est sécurisé, les soldats crient « Véhicule sécurisé ! » et retirent par les portes latérales tout objet qu'ils n'ont pas pu atteindre depuis le côté opposé. Ces deux techniques sont aussi appelées des « ouvertures d'angle » (Image 150, Étape 4).

Un véhicule orienté en diagonale par rapport à la ligne d'assaut n'a pas de côté opposé. Deux des côtés (avant et gauche) du véhicule font face à la ligne d'assaut et les côtés opposés (droit et arrière) sont visibles depuis les extrémités de la ligne d'assaut. Le personnel qui couvre le véhicule doit faire très attention à ne pas gêner les soldats qui sécurisent dans leur travail. Les soldats ne traversent pas non plus une ligne de tir amie.

23.b Plusieurs véhicules

En présence de plusieurs véhicules, ceux-ci doivent être sécurisés de manière synchronisée. Les soldats doivent être synchronisés afin de sécuriser le côté opposé de tous les véhicules en même temps. Si un convoi comporte plusieurs véhicules, lorsqu'une équipe sécurise le côté opposé d'un véhicule, elle doit pointer son fusil vers l'avant du convoi. Sans synchronisation, toute autre équipe qui est déjà en train de sécuriser le côté opposé d'un véhicule se retrouverait avec un fusil pointé dans sa direction.

Pour éviter de se retrouver avec des fusils pointés vers eux, les soldats s'arrêtent au dernier coin du véhicule et ne sécurisent pas le côté opposé. Le chef chargé de diriger la sécurisation de tous les véhicules détermine la méthode de sécurisation du côté opposé. Il existe deux méthodes pour sécuriser le côté opposé : soit une seule équipe sécurise le côté opposé de tous les véhicules depuis la fin d'un convoi ; soit deux équipes passent simultanément entre deux véhicules, la première sécurisant à gauche et la seconde, à droite.

Comme plusieurs véhicules doivent être sécurisés systématiquement, les soldats ne peuvent pas toujours sécuriser à partir de l'avant du véhicule. Parfois, ils doivent sécuriser le véhicule par l'arrière. La sécurisation par l'arrière fonctionne de la même manière que la sécurisation par l'avant, mais en sens inverse. La sécurisation par l'avant est souvent préférée parce qu'elle permet d'aborder en premier la cabine.

Il peut arriver que des véhicules s'arrêtent côte à côte sur la route. Dans ce cas, une sécurisation standard est impossible. Pour le véhicule le plus éloigné, les portes d'un côté ne pourront pas être ouvertes puisque l'autre véhicule bloque l'accès. Dans un tel cas, les soldats passent entre les deux véhicules, même si c'est inconfortable. Si le passage entre les deux véhicules est impossible, il faut s'assurer que tous les occupants des cabines sont neutralisés en tirant à travers les fenêtres et le pare-brise. Le C.ASS peut également ordonner à la ligne d'assaut de se diviser largement au milieu pour permettre des tirs bien ciblés depuis le côté opposé à travers la brèche. (N'utilisez pas cette méthode s'il y a un soldat au P DIS.)

Phase 4

Image 152 : Parachutistes du 1st Battalion, 503rd Infantry Regiment, 173rd Airborne Brigade de l'U.S. Army et de la 1re Brigade de commandos parachutistes de l'armée grecque menant un exercice d'embuscade, dans le cadre de l'exercice « Bayonet Minotaur », Camp Redina, Grèce, 18 mai 2017. La sécurisation de plusieurs véhicules peut rapidement devenir compliquée. Ici, trois véhicules et quatre ennemis sont visibles. **Envisagez la présence de plusieurs véhicules et entraînez-vous en conséquence.**

24. Imprévus[1]

Une embuscade est un genre de chaos organisé qui se déroule à un rythme rapide. De plus, l'ennemi réagit à sa façon.[2] Il est important de comprendre et d'assimiler non seulement les drills habituels, ainsi que les scénarios les plus courants lorsque les choses vont mal. De cette manière, lorsque les choses ne se déroulent plus comme prévu, vous n'êtes pas pris au dépourvu et pouvez réagir en gardant la tête froide.

24.a Détachement ennemi à pied

Les détachements ennemis à pied se déplacent beaucoup plus lentement que les détachements en véhicule. Ici, la patience devient primordiale. Le CDT doit attendre que le centre de gravité de l'ennemi soit au milieu de la kill box ou que l'élément de tête soit sur le point de sortir de la kill box.

La nuit, les soldats à pied sont plus difficiles à détecter que les phares et le bruit de véhicules. Pour identifier et engager les soldats, le chef doit connaître les règles d'engagement.

---

1   **Citation :** « Soyez polis, soyez professionnels, mais soyez prêts à tuer toute personne que vous croisez. » — Général James Mattis, commandant de l'U.S. Marine Corps

2   **Situation réelle :** Si vous réussissez à tendre une embuscade linéaire, simple et parfaite, l'ennemi se laissera-t-il prendre au dépourvu la prochaine fois ? Trompe-moi deux fois, honte à moi…

24.b Arrêt de l'ennemi
hors de la kill box

L'un des éléments essentiels d'une embuscade est d'arrêter les véhicules ennemis. C'est un point clé de la mission qui est discuté durant la planification (consulter l'Image 153, p. 210). Un Humvee américain peut peser plus de 3,5 tonnes et rouler à 100 kilomètres à l'heure. Cela signifie que l'impact d'un Humvee est plus de 10 000 fois supérieur à celui d'une balle de 7,62 mm ! **La puissance de feu n'est pas synonyme de puissance d'arrêt.** De nombreuses embuscades qui commencent par des tirs sur le bloc moteur du véhicule comptent sur le fait que le véhicule percute un obstacle ou s'arrête de lui-même.[1] Si le véhicule ne s'arrête pas d'une manière ou d'une autre, si le moment du déclenchement est mal choisi ou si, pour une raison quelconque, l'ennemi se trouve en dehors de la kill box, le détachement doit être prêt à se repositionner et à neutraliser l'ennemi.

Les objectifs situés en dehors de la kill box posent des problèmes comme le risque de tirs fratricides, avec la ligne d'assaut ne pouvant pas tirer sans risquer de toucher son propre élément de couverture, voire ses propres soldats. Pour minimiser le risque de tirs fratricides tout en réduisant les possibilités de manœuvre de l'ennemi, le CDT doit ordonner aux soldats de faire des tirs de neutralisation lorsqu'ils n'ont pas de bons angles pour éliminer l'ennemi. Les tirs de neutralisation laisse le temps à l'embuscade de se rétablir sur des positions favorables tout en maintenant la brutalité de l'action.

Une option pour créer des secteurs de tir sûrs pour une ligne d'assaut est de demander au C.ASS d'ordonner à toute la ligne de courir en parallèle à la route, de se mettre à plat ventre et de créer une kill box improvisée devant elle. Il vaut mieux que tous les soldats ouvrent le feu de manière improvisée et coordonnée plutôt que de subir des tirs fratricides.

Les mitrailleuses ne peuvent pas tirer si l'ennemi s'est positionné directement entre l'élément d'assaut et les emplacements des éléments de couverture. Le risque de tirs fratricides est trop élevé. Cependant, au début de l'embuscade, si les éléments de couverture se sont déplacés vers leurs emplacements secondaires dans un abri, alors il est acceptable pour la ligne d'assaut de tirer avec ses fusils M4 en direction de la couverture. (C'est pourquoi la reconnaissance du chef de l'emplacement de couverture secondaire accorde la priorité à la couverture depuis la kill box.) Il faut trouver un équilibre entre neutraliser les tirs ennemis (c'est-à-dire ne pas se faire tirer dessus) et avoir confiance en l'élément de couverture pour qu'il se soit mis à l'abri. Dans tous les cas, l'élément d'assaut doit déborder l'ennemi, en initiant une réaction improvisée à un contact.

Phase 4

---

1   **Situation réelle :** La méthode pour arrêter les véhicules ennemis dépend du terrain et des ressources disponibles. Une possible est l'abattis : poser des explosifs sur un arbre au bord de la route afin de le faire tomber au déclenchement de l'embuscade.

Image 153 : Un marine prépare une charge explosive pour abattre un arbre. Île de Motutapu, Tonga, 25 juillet 2016. **En mettant en place les protections et précautions nécessaires, un détachement peut créer un abattis, c'est-à-dire abattre un arbre (ou plusieurs) en travers d'une route pour arrêter un véhicule.** Dans les combats urbains, mettre en place des barricades est également une tactique très efficace, car les convois sont souvent déjà bloqués des deux côtés par des structures artificielles comme des bâtiments.

24.c Détachement ennemi plus étiré que la longueur prévue de la kill box

Si le détachement ennemi est étiré sur une distance supérieure à la longueur de la kill box prévue, la ligne d'assaut doit s'étendre horizontalement afin d'englober toute la longueur du détachement ennemi. Si l'ennemi est étiré sur une distance encore plus longue, la ligne d'assaut peut se diviser en deux lignes d'assaut. Ou, l'élément d'assaut peut aussi traverser la kill box puis pivoter à 90 degrés et poursuivre son assaut en remontant la route. Ou encore, l'assaut peut être mené contre une partie de la formation ennemie tandis que l'équipe de mitrailleuse en appui neutralise les tirs de l'autre partie de l'ennemi jusqu'à l'arrivée de l'élément d'assaut. Si la formation ennemie est si étirée qu'elle est pratiquement dispersée, le chef envisage une nouvelle manœuvre : rupture du contact, repositionnement de la couverture et rétablissement du dispositif face à une kill box plus étendue.

24.d Contre-attaque par des éléments ennemis se trouvant au-delà de l'objectif

Si d'autres éléments se trouvent dans la profondeur au-delà de l'objectif après une embuscade (c.-à-d. au-delà de la LDA initialement fixée), la situation devient un scénario de réaction à un contact avec soit un nouvel assaut, soit une rupture de contact. Même si la kill box peut être étendue plus loin, il faut s'assurer de ne pas perdre le contrôle et la liaison entre tous les éléments.

24.e Force de réaction rapide ennemie et embuscade de harcèlement

Partout dans le monde, quand un élément est attaqué et appelle des renforts, ces renforts sont appelés « Force de réaction rapide (FRR) ». (Souvent l'acronyme QRF, pour Quick Reaction Force, est également employé.) **Les FRR sont des unités prépositionnées** qui peuvent littéralement « sauter » dans leurs véhicules et rejoindre l'élément attaqué. Leur délai de réaction peut parfois être de cinq minutes à peine. Lors de la planification de la mission, il doit en être tenu compte et le détachement doit être informé du risque d'intervention d'une FRR ennemie. Le principe est d'avoir quitté la zone de l'objectif à la moitié du temps de réaction estimé de l'ennemi (consulter l'Image 154, p. 212).

Si vous êtes pris à partie par une FRR, vous devez adopter un dispositif de réaction à un contact. Un détachement de la taille d'un groupe devra probablement redéployer l'ensemble de son dispositif d'assaut. Mais une section peut compter sur un effectif plus nombreux. Par conséquent, le CDS est beaucoup plus libre de regrouper et de répartir des soldats, tout en maintenant la sûreté. Une approche courante consiste pour le CDT à demander à l'équipe EPG de réagir face à la FRR ennemie, en gardant les soldats restants pour sécuriser la kill box.

Pour faire face à une FRR ennemie, il est possible de mener des embuscades de harcèlement. Une embuscade de harcèlement diffère d'une embuscade normale parce qu'elle n'engage pas l'ennemi complètement. Son rôle est de retarder et d'user la FRR ennemie, afin de donner à l'embuscade principale plus de temps pour se replier. Les embuscades de harcèlement sont placées le long de la route, dans la direction par laquelle la FRR est censée arriver. Il peut s'agir simplement de quelques soldats qui ouvrent le feu sur elle, ou qui déclenchent une ou deux mines à effet dirigé pour ralentir les véhicules ennemis (consulter l'Image 155, p. 213).

En fonction de la situation et de l'environnement du combat, **les embuscades de harcèlement peuvent même devenir la mission en tant que telle.** Par exemple, si l'on sait que la FRR est puissante, plusieurs fois le volume d'un convoi ennemi classique, il est possible d'attaquer le convoi afin d'« appâter » la FRR pour la faire sortir. Celle-ci pourra alors être engagée dans des conditions favorables car

Image 154 : Des marines américains préparent leurs véhicules avant de partir en opérations. Province de Helmand, Afghanistan, 24 juin 2013. Une force de réaction rapide (FRR) est prête à réagir rapidement 24 heures sur 24, 7 jours sur 7. Quelle que soit la durée d'arrivée estimée de la FRR ennemie dans votre zone, **prévoyez toujours de vous replier au plus tard à la moitié de cette durée** : par exemple, FRR estimée sur zone dans 10 minutes => repli au bout de 5 minutes maximum.

elle ne pourra plus compter sur des renforts dans des délais rapides (consulter l'Image 156, p. 213).

Entre l'embuscade de groupe et l'embuscade de harcèlement, on trouve également l'embuscade d'équipe. Les embuscades d'équipe visent à éliminer quelques cibles de grande valeur et sont souvent exécutées par des tireurs embusqués. Il se peut que les embuscades d'équipe ne disposent pas des effectifs nécessaires pour éliminer tous les ennemis dans la kill box et qu'elles doivent envisager des mesures comme des diversions, des distractions, de multiples équipes ou un élément dédié au repli afin de permettre un repli en sûreté. Pour faciliter la coordination, une petite équipe de commandement peut être insérée aux côtés de l'une des équipes.

24.f Chef de l'élément d'assaut (C.ASS) non-opérationnel

Un C.ASS peut être non-opérationnel parce qu'il a été blessé ou parce qu'il prend de mauvaises décisions. Le CDT doit être prêt à tout moment à prendre en main l'élément d'assaut. (L'assaut ne s'arrête pas parce que le C.ASS est hors de combat). Relever un C.ASS de ses fonctions en raison de ses mauvaises performances est une solution de dernier recours. La première étape consiste à microgérer le C.ASS, par exemple en lui criant des ordres précis, (par exemple, « Décale à gauche ! »).

Image 155 : Des membres de la Force des Volontaires de la Défense Nationale des Forces Terrestres (KASP) lituanienne prennent en embuscade un véhicule blindé avec une arme antichar. Centre multinational interarmées de préparation opérationnelle (JMRC), à Hohenfels, Allemagne, 28 janvier 2018. **Le but de cette embuscade de harcèlement est de tirer une arme antichar et de se replier immédiatement.**

Embuscade de harcèlement

Phase 1 : cible (l'appât) est attaquée par l'embuscade de destruction.

Phase 2 : de multiples embuscades de harcèlement ralentissent la FRR ou unité de récupération qui tente de porter assistance à la cible.

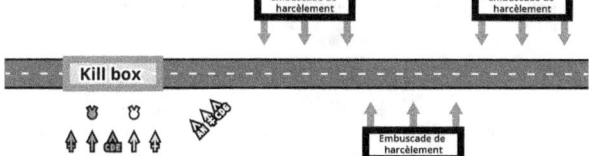

Image 156 : Un moyen de contrer une FRR ennemie est de tendre des embuscades de harcèlement sur l'itinéraire qu'elle est censée emprunter. **Ces embuscades n'engagent pas complètement l'ennemi.** Leur rôle est de retarder et de dégrader la FRR ennemie, ce qui donne à l'embuscade principale plus de temps pour un repli.

24.g Chef de détachement
(CDT) non-opérationnel [1]

Si le CDT est blessé, l'assaut se poursuit normalement. Comme le CDT est responsable du commandement « Levez les tirs ! » et du déclenchement de l'assaut, **le C.ASS doit savoir combien de temps s'est écoulé depuis le déclenchement de l'embuscade**. Si aucun ordre « Levez les tirs ! » n'a été donné après 60 secondes, il est possible que le CDT soit hors de combat.

Une fois l'assaut lancé, si le CDT est non-opérationnel pour une raison ou une autre, le C.ASS hérite des responsabilités du CDT en plus des siennes. Le C.ASS réceptionne les comptes rendus MPE y compris ceux de l'équipe de mitrailleuse ; donne ses instructions et dirige l'équipe EPG ; coordonne l'équipe EPSB et annonce les phases de la séquence « Démolition » qui lance le repli.

24.h Élément de couverture
non-opérationnel

En cas d'élément de couverture non-opérationnel, les conséquences ne sont pas les mêmes que pour un autre élément, **car l'élément de couverture se trouve entre le gros du détachement et l'ennemi**. Par conséquent, le fait de tirer sur l'ennemi risque de générer des tirs fratricides sur l'élément de couverture. La manœuvre devient la priorité.

La moitié de l'élément d'assaut, le CDT et l'équipe de mitrailleuse se séparent pour créer l'élément de neutralisation afin de neutraliser les tirs ennemis (comme lors d'une rupture de contact). Il faut veiller à ne pas tirer sur la position où se trouvait l'élément de couverture ni sur l'endroit où il aurait pu se replier. L'élément de neutralisation se met en position de tir et se rapproche du P DIS si nécessaire.

L'autre moitié de l'élément d'assaut devient l'élément de récupération et progresse vers l'emplacement de l'élément de couverture. Une fois que l'élément de récupération a localisé l'élément de couverture, il se replie avec lui (en fonction de l'état des membres de l'élément de couverture) vers le P DIS et crie : « Objectif sécurisé ! » (consulter l'Image 157, p. 215).

L'élément de couverture (côté faible) est informé qu'il doit se replier vers le P DIS. Une fois que tous les soldats sont comptés au P DIS, le détachement peut se retirer.

24.i Présence d'explosifs
dans la kill box

En présence d'un engin explosif actif dans la kill box (p. ex. un EEI sur la route, sans rapport avec l'ennemi, ou une charge à retardement dans le véhicule ennemi), le CDT se retire immédiatement de l'objectif. Le mot de code habituel

---

1   **Citation :** « Les cimetières sont pleins de gens irremplaçables, qui ont tous été remplacés. » — Georges Clémenceau dit le Tigre, homme d'État français, président du Conseil de 1906 à 1909 puis de 1917 à 1920, surnommé le « Père la Victoire » pour son rôle lors de la 1re Guerre mondiale.

Élément de couverture pris à partie

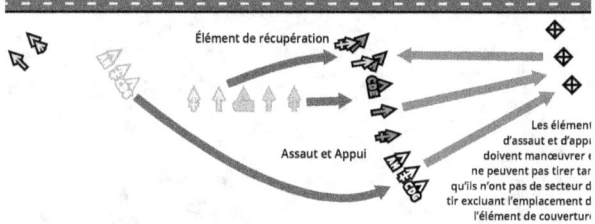

Élément de récupération

Les élément
d'assaut et d'appu
doivent manœuvrer e
ne peuvent pas tirer tan
qu'ils n'ont pas de secteur d
tir excluant l'emplacement d
l'élément de couvertur

Assaut et Appui

Image 157 : Un exemple de réaction d'un groupe en cas de prise à partie de l'élément de couverture (côté fort). **Le groupe ne peut pas soutenir l'élément de couverture tant qu'il ne sait pas où il se trouve.** Pour aider l'élément de couverture, le groupe se divise en un élément de récupération et un élément de débordement chargés respectivement de récupérer l'élément de couverture et de déborder l'ennemi. L'extrême vulnérabilité de cette situation met en évidence plusieurs points : l'élément de couverture doit être bien camouflé et toujours en alerte ; il doit également suivre un plan ERAC bien défini et rendre compte des menaces immédiates sur sa position !

des forces américaines pour un tel retrait immédiat est « Lanslide » (glissement de terrain). Si un explosif est trouvé, il est probable qu'il y en ait d'autres. En fonction de l'estimation que fait le CDT de la menace que constitue l'ennemi par rapport aux risques que posent ces engins explosifs (par exemple, des grenades avec des goupilles quasiment retirées à l'intérieur des véhicules ennemis dans la kill box), il peut poursuivre l'assaut tout en évitant complètement cette zone à l'intérieur de la kill box.

Phase 5 – Sommaire

Joe rentre chez lui (Phase 5 : repli vers une zone de regroupement tactique)

J'ai donc décidé, avant tout, d'utiliser le plus grand nombre de troupes possible..., [afin d'empêcher] la possibilité d'un repos pour le rééquipement et la production des approvisionnements nécessaires à la poursuite de la résistance.
— Général Ulysses S. Grant, sixième commandant de l'U.S. Army

Une « zone de regroupement tactique » est un endroit où les soldats font une halte afin de mener différentes tâches demandant des délais (pendant une durée n'excédant pas 24 heures). Une halte de courte durée sert à des tâches demandant 5 minutes, par exemple consulter une carte ; et une halte longue pour des tâches demandant au maximum 20 minutes, par exemple redistribuer les munitions au sein du détachement. Toutefois, une mission peut durer plusieurs jours et une autre solution doit être trouvée pour un arrêt prolongé.

À un moment donné au cours d'une longue mission, le détachement doit se réorganiser, se réapprovisionner et se reposer. Toutefois, toutes ces tâches le rendent vulnérable aux attaques ennemies. Par conséquent, si le détachement ne peut pas rentrer à sa base, il établit une zone de regroupement tactique, qui est le dispositif le plus sûr qu'un détachement puisse installer.

L'inconvénient d'une zone de regroupement tactique est qu'elle exige des délais pour son installation. Pour cette raison, elle n'est généralement utilisée qu'après un action majeure (comme une embuscade). Un autre terme pour désigner cette zone est « zone de bivouac tactique ».

25. Occupation de la zone de regroupement tactique[1]

Pour installer une zone de regroupement tactique (ZRT), il faut d'abord trouver un bon emplacement. **Le détachement étant particulièrement vulnérable lorsque les soldats dorment et se préparent à la poursuite de la mission, il est très important de choisir un endroit sûr et particulièrement bien situé.** Tout au long du processus d'établissement de la ZRT, le détachement doit en particulier veiller à ne pas laisser d'indices révélant sa présence.

En général, un détachement établit un dispositif de section pour occuper une ZRT (consulter « Dispositif d'attente de section », p. 176). La méthode suivie pour établir le dispositif de section varie selon que le détachement est groupé ou scindé en plusieurs éléments. Lorsque le détachement est groupé, il peut utiliser toutes les procédures de formation de dispositif de section décrites précédemment. Toutefois, si le détachement est scindé en plusieurs éléments, il doit effectuer un regroupement avant d'occuper la ZRT et d'établir le dispositif de section (consulter « Jonction et regroupement en ZRT », p. 220).

25.a Repérage d'un emplacement adéquat

Même si la position générale est déterminée durant la planification, la nature réelle du terrain et des couverts est difficilement appréciable sur une carte. C'est pourquoi, peu importe qu'un détachement soit groupé ou scindé, le premier élément à arriver à l'emplacement général de la ZRT prévue doit mener une reconnaissance du site afin de juger si les conditions sont favorables ou non à l'établissement de la ZRT.

Les critères pour un point de regroupement avant l'objectif (PRO) suivent l'acronyme CHÉS-D (consulter « Reconnaissance du PRO du chef de groupe », p. 135). Mais comme une ZRT doit être plus sûre, il est nécessaire de compléter cet acronyme en y ajoutant « ET », soit « **CHÉS-DET** », parce que la durée d'occupation de la ZRT est supérieure et que plus de tâches y sont menées.

C – À couvert et camouflé (consulter l'Image 158, p. 219)

H – Hors de vue, d'écoute et des tirs d'armes légères

É – À l'écart des cheminements (chemins que les gens suivent naturellement)

S – Assez spacieux pour installer le détachement au complet

D – Facile à défendre pour une courte période

---

1   **Situation réelle :** Rester dans un endroit fixe, sans soutien, dans la nature, après avoir tendu une embuscade contre une force ennemie, c'est courir au désastre. Tout chef de détachement qui utilise une même zone de regroupement tactique, au milieu des bois, pour planifier des missions multiples, consécutives et improvisée entreprend quelque chose de terriblement mauvais. Les zones de regroupement sont enseignées lors de l'instruction pour évaluer les soldats au moment où ils sont le plus fatigués et pour enseigner de bonnes habitudes et de bons concepts. Des concepts tels que les priorités d'aménagement de la position, les niveaux de sûreté appropriés, l'entretien des armes sur le terrain, etc.

Image 158 : Des parachutistes du 2nd Battalion, 503rd Infantry Regiment, 173rd Airborne Brigade participent à l'exercice Rock Knight. Camp de Pocek, Postonja, Slovénie, 24 juillet 2017. Le choix d'un bon emplacement, abrité et dissimulé, est précieux durant la reconnaissance d'une zone de remise en condition. **Remarquez le camouflage du troisième soldat sur la gauche par rapport aux deux autres.**

E   – Eau à proximité
T   – Terrain accidenté et difficile sans intérêt pour l'ennemi

L'emplacement retenu devra satisfaire en permanence aux critères CHÉS-DET. Même après son occupation, si les équipes de reconnaissance et de surveillance signalent un danger potentiel à proximité, le CDS doit envisager, compte tenu de ces nouveaux renseignements, un déplacement vers une autre ZRT.

25.b Aucun indice derrière soi

Dès qu'un détachement se déplace vers un emplacement adéquat, il est primordial qu'il ne laisse aucune indice de son passage. La ZRT peut se trouver en territoire ennemi, et l'ennemi peut recueillir des renseignements même à partir des sources les plus ordinaires. Un emballage de produit alimentaire peut indiquer la nationalité d'un détachement, une douille indiquer un type d'armement et des trous dans le sol indiquer des procédures de combat normalisées.

Au cours de l'exécution des tâches en ZRT et des missions en général, il est important d'emporter tous les déchets. Les enfouir n'est pas une bonne solution car des animaux peuvent les déterrer. Si des trous de combat ont été creusés, ils doivent être comblés et la végétation doit être laissée aussi intacte que possible.[1] Pour réduire au minimum le risque de laisser des indices derrière soi en cas d'attaque de la ZRT, les soldats ne doivent jamais avoir plus d'un objet sorti de leur sac à la fois, remettant chaque objet dans le sac avant d'en sortir un autre.

26. Jonction et regroupement en ZRT[2]

Toute unité divisée doit se reconstituer avant de s'installer sur une ZRT. La jonction de ses éléments éventuellement séparés est une procédure nécessaire après, par exemple, une embuscade de zone de section. Une jonction demande trois types d'emplacement pour établir **des dispositifs de halte longue, d'identification et d'accueil et de regroupement tactique**. Ces emplacements sont planifiés dans l'ordre d'opération (OPORD).[3]

26.a Halte longue et point d'identification et d'accueil

La halte longue est un endroit où le détachement se dissimule en sûreté lorsque les chefs effectuent la reconnaissance du point d'identification et d'accueil et de la ZRT. Chaque groupe a un emplacement de halte longue différent ; ces emplacements sont choisis dans des lieux sûrs où faire une halte de groupe, séparés du point d'identification et d'accueil (PIA) par un mouvement de terrain (par exemple, une colline).

Chacun des groupes rejoint son emplacement de halte longue prévu à un moment qui a été déterminé durant la planification (par exemple, après l'embuscade en 12UUA 8432 4079). Une fois en halte longue, le CDG prépare l'équipe de reconnaissance du chef (ERC). Cette équipe se compose de trois petites équipes de deux hommes chacune : une équipe de commandement et deux équipes de surveillance et d'observation (consulter « Poste de surveillance et d'observation (S&O) », p. 139).

Compte tenu du nombre d'équipes et d'éléments séparés, il est essentiel de disposer d'un plan de communication PACU et d'un PPHCA robustes et complets

---

1 **Situation réelle :** À l'ère de la surveillance aérienne et du viseur point rouge, s'il y a du temps pour creuser des trous, mieux vaut tout autant l'utiliser pour se déplacer ou se reposer.

2 **Situation réelle :** La technique de jonction est présentée pour illustrer que chaque partie d'une mission peut être effectuée en toute sécurité sans communication radio. Cependant, nul ne sait pas exactement quand cette procédure compliquée a été utilisée pour la dernière fois...

3 **Application des concepts :** Il est important de prévoir des mesures de circonstance en cas d'incident. La planification du regroupement doit prévoir : réaction en cas de contact avec l'ennemi avant, pendant et après le regroupement ; le temps d'attente au point de regroupement ; les actions à entreprendre si certains éléments ne parviennent pas à rejoindre le point de regroupement ; et les points d'identification et d'accueil et de regroupement alternatifs.

Image 159 : Une lumière rouge jetable ou un bâton lumineux infrarouge sont tous deux d'excellents signaux. **Le PIA peut être décalé par rapport au signal** ; par exemple, à 70 mètres à 70 degrés du signal.

pour le plan de regroupement, et les contrôles radio sont fréquents (consulter « Options de communication PACU », p. 242). Une fois prête, l'ERC se rend sur le PIA.

Le PIA est l'endroit où les ERC des différents éléments se rencontrent. Les PIA sont des sites intermédiaires entre les haltes longues et les zones de regroupement tactique, et ce pour deux raisons.

La première raison est que rassembler des éléments est intrinsèquement dangereux, car l'identification « ami / ennemi » peut être difficile. Cela signifie que si des éléments amis importants peuvent s'approcher près d'une ZRT, des éléments ennemis importants peuvent également s'en approcher et être confondus avec des éléments amis qui essaient de rejoindre le point de regroupement – ce qui peut donner à l'ennemi l'opportunité d'attaquer à partir d'une position proche.

Inversement, si un élément ami s'approche par hasard d'une ZRT ennemie et tente d'entrer en contact, il sera une cible facile. Par conséquent, les unités importantes doivent disposer d'emplacements distincts pour l'identification initiale d'une part, et leur jonction d'autre part. **La jonction est utile parce qu'elle fournit un site alternatif pour l'identification (c'est-à-dire le PIA).**

Ensuite, les zones de regroupement par leur nature même sont censées être soigneusement camouflées afin que l'ennemi ne puisse les repérer. Toutefois, à l'inverse, les points de rencontre ne doivent pas être trop dissimulés, sinon deux éléments qui se rejoignent auront des difficultés à se trouver l'un l'autre. Par conséquent, les points d'identification et d'accueil sont prévus dans des zones relativement dégagées et offrant un point de repère évident, afin de permettre à des chefs d'élément de se retrouver et d'organiser les déplacements suivants de leurs éléments respectifs.

Au PIA, l'ERC effectue un AOÉO (comme cela doit être fait à chaque arrêt) et poste l'équipe S&O 1 à un emplacement aussi abrité et dissimulé que possible, tout en offrant de bonnes vues sur le PIA.

26.b Actions du premier groupe au point d'identification et d'accueil (PIA)

Le premier groupe à rejoindre le site correspondant aux coordonnées définies lors de la planification de la mission met en place un marqueur (par exemple, un ruban) pour marquer le PIA (consulter l'Image 159, p. 221). Idéalement, le site

221

offre peu de possibilités de camouflage, mais de bonnes capacités de protection. Le marqueur peut ainsi facilement repérable, mais tout le monde peut aussi se mettre à couvert. L'équipe S&O 1 surveille le site d'identification et d'accueil, en attendant l'arrivée du groupe suivant. Les quatre autres soldats de l'ERC poursuivent leur chemin jusqu'à la ZRT provisoire. Elle est dite «provisoire», parce qu'elle a été sélectionnée «sur la carte» durant la planification (consulter l'Image 160, p. 223).

Une fois la ZRT provisoire atteinte, l'ERC poste l'équipe S&O 2. Les deux autres soldats effectuent une reconnaissance de la zone, en tenant compte des dimensions que requiert un dispositif de section complète et de la durée prévue du stationnement. La distance entre les extrémités du dispositif peut être de 200 mètres, 500 mètres ou plus. Dès que l'ERC a confirmé un bon emplacement pour la ZRT, elle retourne à la halte longue pour aller chercher le groupe (consulter «Reco du chef de l'emplacement du dispositif d'attente», p. 173).

Quand le premier groupe arrive à la ZRT et récupère l'équipe S&O 2, il occupe les trois angles du dispositif de section où les M240 de la section seront placées (consulter l'Image 128, p. 178). Les trois angles peuvent être, par exemple, occupés de la manière suivante par les éléments du groupe : la M240 affectée au groupe dans un, le second GVMinimi dans un autre (le premier GVMinimi fait partie de l'équipe S&O 1 postée au PIA) et dans le dernier angle, les GV disponibles (consulter l'Image 160, p. 223). Le fait de n'occuper que les angles délimite le dispositif de section final et facilite l'intégration des autres groupes. Dès qu'un nouveau groupe arrive, sa M240 occupe l'un des angles du triangle et ses GV se postent entre les angles.

Une fois le triangle établi, le premier groupe envoie au PIA une équipe de prise de contact (par exemple, le CDG, le CDE Alpha et un GV) pour attendre l'arrivée du groupe suivant. L'équipe de prise de contact se poste dans un emplacement à couvert avec des vues sur la zone autour du marqueur. Elle s'approche du marqueur lorsqu'elle identifie l'équipe de prise de contact ou le marqueur d'un autre groupe.

L'équipe de prise de contact est distincte de l'équipe S&O 1, car ses objectifs sont différents. Les équipes de prise de contact se rendent physiquement à l'emplacement du marqueur pour échanger avec l'élément qui se présente et ne peuvent donc pas rester cachées. L'équipe S&O assure la couverture de cet échange. Si l'équipe de prise de contact était placée avec l'équipe S&O, un observateur ennemi serait en mesure de localiser l'équipe S&O lorsque l'équipe de prise de contact émergerait du couvert pour se rendre à l'emplacement du marqueur, compromettant ainsi la position de l'équipe S&O et la surveillance.

Il existe de nombreuses variantes pour le regroupement. Par exemple, dans la méthode ci-dessus, après que le premier groupe arrivé a mis en place le marqueur, l'ERC se rend à la ZRT provisoire. Selon une autre méthode, l'ERC peut retourner à la halte longue et occuper la ZRT d'emblée, en sautant l'étape de la reconnaissance du chef. Ou, si le premier groupe estime que l'emplacement de sa halte longue ferait une bonne ZRT, il peut décider d'y rester.

Premier groupe arrivé

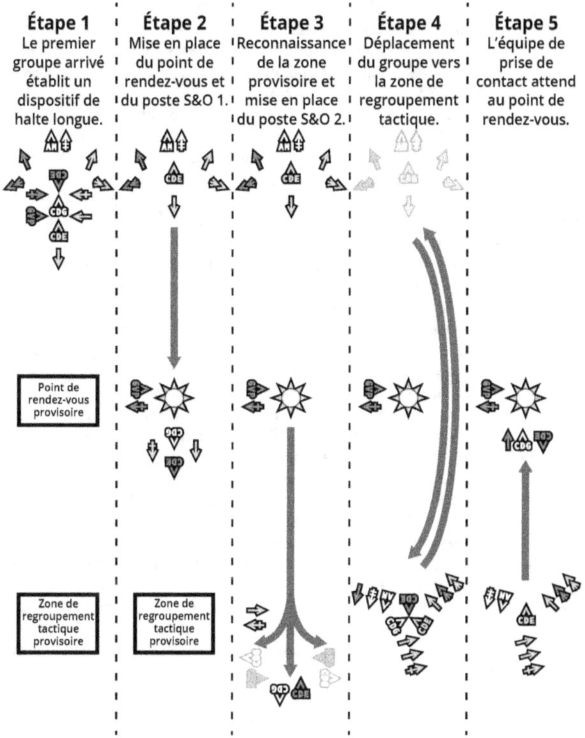

Étape 1	Étape 2	Étape 3	Étape 4	Étape 5
Le premier groupe arrivé établit un dispositif de halte longue.	Mise en place du point de rendez-vous et du poste S&O 1.	Reconnaissance de la zone provisoire et mise en place du poste S&O 2.	Déplacement du groupe vers la zone de regroupement tactique.	L'équipe de prise de contact attend au point de rendez-vous.

Point de rendez-vous provisoire

Zone de regroupement tactique provisoire

Zone de regroupement tactique provisoire

Image 160 : L'arrivée du premier groupe à la zone prévue pour le regroupement tactique peut être divisée en **cinq étapes et trois emplacements**. Emplacement 1, le dispositif de halte longue. Emplacement 2, le PIA provisoire, où le marqueur d'identification est mis en place pour le recueil des autres éléments. Emplacement 3, la zone de regroupement tactique provisoire où sera installé le dispositif de la section au complet. Ces deux emplacements restent provisoires jusqu'à ce que le CDS les reconnaisse et valide.

Phase 5

223

26.c Actions des deuxième et troisième groupes à arriver

Les groupes suivants agissent de la même manière que le premier, jusqu'à ce que leur ERC aperçoive le marqueur en place au PIA. L'ERC s'approche du marqueur et applique le plan de communication PACU pour un regroupement avec le premier groupe déjà arrivé. Placer un marqueur de groupe sur le PIA est une bonne idée, au cas où l'équipe de prise de contact du premier groupe ne serait pas encore revenue de la ZRT. À son retour, cette équipe pourra ainsi rejoindre directement le marqueur (sachant que des amis sont au PIA).

Quand la communication est établie entre l'équipe de prise de contact du premier groupe et l'ERC du groupe suivant, les chefs des deux groupes s'approchent du PIA pour échanger (consulter « Réarticulation des éléments (signaux de reconnaissance) », p. 141). Durant l'échange, les postes S&O de chaque groupe assurent la couverture. Les seuls points qui doivent être discutés sont les suivants 1) que le PIA est sécurisé ; et 2) que le premier groupe a commencé à établir une ZRT et qu'il peut y conduire le deuxième groupe.

Un chef du premier groupe, l'ERC et l'équipe S&O du deuxième groupe retournent à la halte longue de deuxième groupe. Le chef du premier groupe guide ensuite le deuxième groupe vers la ZRT. À ce moment-là, les seuls soldats présents au PIA sont les équipes S&O et de prise de contact du premier groupe. Comme l'équipe de prise de contact perd un membre à chaque contact, elle se compose d'un chef pour chaque élément suivant, plus un GV supplémentaire pour constituer un binôme avec le dernier chef.

Quand le deuxième groupe s'approche de la ZRT, le chef du premier groupe lance les signaux de reconnaissance à distance puis à proximité. Une fois cette opération terminée, le deuxième groupe est entièrement intégré à la ZRT.

Le regroupement du troisième (ou dernier) groupe est presque identique à celui du deuxième groupe. La seule différence est que le PIA doit être « nettoyé » de tout indice et que tous les marqueurs doivent être récupérés. Lorsque les trois groupes sont en position, la ZRT provisoire est entièrement occupée. Le chef de section peut décider soit de rester sur place et de la convertir en ZRT définitive (si les conditions de sûreté le permettent), soit de se déplacer vers un nouvel emplacement.

Groupes suivants

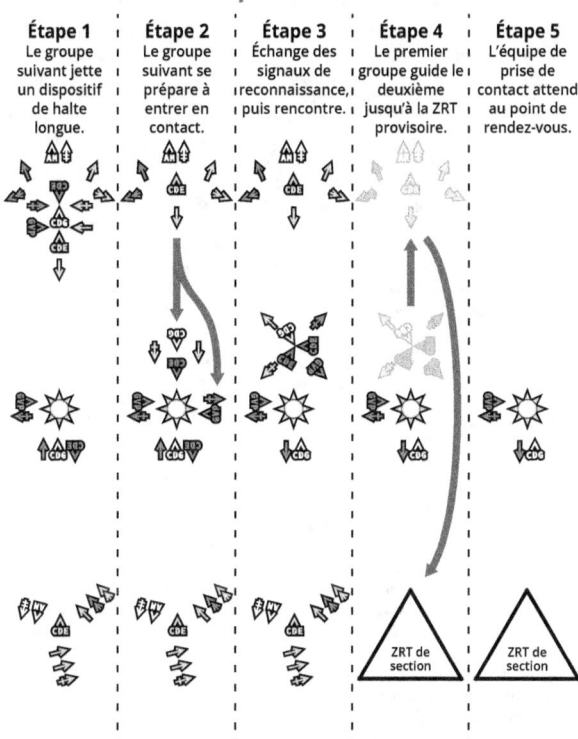

Étape 1	Étape 2	Étape 3	Étape 4	Étape 5
Le groupe suivant jette un dispositif de halte longue.	Le groupe suivant se prépare à entrer en contact.	Échange des signaux de reconnaissance, puis rencontre.	Le premier groupe guide le deuxième jusqu'à la ZRT provisoire.	L'équipe de prise de contact attend au point de rendez-vous.

Image 161 : La jonction des deuxième et troisième groupes à la zone prévue pour le regroupement tactique est divisée en cinq étapes et trois emplacements, comme pour le premier. Plutôt que de mener des reconnaissances, **les deuxième et troisième groupes ont pour objectif de prendre contact avec le premier groupe** qui les guidera jusqu'à la ZRT (sur le schéma, le triangle noir).

27. Tâches de sûreté et priorités[1]

Une fois l'emplacement occupé, de nombreuses tâches doivent être menées dans la ZRT, et **certaines sont prioritaires**. C'est pourquoi il existe un ordre standard dans lequel les tâches doivent être accomplies, nommé « priorités des tâches »[2]. Cette section traite de la première et plus importante priorité : la sûreté.

La sûreté est permanente. Même après avoir été « finalisée », la sûreté de la ZRT doit être constamment contrôlée et adaptée au besoin. La ZRT commence avec une sûreté à 100 % sur le périmètre (ce qui signifie que tous les soldats, à l'exception des chefs, assurent la sûreté). Le niveau de sûreté ne peut descendre en dessous de 100 % que lorsque la ZRT est sécurisée, c'est-à-dire une fois que tous les secteurs de tir ont été assignés, coordonnés et enregistrés. La sûreté comprend également le fonctionnement des communications ; ne pas parler signifie ne pas coordonner, ce qui signifie ne pas assurer la sûreté. Lorsque toutes les tâches de sûreté sont accomplies, le CDT rend compte à l'échelon supérieur : « Occupation de la ZRT terminée ».

27.a Reconnaissance et surveillance (R&S)

Les équipes de reconnaissance et de surveillance (R&S) sont composées de deux à quatre soldats qui sortent de la ZRT et patrouillent la zone environnante à la recherche de dangers potentiels (par exemple, les zones à forte circulation ou les itinéraires d'approche rapide). Avant de partir, chaque équipe doit disposer de moyens de communication en état de marche et fournir un PPHCA (Point à atteindre, Personnel avec le chef, Heure limite, Conduite à tenir en cas de retard et Actions à entreprendre en cas de contact). Chaque fois que quelqu'un sort de la ZRT, la sûreté doit être assurée à 100 %.

Les équipes R&S s'éloignent suffisamment pour détecter tout danger pour la ZRT (généralement à une distance entre 50 et 400 mètres). Elles confirment également la présence effective des cours et étendues d'eau (étang, bassin, réservoir...) indiqués sur les cartes ; l'eau figurant sur les cartes est parfois saisonnière. À leur retour, les équipes R&S font un compte rendu au SOA. Si un danger a été détecté, le SOA ajuste les secteurs de tir pour se concentrer sur la zone concernée, ou ajuste le dispositif de la ZRT le cas échéant.

Phase 5

---

1   **Citation :** « Le temps est la clé : cinq minutes font la différence entre la victoire et la défaite. » — Vice-amiral britannique Horatio Nelson, vainqueur de la bataille de Trafalgar

2   **Situation réelle :** Il y a beaucoup de zones grises. Par exemple, si un soldat a si froid qu'il grelotte de manière incontrôlable, il sera peu utile au dispositif de sûreté. D'ailleurs, il est possible que le détachement ne dispose que de 4 heures sur la ZRT, alors qu'établir un dispositif de sûreté parfait en demande 3. Quels sont les avantages de sacrifier un certain niveau de sûreté au profit de la remise en condition ?

Image 162 : Des parachutistes de la 173rd Airborne Brigade assurent la sûreté du périmètre. Zone de saut de Julie, Italie, 10 avril 2018. Une zone de regroupement tactique (ZRT) à la forme d'un dispositif de section (voir « Dispositif de section », p. 176). Cette image montre un « poste de combat », avec l'équipe de commandement à l'arrière-plan. Une ZRT dure beaucoup plus longtemps qu'une halte longue, et les soldats sont beaucoup plus fatigués. **La position couchée pendant des heures la nuit est-elle une bonne position lorsque les soldats sont fatigués et doivent rester silencieux ?**

27.b Mines à effet dirigée (Claymore)

Une fois que toutes les équipes R&S ont rendu compte des dangers potentiels, les ordres sont donnés aux chefs d'équipe pour poser les mines à effet dirigée. Elles sont posées face à l'itinéraire d'approche (ou aux itinéraires d'approche) le plus probable de l'ennemi, c'est-à-dire en général sur les différents axes menant à la ZRT. **Chaque fois que quelqu'un sort de la zone de regroupement tactique, la sûreté est assurée à 100 %** (consulter « Pose des mines à effet dirigé et dernières étapes », p. 168).

Une fois les mines posées, leur distance, leur emplacement, leur azimut et leur secteur de tir doivent tous être reportés sur le croquis de la ZRT. Ces informations sont transmises aux GVMinimi, auxquels sont remis les allumeurs des mines en même temps que les consignes pour leur déclenchement.

27.c Fiche de portée des tirs et croquis des secteurs de tir

Une fiche de portée des tirs est une feuille de papier sur laquelle est reporté un secteur de tir. Elle sert à coordonner les différentes armes, à remplacer rapidement les mitrailleurs mis hors de combat et, à rappeler aux soldats où sont leurs secteurs. Bien que l'U.S. Army utilise le formulaire DA 5517, n'importe quelle feuille de papier fait l'affaire (consulter l'Image 163, p. 228).

Un fiche de portée des tirs doit comprendre au minimum : l'identifiant de la position (par exemple, « 9 heures »), les azimuts des limites gauche et

Fiche de portée des tirs

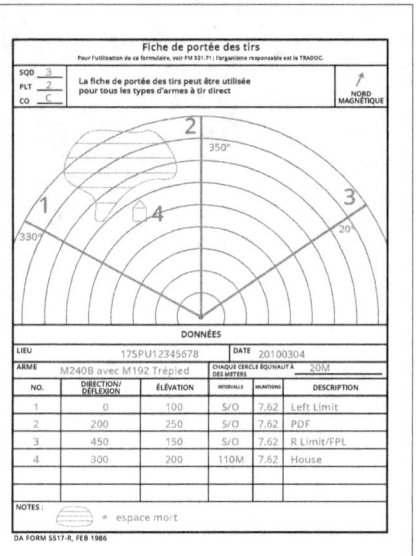

Image 163 : Exemple d'une fiche de portée des tirs réglementaire et remplie. Il s'agit du formulaire standard de l'U.S. Army, mais n'importe quelle feuille de papier convient.

droite, la direction de tir principale (DTP), tout élément du terrain identifiable (par exemple, les routes, les chemins, les arbres isolés...) et les zone aveugles à l'intérieur du secteur. Les limites gauche et droite définissent le secteur de tir pour l'arme. La DTP est la direction vers laquelle l'arme pointe et tire par défaut. Les fiches de portée des tirs peuvent être établies pour n'importe quelle arme, et sont obligatoires pour les armes qui sont toujours servies, telles les M240 dans une ZRT, afin de faciliter le remplacement du mitrailleur.

Pendant que les fiches de portée des tirs sont établies, chaque CDG compile un croquis des secteurs de son groupe. Un croquis des secteurs de tir est un document qui contient tous les secteurs de tir d'un élément. (Dans le cas du CDG, il indique les secteurs de tir correspondants aux positions de son groupe dans la ZRT). Le croquis des secteurs comprend également la position et le secteur de tir de chaque mine. Lorsque les fiches de portée des tirs et les croquis des secteurs sont établis, ils sont remis au SOA afin qu'il puisse établir le croquis des secteurs de tir de la section, qui comprend tous les secteurs de tir de toutes les armes, et vérifier que la sûreté à 360 degrés de la ZRT est complète.

Phase 5

27.d Plan d'alerte

Le plan d'alerte indique comment les soldats doivent réagir aux menaces et dangers détectés. **Le plan précise aux soldats quand et comment appeler les chefs et faire feu.** Au minimum, lorsqu'un soldat suspecte un mouvement ennemi, il alerte un autre soldat qui partage sa position sans perdre de vue la menace.

Exemple de fonctionnement d'un plan d'alerte simple : un soldat en poste fait une observation et alerte son chef. Le SOA confirme la sûreté à 360 degrés du dispositif et le CDS se rend à l'emplacement de l'observation et décide de la conduite à tenir. S'ils sont pris à partie, les soldats ripostent.

Le détachement prévoit aussi une heure de « **mise en alerte générale** ». Pour une raison quelconque, au cours de l'histoire, l'ennemi a toujours eu tendance à attaquer soit à l'aube, soit au crépuscule. Repasser le niveau de sûreté à 100 % à un moment donné est par conséquent une procédure opérationnelle standard (SOP) : par exemple, mise en alerte générale pendant une heure débutant 30 minutes avant le lever et le coucher du soleil. (L'U.S. Army est plus précise et utilise « début du crépuscule nautique du matin » et « fin du crépuscule nautique du soir »).

27.e Plan de repli

Le plan de repli comporte quatre emplacements. Le premier est la ZRT actuelle. Les deuxième et troisième emplacements sont deux points de ralliement alternatifs (PRA) où le détachement peut se replier temporairement. Ils sont traditionnellement désignés « Noir » et « Jaune ». Le quatrième est la ZRT alternative (ZRT-A), vers laquelle le détachement continue de se replier à partir d'un PRA (consulter l'Image 1, p. 3).

On a recours aux PRA « Noir » et « Jaune » pour empêcher l'ennemi de suivre le détachement. Si le détachement se replie en ligne droite de la ZRT à la ZRT-A, il suffirait à un ennemi d'attendre et de suivre l'azimut de repli pour simplement attaquer à nouveau. En utilisant les PRA « Noir » et « Jaune » pour changer de direction à mi-chemin de la ZRT-A, l'ennemi doit utiliser un système de suivi plus compliqué que suivre un azimut en ligne droite.

Si deux PRA sont prévus, lors d'un repli, seul celui qui est opposé à l'attaque ennemie sera utilisé. Par conséquent, les PRA « Noir » et « Jaune » doivent être dans des directions à peu près opposées, de sorte que le détachement dispose toujours d'un itinéraire de repli planifié, quelle que soit la direction d'attaque de l'ennemi. Les PRA sont éloignés d'au moins un mouvement de terrain majeur de la ZRT.

La ZRT-A est également éloignée d'au moins un mouvement de terrain majeur des deux PRA et de la ZRT. Et répétons-le, la ZRT, les PRA et la ZRT-A ne doivent pas être alignés sur une même droite. Le choix de l'emplacement d'une ZRT-A implique les mêmes exigences que pour n'importe quelle autre ZRT (consulter « Repérage d'un emplacement adéquat », p. 218).

Pour une bonne diffusion du plan de repli au sein du détachement, les soldats doivent mémoriser les détails redondants. Plus les soldats mémorisent d'informations, plus le repli sera rapide et donc effectué en sûreté. Idéalement, les soldats prennent connaissance de tous les emplacements sous quatre formes :

▸ Coordonnées à 8 chiffres et azimuts des déplacements.

▸ Traits caractéristique du terrain sur une carte.

▸ En pointant du doigt la direction de chaque PRA.

▸ En affichant sur chacune de leurs deux boussoles (quand ils sont équipés de deux boussoles, une portée à gauche sur leur veste de combat, et l'autre à droite) les azimuts respectifs de chaque PRA (par exemple celui du PRA Noir sur celle de gauche, celui du PRA Jaune sur celle de droite – moyen mnémotechnique : NG-JD) .

Cette redondance permet un repli en souplesse lorsque les soldats sont fatigués et affamés au milieu de la nuit. Lorsque vous élaborez un plan de repli, faites en sorte que chaque point soit aussi simple à retenir que possible pour les soldats. Par exemple, choisissez des coordonnées répétitives ou des azimuts à nombre entier, lorsque cela est possible. Bien qu'il soit utile de noter ces informations, il est très facile de perdre des papiers lors d'un repli à la hâte. Si l'ennemi trouve le plan de repli, il sera en mesure de détruire le détachement avec son artillerie.

L'exécution d'un plan de repli est simple. Il suffit d'évacuer vers le PRA dans la direction opposée au contact avec l'ennemi, et de demeurer en contact permanent avec le commandement. Si la ZRT est attaquée, le CDS détermine s'il faut rompre le contact et évacuer, ou contre-attaquer et ensuite évacuer.

28. Tâches d'entretien et de remise en condition

Les tâches d'entretien en ZRT sont très souples. Alors que toutes les tâches de sûreté doivent être réalisées dans l'ordre, les tâches d'entretien des matériels et de remise en condition des personnels doivent être équilibrées les unes par rapport aux autres. Une arme très propre et en état impeccable est inutile dans les mains d'un soldat qui est éveillé depuis 40 heures sans eau.

28.a Entretien des armes[1]

Au cours d'une mission, les armes se salissent et des armes sales ne tirent pas correctement. Toutes les armes doivent être nettoyées, lubrifiées (l'U.S. Army utilise du «Cleaner Lubricant Preservative (CLP)») et il faut s'assurer qu'aucun corps étranger ne se trouve à l'intérieur de l'arme. **En journée, seul les démontages nécessaires à cet entretien sur le terrain sont effectués (démontage minimum) ; pendant la nuit, aucun démontage n'est jamais effectué** (consulter l'Image 164, p. 231). Les mitrailleuses M240 sont entretenues une à la fois, afin de ne pas entamer trop largement la disponibilité des moyens au profit de la sûreté ; quand une M240 est indisponible pour entretien, le détachement assure la sûreté à 100 % avec tous les personnels et un

---

1 **Citation :** Un mécanisme de sûreté usé peut faire que votre lance-grenade M203 tire au moment où vous vous y attendez le moins. Cela risque de vous rendre plutôt impopulaire dans ce qu'il reste de votre unité. — L'entretien mensuel préventif

Image 164 : Un caporal du 3rd Battalion, 4th Marine Regiment, Task Force Koa Moana 17 nettoie son arme. Île de Vava'u, Tonga, 26 juillet 2017. **Il est possible qu'une pièce de son arme soit cassée. Sinon, il n'y a aucune raison de démonter une arme sur le terrain et de risquer de perdre des petits pièces.**

Image 165 : Un sous-officier du 823rd Base Defense Squadron alimente une M240 lors d'un exercice. Base aérienne de Moody, Géorgie, 23 octobre 2017. Une mitrailleuse sans munitions n'est qu'un poids mort. **Sur une ZRT sans équipes de mitrailleuse opérationnelles, la sûreté doit être assurée avec 100 % des effectifs disponibles afin de pallier leur indisponibilité.**

GVMinimi du même groupe occupe temporairement la position de cette M240. Le CGA coordonne l'entretien des M240 l'une après l'autre et rend compte au SOA une fois l'activité terminée pour le groupe appui.

Une fois toutes les M240 entretenues, c'est le tour des Minimi. Là encore, afin de conserver une sûreté à 100 % au niveau de la ZRT, l'entretien est effectué à tour de rôle par groupe. Une fois les Minimi entretenues, les soldats peuvent commencer à nettoyer leurs fusils, un par un à chaque emplacement.

Image 166 : Un marine du 1st Platoon, Lima Company, 3rd Battalion, 1st Marine Regiment effectue un ravitaillement en eau. Bridgeport, Californie, 08 septembre 2014. **Notez à quel point cette position rend ce soldat vulnérable.** Des humains vivent souvent près de sources d'eau potable. Le ravitaillement en eau se fait avec très peu de soldats afin de préserver une discrétion maximale. Dans quelle mesure un plan de réapprovisionnement en eau doit-il être détaillé durant la planification ?

28.b Ravitaillement en eau[1]

Le ravitaillement en eau est effectué par une équipe d'au moins deux soldats, plus si le point d'eau est éloigné. Le ravitaillement commence par la collecte des gourdes du détachement dans des sacs. Toutes les gourdes partiellement remplies sont vidées et également mises dans les sacs. Les gourdes doivent toutes être identifiées afin qu'elles puissent être retournées à leur propriétaire. Les soldats chargés du ravitaillement sont ensuite décomptés en quittant la ZRT et effectuent un déplacement en sûreté jusqu'au point d'eau.

À l'endroit du ravitaillement, au moins un soldat doit assurer la couverture pour chaque soldat qui remplit les gourdes (consulter l'Image 166, p. 232). Si l'on utilise des comprimés d'iode, le soldat qui remplit les gourdes ne met jamais d'iode dans les gourdes ; c'est au soldat propriétaire de la gourde de le faire. Cela permet d'éviter que les deux soldats ne mettent chacun de l'iode dans la gourde, avec pour résultat une double dose. Les soldats sont de nouveau comptés à leur retour à la ZRT.

---

1   **Citation :** « Le dicton dit que l'on peut mener un cheval à l'eau, mais qu'on ne peut pas le faire boire. Au sein du Marine Corps on peut faire en sorte que ce cheval regrette amèrement de ne pas avoir bu. » — Fred Larson, instructeur de l'U.S. Marine Corps

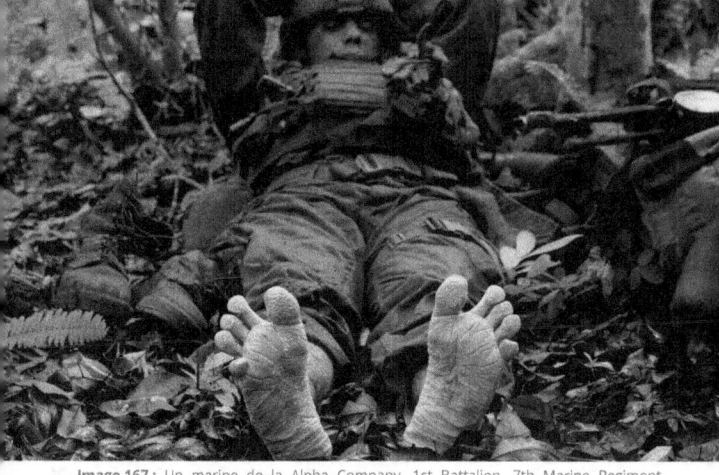

Image 167 : Un marine de la Alpha Company, 1st Battalion, 7th Marine Regiment s'allonge pour s'aérer les pieds après une patrouille. Centre d'entraînement de Kahuku, 14 septembre 2016. **Bien que les tâches de sûreté soient généralement prioritaires par rapport aux tâches de remise en condition, un soldat qui ne peut pas tirer ou bouger n'est pas en sécurité.**

28.c Alimentation, hygiène personnelle, équipement contre le froid, repos[1]

Le fonctionnement de la « vie courante » sur la ZRT est un travail d'équipe, et tout temps personnel que prend un soldat correspond à du temps personnel qu'un autre soldat ne peut pas avoir. Par conséquent, une durée déterminée et limitée est accordée à chaque soldat pour qu'il accomplisse toutes ses tâches de remise en condition personnelle à son rythme. Toutefois, s'il ne les a pas menées dans le délai imparti, une fois celui-ci écoulé il doit réoccuper son poste dans le dispositif de sûreté. Cela dit, les chefs d'équipe sont responsables de s'assurer que les soldats qui ne portent pas d'équipement de protection contre le froid ne grelottent pas tant qu'ils sont incapables de tenir leur arme proprement, et que les soldats mangent suffisamment pour bien accomplir leurs tâches (consulter l'Image 167, p. 233).

Les soldats restent complètement habillés et gardent leurs chaussures en permanence, sauf ordre contraire. Les sacs à dos sont toujours prêts et un seul article de la ration individuelle de campagne est sorti à la fois. Cela permet de réduire le temps nécessaire au rangement et à l'évacuation en cas d'un contact surprise avec l'ennemi.

1   **Citation :** « Le café a meilleur goût si les latrines sont creusées en aval d'un campement. » — Inconnu

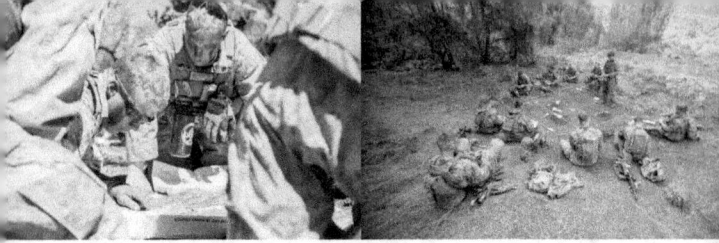

Image 168 : Un chef de section de l'U.S. Marine Corps et ses chefs de groupe planifient une manœuvre. Marine Corps Centre d'entraînement à la guerre en montagne, Bridgeport, Californie, 09 septembre 2014. Notez à quel point ces soldats sont serrés et proches les uns des autres par rapport aux soldats de l'image de droite.

Image 169 : Des marines en formation la School of Infantry West utilisent une maquette de terrain pendant le cours d'infanterie supérieur Kahuku, Hawaï, 20 juillet 2016. Une maquette de terrain est très utile pour donner les ordres mais nécessite plus d'espace, de temps et de planification.

28.d Planification et diffusion des ordres à la suite d'un FRAGO[1]

Un FRAGO (ordre simplifié en français, ou Fragmentary Order) est essentiellement un changement de mission ou de plan, transmis par l'échelon supérieur à un détachement qui entraîne des modifications à l'ordre d'opération initial (OPORD). Sur le terrain, une ZRT offre assez d'espace et de sûreté pour qu'un chef de détachement puisse planifier et donner de nouveaux ordres basés sur les directives du FRAGO reçu.

Planifier une mission mobilise (et donc distrait) les chefs et leurs adjoints. Par conséquent, pendant la planification et le briefing de celle-ci, la sûreté de la ZRT doit être à 100 %. La planification d'un FRAGO est un processus unique en soi, qui peut être consulté dans le Manuel des rangers (Ranger Handbook), entre autres manuels d'information.

Le briefing d'un FRAGO se déroule en quatre phases. Pour la première, tous les chefs, à l'exception des chefs des équipes Bravo, se regroupent au centre de la ZRT. Les chefs des équipes Bravo surveillent et aident leurs équipes, tandis que le CDS donne ses nouveaux ordres aux autres chefs.

Les trois phases suivantes sont la transmission des ordres aux groupes, un groupe à la fois, pendant que les deux autres groupes assurent la sûreté en se répartissant le secteur de celui-ci. Comme cette phase est répétée trois fois et que le temps est limité, les briefings doivent être aussi courts que possible. Le CGA peut également transmettre les ordres au groupe appui – mais généralement, comme les équipes de mitrailleuse sont réparties entre les groupes de combat, chacune est briefée avec son groupe de rattachement, et cette cinquième phase, le briefing du groupe appui, n'est donc pas nécessaire.

---

1   **Citation :** « La révolution a commencé avec 82 hommes. Si je devais la refaire, je la ferais avec 10 ou 15 et une foi absolue. La taille n'a pas d'importance si vous avez la foi et un plan d'action. » — Fidel Castro , Premier secrétaire du Comité central du Parti communiste de Cuba.

Image 170 : Des soldats du 2nd Platoon, Action Company, 2nd Battalion, 5th Infantry Regiment et leurs homologues de l'armée afghane se reposent abrités derrière un talus. Village de Dondokay, district de Sayed Abad, province de Wardak, Afghanistan, 22 novembre 2011. **Notez que deux GVMinimi assurent la sûreté de la halte pendant que les autres soldats se reposent.**

29. Zone de regroupement tactique de circonstance

Parfois, un détachement se déplace depuis 40 heures avec plus de 40 kilogrammes de charge sur les dos des soldats. Chaque soldat est physiquement épuisé, mais il n'est pas possible de consacrer deux heures à mettre en place une ZRT sécurisée, le détachement ne pouvant pas s'arrêter plus de deux heures dans sa progression. Dans ce cas, le CDT doit envisager de mettre ses soldats au repos en établissant une ZRT de circonstance.

Pour établir une ZRT de circonstance, le détachement se divise en deux lignes, qui se placent dos à dos et font face à l'extérieur. Une section est suffisamment nombreuse pour former un triangle, tous les soldats étant tournés vers l'extérieur. Les soldats s'assoient et retirent leurs sacs ; ils s'endorment dans cette position. La sûreté lorsque les soldats dorment est assurée par la mise en place d'un tour de veille.

Au moins deux soldats doivent être éveillés à tout moment, face à des directions opposées, et servant des mitrailleuses. En plus d'assurer la sûreté, la principale responsabilité de chacun de ses deux soldats est de s'assurer que l'autre reste éveillé.

Mais si les soldats ne tombent pas de sommeil, un détachement n'est pas suffisamment épuisé pour être contraint d'établir une ZRT de circonstance (consulter l'Image 170, p. 235).

Annex – Sommaire

Annexes

Il y a toujours quelque chose à faire de plus pour augmenter vos chances de réussite.

— *Lieutenant-Général Hal Moore, U.S. Army*

30. Mitrailleuse M240[1]

30.a Cadence de tir

Les munitions égalent du temps. Le réglage de la cadence de tir permet aux chefs d'équilibrer entre les besoins en munitions plus tard et les besoins pour maintenir la brutalité de l'action à l'instant.

Maximale – 650 à 950 coups par minute en continu ; le changement de canon se fait toutes les minutes. « Maximale » correspond à la vitesse maximale du cycle de fonctionnement mécanique de l'arme : (introduction, verrouillage, percussion, déverrouillage, éjection. La mesure de la cadence maximale n'inclut pas les tâches des servants (approvisionnement, visée, etc.).

Rapide – rafales de 10 à 13 coups espacées de 2 à 3 secondes ; le changement de canon se fait toutes les 2 minutes.

Modérée – rafales de 6 à 9 coups espacées de 4 à 5 secondes ; le changement de canon se fait toutes les 10 minutes. La cadence modérée est le rythme sur lequel l'arme peut tirer indéfiniment sans défaillance ; il s'agit donc de la cadence réelle à laquelle l'arme serait normalement employée lors d'un combat. La cadence modérée tient compte des tâches des servants telles que l'approvisionnement, la visée, le changement de canon, le refroidissement, etc.

30.b Drills de tir

Les mitrailleuses sont des machines complexes qui peuvent cesser de fonctionner après quelques minutes si elles ne sont pas manipulées correctement. Pour obtenir des performances optimales avec les M240, les mitrailleurs et aide-mitrailleurs doivent exécuter certains savoir-faire spécifiques pour assurer leur bon fonctionnement.

Changement de canon – la friction et la chaleur explosive peuvent littéralement faire fondre le canon d'une M240 rien qu'en tirant. C'est pourquoi les armes sont livrées avec des canons de rechange. Les changements de canon sont préventifs et s'effectuent en fonction de la cadence de tir. Tout remplacement de canon est effectué par le pourvoyeur ou l'aide-mitrailleur, étant donné que le mitrailleur ne peut pas l'atteindre facilement.

---

1   **Citation :** « Celui qui a dit que la plume est plus puissante que l'épée n'a évidemment jamais rencontré d'armes automatiques. » — Général Douglas MacArthur, U.S. Army

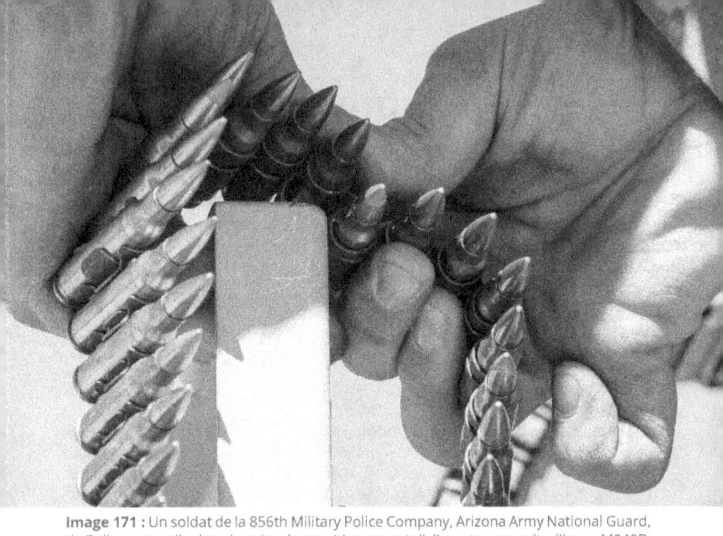

Image 171 : Un soldat de la 856th Military Police Company, Arizona Army National Guard, de Bellemont, relie deux bandes de munitions avant d'alimenter une mitrailleuse M240B.

La jonction et la division des bandes de munitions – la « jonction » signifie que l'on combine deux bandes en une seule. Les munitions sont généralement transportées en bandes de 100 cartouches, qui doivent être reliées entre elles avant et pendant le combat. Il existe trois façons de relier et de séparer des bandes de munitions de manière efficace. La première méthode consiste à pousser ensemble un maillon et une cartouche avec les deux pouces. C'est la méthode la plus rapide, mais aussi la plus difficile. La deuxième méthode consiste à utiliser des pinces pour pousser ensemble un maillon et une cartouche. C'est la méthode la plus lente, mais aussi la plus facile physiquement. Une méthode intermédiaire, à la fois rapide et facile, consiste à retirer les cartouches des maillons aux extrémités des bandes que l'on veut relier, à accrocher les maillons l'un à l'autre et à remettre ensuite les cartouches.

Tir des mitrailleuses – tirer en continu avec une mitrailleuse est dangereux en raison de la surchauffe des canons et de l'épuisement des réserves de munitions. Mais l'absence de mitrailleuse est également dangereuse, car les mitrailleuses tuent les ennemis. Par conséquent, lorsque plusieurs mitrailleuses sont disponibles, elles peuvent tirer en alternance : lorsqu'une mitrailleuse cesse de tirer, une autre entend l'arrêt et prend la relève en commençant à tirer. Il est beaucoup plus facile de coordonner les mitrailleuses avec un chef désigné : c'est l'une des tâches principales du CGA. De plus, lorsqu'une mitrailleuse ne tire pas, c'est une occasion de changer de canon, de joindre des bandes de munitions ou d'en récupérer.

Image 172 : Des marines américains de la Black Sea Rotational Force 18.1 exécutent un exercice « **mitrailleur hors de combat** » au cours de l'exercice Platinum Lion 18. Zone d'entraînement de Novo Selo, Bulgarie, 03 août 2018. L'aide-mitrailleur fait rouler le mitrailleur sur lui pour l'écarter de la mitrailleuse.

Mitrailleur hors de combat – si le mitrailleur est mis hors de combat (blessé/tué), l'aide-mitrailleur doit être prêt à le remplacer. L'aide-mitrailleur doit pousser ou faire basculer le corps pour prendre la place, arrêter le tir de la mitrailleuse (au besoin) et se mettre en position de tir. Le corps du mitrailleur peut être écarté en l'agrippant et en le faisant « rouler » sur soi ; où en le poussant fortement avec les pieds au niveau de ses hanches. Si un pourvoyeur est présent, l'aide-mitrailleur doit faire rouler le corps, et le pourvoyeur se mettre derrière la mitrailleuse (consulter l'Image 172, p. 239).

30.c Procédures en cas d'incident de tir

Quand une arme connaît un incident de fonctionnement, il faut le résoudre le plus rapidement possible. Une arme inopérante est un poids mort et pire que de ne pas avoir d'arme du tout. C'est pourquoi chaque arme demande un ensemble de procédures standard qui permettent de résoudre la plupart des problèmes très rapidement. Les instructions ci-dessous sont les procédures pour une M240, pour résoudre différentes situations.

Incident de tir – un incident de tir est un arrêt inopiné du fonctionnement de la mitrailleuse pour une raison quelconque ; il appelle une réaction, qui peut être soit une **action immédiate, soit une action corrective.**

Action immédiate – essayez d'abord l'action immédiate. Ensuite, si cela ne fonctionne pas, essayez l'action corrective, qui est un peu plus complexe. L'action immédiate se résume à ce qui suit : tirer la poignée d'armement vers l'arrière, observer si un étui/une cartouche est éjecté, ramener la poignée d'armement vers l'avant et tirer. Plus spécifiquement, l'action immédiate est « TORA », pour Tirer, Observer, Ramener et Appuyer :

Tirez – vers l'arrière et verrouillez la poignée d'armement pendant que vous...

Observez – l'orifice d'éjection pour voir si un étui, un maillon, ou une cartouche est éjecté. (Si aucun étui ou cartouche n'est éjecté, assurez-vous que la culasse reste à l'arrière pour éviter une double alimentation.)

Ramenez – la poignée d'armement vers l'avant, visez la cible ; et...

Appuyez – sur la détente Si l'arme ne tire pas, passez à l'action corrective.

Action corrective – lorsqu'un incident de tir se produit et que l'action immédiate n'a pas résolu le problème, le mitrailleur doit :

1) Orienter l'arme dans une direction non dangereuse.
2) Tirer la poignée d'armement vers l'arrière pour verrouiller la culasse. Pousser la poignée d'armement à fond vers l'avant et tenter de placer le levier de sûreté en position S.
3) Si l'arme est chaude, attendre cinq secondes.
4) Détourner son visage de l'arme et ouvrir le couvercle, vérifier les griffes d'alimentation, la platine d'alimentation et le couvercle de la platine, et effectuer le contrôle de sûreté en quatre points. Réalimenter et reprendre le tir.

Emballement du tir – l'arme continue à tirer même après que le mitrailleur a relâché la détente. La cause en est généralement que le mitrailleur n'a pas tiré et maintenu la détente à fond à l'arrière. En cas d'emballement du tir, prendre les mesures immédiates suivantes :

▶ Le mitrailleur maintient l'arme en direction de la cible et tire les munitions restantes ;

▶ L'aide-mitrailleur coupe la bande de munitions (en poussant une cartouche hors de son maillon) pour interrompre l'alimentation de l'arme.

Manque de fluidité et tir coup par coup – nettoyer, lubrifier, inspecter et remplacer les pièces usées. Ajuster le régulateur de gaz pour maintenir la cadence de tir jusqu'à ce qu'il soit possible de procéder à l'entretien et au démontage nécessaires.

Image 173 : Un soldat du 1st Battalion, 4th Infantry Regiment tire un LRAC léger M136E1 AT4-CS. Centre multinational interarmées de préparation opérationnelle (JMRC), à Hohenfels, Allemagne, 29 octobre 2015. Il peut s'agir d'une **position de couverture** lors d'une embuscade ou de la traversée d'une zone dangereuse linéaire.

31. Arme antichar légère AT4

Les armes antichars sont très efficaces pour détruire tout type de véhicule et sont indispensables pour tout détachement à pied. Toutefois, elles peuvent également être dangereuses et leur utilisation nécessite un entraînement. Cette section présente la procédure de tir d'une AT4. Avant le tir, il faut s'assurer que la zone située derrière l'AT4 (c'est-à-dire la zone de souffle arrière) est sûre. La zone de souffle arrière est de 45 degrés de part et d'autre de l'arme (soit 90 degrés) sur une profondeur de 100 mètres.

Position « berceau » – retirez l'AT4 de sa position de transport et calez-le dans votre bras gauche (la position « berceau ») tout en gardant l'arme pointée vers la cible.

Retrait de la goupille de sûreté de transport – avec votre main droite, tirez et relâchez la goupille de sûreté de transport. Il est important de conserver la goupille jusqu'au tir ; vous devrez la remettre en place en cas de non tir.

Déploiement de l'AT4 – déployez et tenez l'épaulière avec votre main droite. Placez le lanceur sur votre épaule droite. Stabilisez l'AT4 en saisissant la bretelle à l'endroit où elle est accrochée, avec votre main gauche.

Ouverture et réglage des organes de visée – l'AT4 étant placé sur votre épaule droite, déployez les organes de visée avec votre main droite : déployer le guidon en appuyant sur la capot et en le faisant coulisser vers l'arrière ; puis déployer l'œilleton en appuyant sur la capot et en le faisant coulisser vers l'avant. L'œilleton se trouve à une distance de 6 à 7 centimètres de vos yeux. Réglez la hausse de l'œilleton à la bonne distance pour la cible.

Armement de la munition – vérifiez la zone de souffle arrière avant d'armer la munition. La zone de souffle est de 90 degrés sur une profondeur de 100 mètres, soit la longueur d'un terrain de football ! Ensuite, dépliez le levier d'armement avec votre main droite. Placez votre pouce sous le levier et placez vos doigts devant le mécanisme de mise à feu. Poussez le levier d'armement vers l'avant et effectuez une rotation à droite, et laissez-le glisser vers l'arrière.

Tirer – tirez sur la bretelle avec la main gauche pour caler l'épaulière fermement contre votre épaule. Pour éviter un raté, utilisez l'index et le majeur de votre main droite pour maintenir la sûreté avant vers le bas et vers la gauche pendant que vous tirez.

32. Communications et liaisons

Avoir des liaisons est primordial pour un détachement. Au cours d'une mission, les soldats parlent à leurs chefs. Les différents chefs se parlent entre eux. Le détachement s'adresse à son échelon supérieur. Chaque moment, lieu, méthode et déclencheur d'un échange entre interlocuteurs doit être planifié ou envisagé avant même le début de la mission.

32.a Compte rendu d'exécution de la mission

Un compte rendu (CR) de mission est un rapport destiné à l'échelon supérieur indiquant qu'une action planifiée a été exécutée. Il doit être transmis dès que possible après l'action au moyen d'une phrase codée. Ce CR est fait par le chef d'équipe Bravo dans un groupe et le radio dans une section. Le CR d'exécution de la mission est important pour l'échelon supérieur afin qu'il puisse coordonner et soutenir les troupes sur le terrain. Voici quelques exemples de rapports classiques[1] :

Infiltration terminée –	Coup d'envoi
PRO établi –	Mi-temps
Embuscade occupée –	Essai
Mission terminée –	Transformation
En ZRT –	Paradis

32.b Options de communication PACU

Les options de communication redondantes prévues par les plans PACU (Principal, Alternatif, Circonstance, Urgence) sont essentielles. Les plans de

---

[1] **Situation réelle :** Ces mots-codes sur le thème du football américain (similaires à ceux du rugby donnés en exemple ci-dessus) ont été utilisés si souvent en temps de guerre et à l'école qu'ils ne devraient jamais être utilisés au combat. Renouvelez toujours vos codes !

Image 174 : Un soldat du 2-20th Special Forces Group (Airborne) montre l'utilisation correcte d'un **bâton lumineux attaché au bout d'une cordelette** pour pouvoir le faire tourner et le rendre plus visible lors d'un entraînement à tir réel. Camp Shelby, Mississippi, 21 janvier 2019.

secours garantissent que le succès de la mission ne dépend jamais d'une seule radio ou d'un seul sifflet. Compte tenu de l'importance vitale des liaisons, de leur complexité et de la variété des options de communication disponibles, un plan PACU finit toujours par être compliqué. **Mais si les soldats ne connaissent pas le PACU, il ne sert à rien !**

Il est important d'utiliser autant d'options de communication que possible simultanément. Avoir plusieurs options de communication ne signifie pas qu'elles doivent être utilisées l'une après l'autre. Par exemple, lors du déclenchement d'une embuscade, le déclenchement des mines Claymores et le tir des M240 sont deux options de communication distinctes et simultanées pour déclencher l'embuscade.

32.c Exemples de méthodes de communication

À genoux/ En position couchée	Radio FM	Bande lumineuse haut ou bas, gauche ou droite	Mot de passe, combo de mots ou de chiffres	Cordelette (attachée à un soldat sur laquelle son chef peut tirer pour l'alerter)	Bâton lumineux présent ou absent
Gestes de la main et du bras	Sifflet	Téléphone satellite	Grenade fumigène	Mine Claymore	Coups de feu
Estafette (coureur)	Voix	Panneau VR17 montré ou caché	Identification visuelle	Téléphone	Flash infrarouge Pair ou impair

32.d Exemples de plan PACU global

Drill	Info	Heure	Principal	Alternatif	Circons.	Urgence
Traversée de ZDL	Couverture en place	Jour	Radio FM	VS17	À genoux/ En position à couchée	Gestes
		Nuit	Radio FM	Ruban lumineux	Lumière Infrarouge	Bâton Lumineux
	Ennemi en approche	Jour	Radio FM	VS17	À genoux/ En position à couchée	Équipe de relais
		Nuit	Radio FM	Ruban lumineux	Lumière Infrarouge	Bâton Lumineux
	Côté éloigné sécurisé	Jour	Radio FM	VS17	À genoux/ En position à couchée	Estafette
		Nuit	Radio FM	Ruban lumineux	Lumière Infrarouge	Bâton Lumineux

Drill	Info	Heure	Principal	Alternatif	Circons.	Urgence
Réaction à un contact	Report des tirs	Jour	Voix CDG	Voix CDE	Sifflet	VS17
		Nuit	Voix CDG	Voix CDE	Bâton Lumineux	Ruban lumineux
	Levée des tirs	Jour	Voix CDG	Voix CDE	Sifflet	VS17
		Nuit	Voix CDG	Voix CDE	Bâton Lumineux	Ruban lumineux

Drill	Info	Heure	Principal	Alternatif	Circons.	Urgence
Recon-naissance proche	Retour élément ami	Jour	Radio FM	VS17	Gestes de la main	Voix
		Nuit	Radio FM	Combo de mots	Combo de chiffres	Voix

Drill	Info	Heure	Principal	Alternatif	Circons.	Urgence
Embus-cade	Début	Jour	Mine	M240	CDG M4	AM M4
		Nuit	Mine	M240	CDG M4	AM M4
	Levée des tirs	Jour	Voix CDG	Voix CDE	Voix AG	Estafette
		Nuit	Voix CDG	Voix CDE	Voix AG	Estafette

33. Glossaire

33.a Acronymes

3D	Direction, Distance, Description
A3D-CC	Alerte 3D (Direction, Distance, Description) Cadence Commandement
AM	aide-mitrailleur
AOÉO	Arrêt Observation Écoute Odeur
AT4	AT4 - lance-roquette antichar (LRAC)
AUXSAN	auxiliaire-sanitaire
C.ASS	chef de l'élément d'assaut
CAS	Close Air Support (appui aérien rapproché)
CDE	chef d'équipe
CDEA	chef d'équipe Alpha
CDEB	chef d'équipe Bravo
CDG	chef de groupe
CDS	chef de section
CDT	chef de détachement (peut être un CDS, un CDG, rarement un CDE)
CGA	chef de groupe appui
CHÉS-D	C – À COUVERT et camouflé H – HORS de vue, d'écoute et des tirs d'armes légères É – À l'ÉCART S – SPACIEUX D – Facile à DÉFENDRE
CHÉS-DET	C – À COUVERT et camouflé H – HORS de vue, d'écoute et des tirs d'armes légères É – À l'ÉCART S – SPACIEUX D – Facile à DÉFENDRE E – EAU à proximité T – TERRAIN
CIRD	Couleur, Instructions pour la sécurisation Récupération Délai imparti
COA-A	Communications Optiques Armement Attaches
DTP	direction de tir principale
ED	équipe de démolition
EEI	engin explosif improvisé
EPG	équipe de traitement des prisonniers de guerre
EPSB	équipe de premiers secours et de brancardiers
ERAC	Ennemi Repli Abandon Compromission
ERC	équipe de reconnaissance du chef
EVASAN	évacuation sanitaire
FRAGO	ordre simplifié (Fragmentary Order)
FSS-RPI	Fouille Séparation Silence Rapidité Protection Identification
GV	grenadier-voltigeur

GVMinimi	GV doté d'une Minimi (mini-mitrailleuse M249)
HLZ	zone de posé d'hélicoptère (Helicopter Landing Zone)
IDP	identification positive
INF	infanterie
L.ARR	ligne d'arrêt
LDA	limite d'avance
LPF	ligne de protection finale
LWGM	affût léger (par exemple, M192)
M18	mine à effet dirigé (MAPED) Claymore
M192	trépied pour M240
M203	lance-grenades
M240	mitrailleuse moyenne
M249	mitrailleuse légère / mini-mitrailleuse (Minimi)
M4	fusil de combat standard
M40	testeur claymore
M57	allumeur mine Claymore
MEP	Munitions Équipements Pertes
METE-DC	Mission Ennemi, Terrain/Météo Effectifs disponibles Délais Civils
Minimi	mitrailleuse légère M249 / mini-mitrailleuse
OA	observateur avancé
OPOD-LM	Objectif Position Observateur Déclencheur Liaison Munitions
OPORD	ordre d'opération (Operation Order)
P DIS	point de dislocation
PACU	Principal Alternatif Circonstance Urgence)

PAM	Personnel Armement Matériels
PAX	Désigne un passager d'un aéronef (par ex. un parachutiste) ou un personnel
PEB	point d'évacuation des blessés
PEQ-15	support laser pour fusil
PGE	prisonnier de guerre ennemis
PIA	Point d'identification et d'accueil
PM	pourvoyeur de l'équipe de mitrailleuse
PPHCA	Point à atteindre Personnel avec le chef Heure limite Conduite à tenir en cas de retard Actions à entreprendre en cas de contact pour les deux éléments
PRB	point de regropupement des blessés
PRER	point de regroupement en route
PRI	point de regroupement initial
PRO	point de regroupement avant l'objectif
PRV	point de ramassage en véhicule
Radio	Opérateur-radio
S&O	surveillance et observation
SLM-CC	Signes de saignement Lumières M pour MEP Munitions, Équipements, Pertes Couverture Chargeurs
SOA	sous-officier adjoint (adjoint du chef de section)

SPC-DC	Secteur de tir
	Priorité de cibles
	Couloir d'assaut
	Débit
	Camouflage
TORA	Tirer
	Observer
	Ramener
	Appuyer
VA-AC-C	Viser Attacher
	Armer Confirmer
	Camoufler
VALU-HE	Volume
	Attitude
	Localisation
	Unité/Uniformes
	Horaire
	Équipements

VS17	panneau air-sol en service dans les forces U.S.
WNGO	ordre préparatoire (Warning Order)
ZA-SAT-CPLA	ZA – Zone Aveugle
	SAT – Secteurs d'Assaut et de Tir
	C – Camouflage
	P – Plat (terrain plat)
	L – Largeur (50 mètres)
	A – Arbres (mines)
ZDE	zone dangereuse exposée
ZDL	zone dangereuse linéaire
ZRT	zone de regroupement tactique
ZRT-A	zone de regroupement tactique alternative

33.b Autres Acronymes Militaires

AA	Appui aérien
AI	Autonomie initiale
APP	Appui
ASS	Assaut
ATK	Attaque
AV G	Avant-garde
C ARR	Coup d'arrêt
C.ATK	Contre-attaque
CBT USU	Combat d'usure
DETR	Détruire
DI	Dotation initiale
DISP	Dispositif
DL	Détachement de liaison
DLO	Détachement de liaison et d'observation
DLOP	Détachement de liaison et d'observation dans la profondeur
DLRG	Détachement de liaison et de reconnaissance du génie
DSA	Défense sol-air
ECL	Éclairage
EMB	Embuscade
ENGT	Engagement
ENI	Ennemi

EO	Équipe d'observation
EOP	Équipe d'observation dans la profondeur
EPL	Exploitation
ETF	Effort
FCHT	Franchissement
FG	Flanc-garde
FGF	Flanc-garde fixe
FGM	Flanc-garde mobile
FIX	Fixer
FLOT	Ligne avant des forces amies (Forward line of own troops)
FORAD	Force adverse
FRN	Freinage
FRT	Front
HAR	Harcèlement
INFILT	Infiltration
INTDR	Interdire
ITIN	Itinéraire
JAL	Jalonner
LAS	Ligne d'appui et de soutien
LCTC	Ligne de contact
LIA	Ligne d'identification et d'accueil

LIM	Limite		RAV	Ravitaillements
LO	Liaison		RECO	Reconnaître - Reconnaissance
LR	Ligne de résistance		RED	Réduire - Réduction
LRCL	Ligne de recueil		RENF	Renforcement
MA	Mode d'action AMI		RENS	Renseignements
ME	Mode d'action ENNEMI		RESIS	Résistance
NEUT	Neutraliser		RET	Rétablir
OBJ	(OBJ 1, OBJ 2) Objectif (n° 1, n° 2)		RETAR	Retardatrice
			SOUT	Soutien
OBST	Obstacle		SRT	Sûreté
OL	Officier de liaison		TACOM	Commandement tactique (Tactical command)
OPCOM	Commandement opérationnel			
OPCON	Contrôle opérationnel		TACON	Contrôle tactique (Tactical control)
P DIS	Point de dislocation			
PA	Point d'appui		ZA	Zone d'action
PFCHT	Point de franchissement		ZDO	Zone de déploiement opérationnel
PI	Point initial			
PSP	Poste de secours principal		ZE	Zone d'engagement
RAPFOR	Rapport de forces		ZIO	Zone d'intérêt des objectifs

33.c Terminologie[1]

Alimentation par bandes	Alimentation en munitions des armes automatiques (mitrailleuse M240B ou M249) qui utilisent une bande de munitions (cartouches reliées par des maillons).
Appui feu indirect	Le type d'appui au combat, apporté aux forces terrestres par l'artillerie, les mortiers, les tirs navals et l'appui aérien rapproché.
Arme de secteur	Arme utilisée pour attaquer une cible dans une zone déterminée.
Arme ponctuelle	Arme utilisée pour attaquer une cible ponctuelle.
Assaut	Attaque brève, brutale, mais bien ordonnée contre une zone.
Base d'assaut	Emplacement sur lequel se déploie en ligne l'élément d'assaut avant de lancer l'assaut.
Besoins en informations sur les forces amies	Ce que le commandant doit savoir sur les forces amies.
Besoins en renseignements	Renseignements sur l'ennemi qui doivent être recueillis pour le commandant.

---

1 **Citation :** Le Pentagone a annoncé que sa lutte contre ISIS serait appelée Opération Inherent Resolve (Résolution Innée). Ils ont trouvé ce nom à l'aide de l'Opération Random Thesaurus (Grand Dictionnaire Aléatoire). — Jimmy Fallon, comédien américain

Besoins en renseignements critiques du commandant Une liste complète des demandes de renseignements critiques dans le processus de prise de décision essentielles pour le succès de la mission.

Besoins prioritaires en renseignements Une partie des besoins critiques en renseignements du commandant ; ce que le commandant a besoin de savoir sur l'ennemi.

Chaîne de commandement La chaîne de soldats exerçant un commandement par laquelle les ordres sont transmis et les responsabilités déléguées ou transférées.

Cible d'opportunité Cible identifiée trop tard pour être incluse dans le ciblage et qui répond à des critères spécifiques à la réalisation des objectifs.

Cible de zone Des cibles qui ne présentent pas de point de mire spécifique pour l'attaquant. Un groupe de personnes est une cible de zone.

Cible ponctuelle Cible bien définie et de dimension réduite. Une personne est une cible ponctuelle.

Comms/Commu Abréviation de « communications », qui comprend les radios, la messagerie, le cryptage, etc.

Côté faible Le côté d'une route d'où l'on ne s'attend pas à ce que l'ennemi arrive.

Côté fort Le côté d'une route d'où l'on s'attend à ce que l'ennemi arrive.

Coude Changement de direction de 90 degrés et demi-tour visant à créer les conditions d'une embuscade de flanc contre un poursuivant,

Couvert Protection offerte par le terrain et l'environnement contre les tirs de systèmes d'armes spécifiques.

Couverture (Élément de couverture) Unité qui prend l'ensemble des mesure actives ou passives pour s'opposer à une action éventuelle de l'ennemi pouvant menacer le déroulement de l'action principale amie, à l'échelon considéré (par exemple, une section plaçant un élément face à une direction jugée dangereuse pour protéger un dispositif d'embuscade : l'élément de couverture)

Crochet Grand contournement qui oriente l'unité contre sa piste précédente, destiné à créer les conditions d'une embuscade de flanc contre un poursuivant,

Démonté(s) Personnes ou soldats ne se trouvant pas dans des véhicules.

Détachement Un détachement est un groupe de soldats envoyés pour accomplir une mission. Par exemple, un détachement peut mener une embuscade, une patrouille ou en reconnaissance.

Dispositif Organisation d'un détachement à l'arrêt, en sûreté, afin de conduire une mission (dispositif d'embuscade)

Dissimulation	Protection contre l'observation ou la surveillance.
Dotation initiale	Quantité de munitions nécessaire pour répondre aux besoins de combat jusqu'au prochain réapprovisionnement. Pour la M240, la norme est de 900 à 1 200 cartouches.
Drill de combat	Action collective exécutée rapidement et automatiquement sans mise en œuvre d'un processus décisionnel préparé.
Élément d'assaut	Unité qui s'empare de l'objectif et le sécurise, et qui protège les équipes spécialisées pendant qu'elles accomplissent les actions qui leur sont assignées sur l'objectif.
Élément d'appui	Un élément qui fournit un appui par le feu (ou autre) au profit de la manœuvre d'une autre.
Élément en couverture	Un élément qui prend une position (généralement dominante) lui permettant d'observer les positions probables de l'ennemi et de fournir un tir de couverture efficace au profit des unités amies.
Embuscade	"Attaque surprise par le feu à partir de positions dissimulées contre un ennemi en mouvement ou temporairement arrêté, afin de le détruire ou de le capturer, lui et son équipement."
Embuscade à distance	Embuscade à distance utilisée pour endommager et harceler un ennemi afin de le dissuader, de le ralentir, de le désorienter et de le détruire peu à peu.
Embuscade à proximité	Embuscade à proximité utilisée pour détruire complètement un ennemi.
Emplacements	Placement intentionnel et spécifique de soldats par le commandement dans un dispositif.
Exfiltration	Le retrait de personnel ou d'unités de zones contrôlées par l'ennemi par des moyens furtifs, la tromperie, la surprise ou des moyens clandestins.
Extraction	Évacuation d'urgence des blessés d'une zone de combat, avant évacuation sanitaire (EVASAN) par voie terrestre ou aérienne.
Feux coordonnés	Synchronisation des secteurs de tir des différentes armes afin d'assurer une couverture complète et optimale du sac à feu.
Force de réaction rapide	Unité en attente afin de fournir rapidement un renfort à un élément attaqué.
Formation	Un groupe de deux soldats ou plus à proximité les uns des autres, dont tous les déplacements sont coordonnés à l'unisson. Désigne l'organisation adoptée par un détachement pour se déplacer (par ex., en V pointe en avant, ou en colonne),
Formation d'assaut	Se déplacer dans une zone dangereuse en formation en ligne, prête à l'assaut.

Gros	Principale composante d'un commandement tactique ou d'une formation, à l'exclusion des éléments détachés.
Groupe (de cibles)	Deux cibles ou plus sur lesquelles on cherche à tirer simultanément.
Groupe d'appui à la manœuvre	Élément qui peut être retiré d'une partie d'un périmètre de sûreté et placé ailleurs tout en conservant une sûreté à 360 degrés.
Halte	Un arrêt temporaire lors d'un déplacement.
Halte de courte durée	Arrêt temporaire au cours d'un mouvement d'une durée inférieure à cinq minutes.
Halte longue	Arrêt temporaire au cours d'un mouvement de plus de cinq minutes.
Infiltration	Pénétration de personnel ou d'unités dans des zones contrôlées par l'ennemi par des moyens furtifs, la tromperie, la surprise ou des moyens clandestins
Itinéraire d'approche	Cheminement suive par une force attaquante pour accéder à son objectif ou à un terrain clé.
Jonction / Point de jonction	Procédure prédéterminée permettant à plusieurs éléments d'échanger des signaux de reconnaissance et de se regrouper en toute sécurité.
Kill box	Zone dans laquelle on prévoit que l'ennemi se déplacera et sera attaqué. La kill box réunit l'ensemble des tirs des différentes armes disponible
Ligne d'arrêt	Ligne choisie pour déclencher le tir d'arrêt,
Limite d'avance	Lieu/ligne facilement identifiable que les éléments d'assaut ne dépassent pas,
Manœuvre	Déplacement de forces appuyées par le feu pour atteindre une position avantageuse à partir de laquelle elles peuvent détruire ou menacer de détruire l'ennemi.
Métal contre métal	Un trépied M192 ne permet à la M240 de ne pivoter que de 25 degrés à gauche et à droite par rapport au centre. On parle de « métal contre métal « lorsque le canon pivote de 25 degrés, heurte le trépied et ne peut physiquement plus tourner.
Minimi	Mini-mitrailleuse type M249
Mission	Tâche principale assignée. Contient le qui, le quoi, le quand, le où et le pourquoi, mais rarement le comment.
Mitrailleuse à gauche	La mitrailleuse M240 est à gauche de la formation.
Objectif (zone de l'objectif)	Zone où se trouve l'objectif de l'embuscade et dans laquelle le détachement installe son dispositif.
Passage	Ouverture dans un obstacle permettant le passage de fantassins ou véhicules

Patte de corbeau	Formations dans lesquelles les soldats en position couchée imbriquent leurs pieds et visent dans des directions différentes.
Phase	Période spécifique d'une opération, différente de celles qui la précèdent ou la suivent.
Point de contrôle	Point prédéterminé utilisé comme moyen de coordination des mouvements amis.
Point de ralliement	Point à rejoindre en fonction de certaines conditions,
Point de regroupement avant l'objectif	Lieu de rassemblement avant l'occupation de la zone de l'objectif.
Point de regroupement en route	Les points de regroupement sont déterminés au fur et à mesure que le détachement traverse une zone propice à un point de regroupement.
Point de regroupement initial	Lieu où le détachement peut se regrouper s'il est séparé avant de quitter la zone amie ou avant d'atteindre le premier point de regroupement en route.
Porté(s)	Infanterie se déplaçant à bord de véhicules.
Portée effective	Portée à laquelle une arme a une probabilité de 50 % d'atteindre une cible.
Priorité des tirs	Classement des cibles disponibles pour une seule arme. Ou classement de différentes armes (feux) pour une même cible.
Progression en perroquet	Progression par bonds successifs, l'élément de tête progresse, se poste, et fait un nouveau bond quand l'élément suivant le rejoint et prend sa place.
Progression en tiroir	Progression par bonds successifs, l'élément de tête progresse, se poste, est dépassé par l'élément suivant, qui se poste à son tour, est dépassé à son tour et ainsi de suite.
Reconnaissance	Tâche consistant à obtenir des informations sur les activités ou les ressources.
Reconnaissance du chef	Reconnaissance effectuée par un sous-ensemble d'un élément et incluant le commandement du détachement, en vue d'actions ultérieures.
Secteur de tir	Zone qu'une seule arme ou un groupe d'armes peut couvrir efficacement par ses tirs à partir d'une position donnée.
Signal d'attaque	Signal donné à une unité plus importante pour qu'elle commence à attaquer à l'unisson.
Signaux de reconnaissance	Signaux prédéterminés que deux éléments distincts connaissent tous les deux et qui peuvent être échangés pour confirmer l'identification.
Sûreté	En opérations, mesures visant à priver l'adversaire de renseignements et assurer la liberté d'action d'une force, la prévenir d'une rencontre inopinée et la protéger d'une attaque.
Tâche	Activité clairement définie et mesurable.

Talweg	Élément de terrain formé par deux crêtes ou éperons parallèles séparés par un terrain bas.
Terrain clé	Toute zone qui, lorsqu'elle est saisie, conservée ou contrôlée, confère un avantage marqué à l'un ou l'autre des combattants.
Tir d'arrêt	Barrière de feu immédiatement disponible et planifiée, destinée à assurer la protection rapprochée des positions amies en entravant les mouvements de l'ennemi.
Tir direct	Tir dirigé sur une cible visible par le tireur.
Tir indirect	Viser et tirer un projectile sans dépendre d'une ligne de vue directe entre l'arme et la cible.
Tir rasant	Tirs de mitrailleuse qui « rasent » systématiquement le sol lors d'un mitraillage. Généralement à une hauteur d'environ un mètre pour tirer sur les moteurs et les hanches.
Tirs de flanc	Tirs en direction d'ennemis qui sont alignés perpendiculairement aux tirs. Par opposition à l'enfilade.
Tirs de neutralisation	Feux appliqués sur une force ou une position ennemie afin de réduire la capacité de l'ennemi à interférer avec les éléments amis.
Tirs en défilade	Tirs qui touchent les ennemis qui sont alignés perpendiculairement aux tirs. Opposé à l'enfilade.
Tirs en enfilade	Tirs en direction d'ennemis qui sont alignés face aux tirs. Par opposition au tir de flanc.
Trans	Abréviation de « Transmissions », qui comprend les radios, la messagerie, le cryptage, etc.
Véhicule sanitaire	Véhicule normalisé et spécialisé qui évacue les blessés de la zone des combats et permet au personnel médical de fournir des soins en cours de route.
Zone aveugle	Zone située dans le rayon d'action maximal d'un système d'armes et qui ne peut être couverte par ce dernier.
Zone d'atterrissage/de posé	Zone spécifiée à l'intérieur d'une zone prédésignée utilisée pour l'atterrissage des aéronefs.
Zone dangereuse	Tout endroit où un détachement est vulnérable à l'observation ou au feu de l'ennemi.
Zone dangereuse exposée	Tout endroit où un détachement est vulnérable à l'observation ou au tir de l'ennemi depuis le front et les flancs, tel qu'une grande zone ouverte.
Zone dangereuse linéaire	Tout endroit où un détachement est vulnérable à l'observation ou aux tirs de l'ennemi, principalement depuis les flancs, comme un sentier, une route ou un cours d'eau.
Zone de posé hélicoptère	Voir zone d'atterrissage.

34. Crédits photos

Un grand merci aux photographes des différentes forces armées qui ont permis la réalisation de ce livre. Tous les dessins et illustrations sont de l'auteur. La présence d'informations visuelles du ministère américain de la défense (U.S. Department of Defense – DoD) n'implique ni ne constitue une approbation de la part du DoD.

Image sur le devant : U.S. Army SGT Henry Villarama
Image au dos 1 : U.S. Army SSG James Avery
Image au dos 2 : U.S. Army 1LT Ryan DeBooy
Image au dos 3 : U.S. Army N.G. 1LT Robert Barney
Image au dos 4 : U.S Army SPC John Lytle
TOC Image 1 : U.S. Army Timothy Gray
TOC Image 2 : U.S. Marine Corps SGT Ricky Gomez
TOC Image 3 : U.S. Army N.G. SGT Arturo Guzman
TOC Image 4 : U.S. Marine Corps LCPL Ryan Young
Intro TOC : U.S. Marine Corps SGT Ricky Gomez
Image 1 : National Parks Service Wayside Exhibit
Phase 1 TOC : U.S. Air Force SSGT Corey Hook
Image 2 : U.S. Army SPC Patrik Orcutt
Image 4 : U.S. Army SGT Joseph Truckley
Image 5 : U.S. Army MAJ Carson Petry
Image 7 : U.S. Army SSG Steven Colvin
Image 8 : U.S. Army SPC Shawn M. Cassatt
Image 9 : U.S. Air Force SSGT Christopher Hubenthal
Image 11 : U.S. Air Force GS Heide Couch
Image 12 : U.S. Marine Corps CPL Timothy Valero
Image 13 : U.S. Army N.G. 1LT Leland White
Image 14 : U.S. Air Force SRA Ryan Conroy
Image 18 : U.S. Army SPC Steven Hitchcock
Image 19 : U.S. Air Force SSGT Westin Warburton
Image 20 : U.S. Air Force SSGT Westin Warburton
Image 23 : U.S. Marine Corps SGT Tony Simmons
Image 25 : U.S. Army VIS Paolo Bovo
Image 26 : U.S. Army VIS Markus Rauchenberger
Image 27 : U.S. Marine Corps CPL Timothy Valero
Image 28 : U.S. Army MAJ Robert Fellingham
Image 34 : U.S. Marine Corps CPT Hassett
Image 35 : U.S. Marine Corps CPL Daniel Negrete
Image 37 : U.S. Army SPC Ryan Lucas
Image 38 : U.S. Navy MC2 Michael Lopez
Image 39 : U.S. Army SGT Benjamin Northcutt
Image 41 : U.S. Army Scott T. Sturkol
Phase 2 TOC : U.S. Army SGT Timothy Hamlin
Image 42 : PIMOC Courtesy Photo
Image 43 : U.S. Air N.G. MSGT Matt Hecht
Image 44 : U.S. Air Force A1C Brennen Lege
Image 45 : U.S. Marine Corps LCPL Zachary Beatty
Image 46 : U.S. Marine Corps LCPL Samuel C. Fletcher
Image 47 : U.S. Marine Corps CPL Aaron S. Patterson
Image 50 : U.S. Army SFC Whitney Houston
Image 52 : U.S. Army SPC Jose Rivera
Image 53 : U.S. Army LTC John Hall
Image 54 : U.S. Army VIS Elena Baladelli
Image 56 : U.S. Army SGT Daniel Cole
Image 57 : U.S. Army PFC Steven Young
Image 62 : U.S. Army SGT Paige Behringer
Image 64 : U.S. Navy CPO Johnny Bivera
Image 65 : U.S. Army SSG Corinna Baltos
Image 68 : U.S. Army SGT Kissta DiGregzorio

Image 69 : U.S. Marine Corps CPL Alexander Mitchell
Image 70 : U.S. Army SSG Thomas Duval
Image 71 : U.S. Army SSG Ray Boyington
Image 72 : U.S. Marine Corps CPL David A. Perez
Image 74 : U.S. Air Force SSGT Corban D. Lundborg
Image 75 : U.S. Army SPC Robyn Kropf
Image 76 : U.S. Marine Corps CPL Danny Gonzalez
Image 77 : U.S. Air Force TSGT Michael Holzworth
Image 78 : U.S. Army SSG Teddy Wade
Image 79 : U.S. Army SGT Anita VanderMolen
Image 80 : U.S. Air Force TSGT Russell E. Cooley IV
Phase 3 TOC : U.S. Marine Corps CPL Cody Haas
Image 82 : U.S. Army SRA Ryan Conroy
Image 89 : U.S. Army SGT Aaron Ellerman
Image 91 : U.S. Army SSG Samuel Northrup
Image 93 : U.S. Marine Corps LCPL Reine Whitaker
Image 95 : U.S. Army MODE PAO Patrick A. Albright
Image 96 : U.S. Marine Corps SGT Allison M. DeVries
Image 97 : U.S. Marine Corps CPL Joshua W. Brown
Image 98 : U.S. Army PFC Liem Huynh
Image 99 : U.S. Army PFC Liem Huynh
Image 102 : U.S. Air N.G. SSGT Andrew Horgan
Image 103 : U.S. Air N.G. SSGT Andrew Horgan
Image 105 : U.S. Marine Corps CPL Bryan Nygaard
Image 106 : U.S. Army VIS Paolo Bovo
Image 107 : U.S. Army SGT Melissa Wenger
Image 108 : U.S. Marine Corps LCPL Ernesto Rojascorrea
Image 110, 1 et 2 : U.S. Army VIS Paolo Bovo
Image 112 : U.S. Army PFC Payton Wilson
Image 114 : U.S. Marine Corps 1ST LT John McCombs
Image 116 : U.S. Air N.G. TSGT Sarah Mattison
Image 117 : U.S. Army SGT William A. Tanner
Image 118 : U.S. Marine Corps CPL Emmanuel Ramos
Image 120 : U.S. Army SSG Tramel Garrett
Image 121 : U.S. Army SSG Pablo N. Piedra
Image 131 : U.S. Army VIS Paolo Bovo
Image 132 : U.S. Marine Corps CPL Victoria Ros
Image 133 : U.S. Air Force TSGT Rasheen Douglas
Image 135 : U.S. Army型N.G. SSG Scott Tynes
Image 140 : U.S. Army 1LT Laura Beth Beebe
Image 141 : U.S. Army SFC Joy Dulen
Image 142 : U.S. Army SPC Esmeralda Cervantes
Phase 4 TOC : U.S. Army SPC Steven Hitchcock
Image 143 : U.S. Army VIS Davide Dalla Massara
Image 144 : U.S. Marine Corps 1ST LT Johnny Henderson
Image 146 : U.S. Army VIS Davide Dalla Massara
Image 147 : U.S. Air Force SRA Zachary Wolf
Image 148 : U.S. Army N.G. SGT Eric McDonough
Image 149 : U.S. Army SGT Benjamin Northcutt
Image 151 : U.S. Army VIS Davide Dalla Massara
Image 152 : U.S. Army VIS Graigg Faggionato
Image 153 : U.S. Marine Corps CPL William Hester
Image 154 : U.S. Marine Corps CPL Alejandro Pena
Image 155 : U.S. Army 1LT Benjamin Haulenbeek
Phase 5 TOC : U.S. Marine Corps CPL Christopher Mendoza
Image 158 : U.S. Army VIS Paolo Bovo
Image 159 : U.S. Marine Corps CPL Kelly L. Street
Image 159 : U.S. Marine Corps LCPL Christine Phelps
Image 162 : U.S. Army LTC John Hall
Image 164 : U.S. Marine Corps LCPL Juan C. Bustos
Image 165 : U.S. Air Force SRA janv.iqua P. Robinson
Image 166 : U.S. Marine Corps SGT Emmanuel Ramos
Image 167 : U.S. Marine Corps LCPL Jesus Torres
Image 168 : U.S. Marine Corps SGT Emmanuel Ramos
Image 169 : U.S. Marine Corps CPL Aaron S. Patterson
Image 170 : U.S. Army SPC Austin Berner
Annex TOC : U.S. Marine Corps SGT Joshua M. Jackson
Image 171 : U.S. Army N.G. SSG Brian A. Barbour
Image 172 : U.S. Marine Corps LCPL Angel D. Travis
Image 173 : U.S. Army SGT Brian Chaney
Image 174 : U.S. Air N.G. SSGT Christopher S. Muncy

Crédits photos